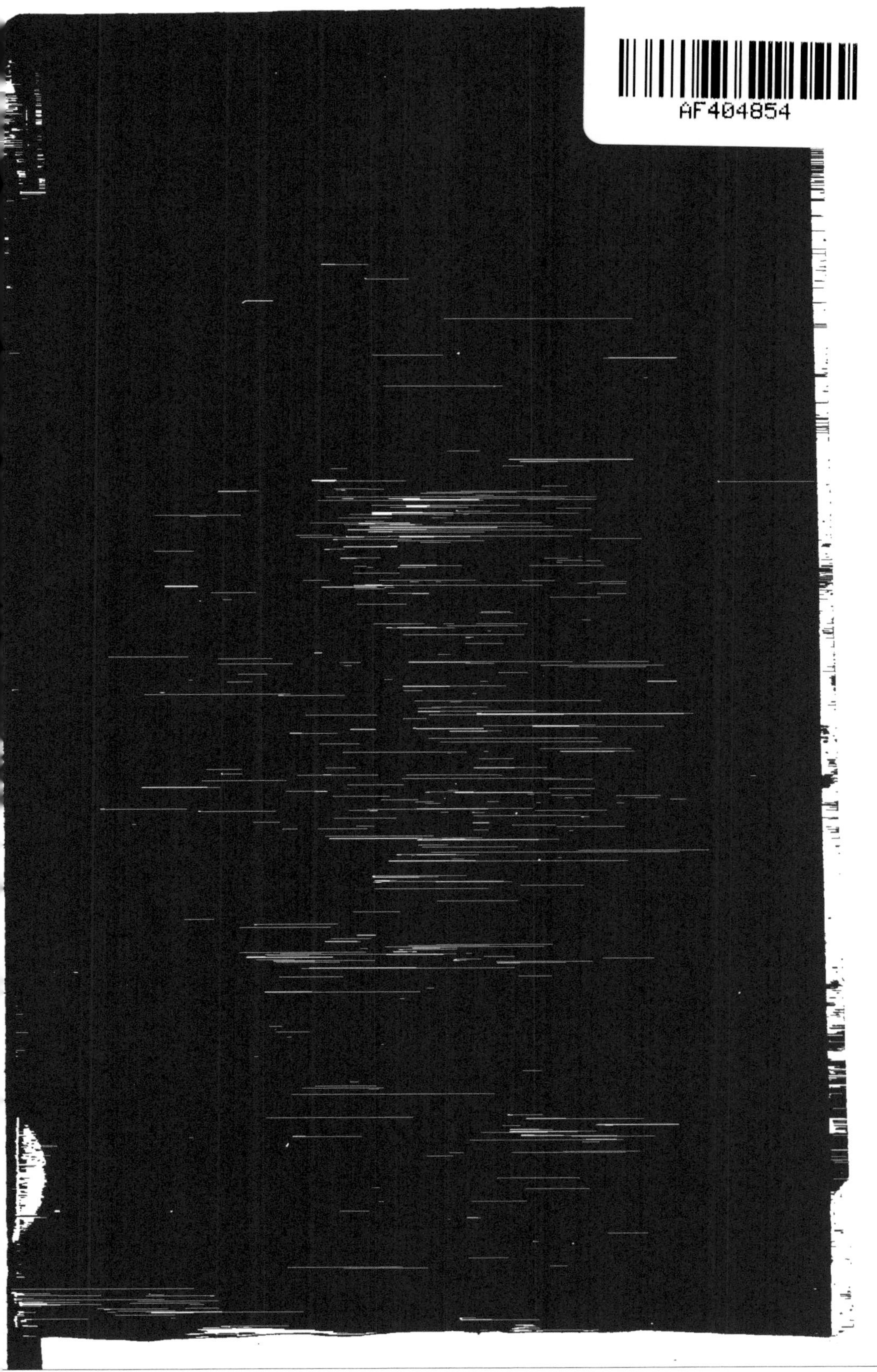
AF404854

MÉMORIAL

DES ÉLÈVES DE L'ÉCOLE GRATUITE

MÉMORIAL

DES ÉLÈVES DE L'ÉCOLE GRATUITE

DE LA CONGRÉGATION DE NOTRE-DAME

AU DOUBLE POINT DE VUE

DE LA DOCTRINE ET DE LA MORALE CATHOLIQUES

ORLÉANS

IMPRIMERIE DE GEORGES JACOB

4, CLOÎTRE SAINT-ÉTIENNE, 4

—

1880

Propriété des Religieuses de la Congrégation de Notre-Dame, Chanoinesses
régulières de Saint-Augustin, monastère dit *du Roule*.

A NOS CHÈRES ENFANTS DES CLASSES EXTERNES

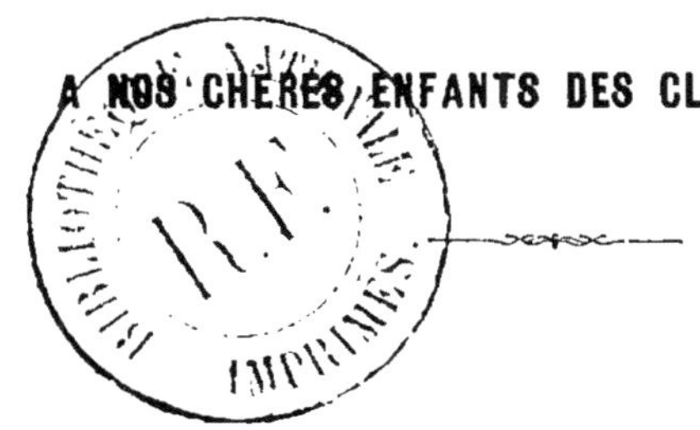

Chaque fois que l'une d'entre vous quitte nos écoles, chères enfants, nos cœurs s'émeuvent et s'attristent, à la pensée que vous sortez de nos mains à un âge où vous commenceriez à mieux comprendre toute l'importance d'une éducation chrétienne, et la salutaire influence qu'elle doit avoir sur votre vie tout entière. La plupart d'entre vous comptent douze ans à peine; le plus petit nombre compte treize, quatorze ans au plus; toutes, vous entrez avant le temps dans la vie pratique, et vous abordez, sans préparation suffisante, des devoirs, des épreuves, des dangers dont vous n'avez encore ni le sens, ni la portée, ni la mesure.

Vous ne saurez peut-être jamais, de notre sainte religion, que ce que vous en aurez appris pendant vos quelques années d'école et de catéchisme; vous ne savez, de vos devoirs de chrétiennes, que ceux qu'il vous a été donné de pratiquer conformément à vos obligations, si restreintes, d'enfants et d'écolières.

Dans le milieu social où vous êtes appelées à vivre, à vous mouvoir, votre foi, si faible, hélas! rencontrera des obstacles de toute nature, contre lesquels vous serez presque sans défense. Votre piété, si peu affermie, et dont vous devez désormais prendre toute l'initiative, se heurtera contre mille obstacles où échouera peut-être votre bonne volonté actuelle.

Les exigences multiples et souvent si impérieuses de votre condition absorberont toutes vos pensées, toutes vos préoccupations, tout votre temps, et cela peut-être aux dépens des plus chers intérêts de votre âme.

Et pourtant, *votre âme*, chères enfants, a, elle aussi, elle surtout, de légitimes et saintes exigences qu'il vous faudra satisfaire, sous peine de manquer le grand but de votre existence. Elle a sa faim et sa soif, ses appauvrissements et ses défaillances; elle a sa mort, sa mort spirituelle... Sa vie a donc besoin d'être alimentée par la nourriture propre à sa substance immatérielle et immortelle; les aspirations déposées en elle par son Créateur, et rendues à leur véritable objet par son Sauveur, demandent à être entretenues sans cesse par les moyens surnaturels mis à la portée et à la disposition de tous par Notre-Seigneur Jésus-Christ et par son Église.

Pour conserver toujours intactes les saintes vérités de la Foi, les règles de conduite et les principes moraux présentés à votre intelligence et confiés à votre cœur, principalement à l'*époque bénie de votre première Communion*, il vous faudra donc un grand courage et toute l'énergie de votre volonté. L'aurez-vous toujours?..... Et l'aurez-vous dans toute la mesure nécessaire? Nous voulons l'espérer.....

Non, vous ne faillirez pas à la sainte tâche que vous impose votre noble titre de chrétiennes! Vous donnerez à vos devoirs envers votre Dieu et envers votre âme *la part pre-mière* qui leur appartient ; vous vous acquitterez, avec une égale fidélité, de vos autres devoirs : devoirs envers votre famille et envers vos semblables, devoirs de votre état, etc. Ces différentes catégories de devoirs sont sacrées à des titres divers ; ils constituent dans leur ensemble la morale chrétienne, et s'imposent à tous · hommes ou femmes, enfants ou vieillards, savants ou ignorants, riches ou pauvres, rois ou sujets, maîtres ou serviteurs ; ils entrent dans les desseins de la divine Providence sur chacun de nous, ou comme nécessité de salut, ou comme moyen d'atteindre plus sûrement le but où doit tendre toute vie humaine : or, *ce but, c'est le Ciel.*

Vous honorerez, vous estimerez, vous aimerez votre condition modeste : pauvre quelquefois, laborieuse toujours, parce que *Notre-Seigneur* l'a honorée et sanctifiée dans sa personne divine ; qu'il l'a choisie, aimée, et l'a faite *sienne*, pendant les années de sa vie mortelle. En un mot, chères enfants, vous serez du nombre de celles de vos devancières qui, après s'être assises sur les bancs des écoles de la congrégation, avoir reçu et gardé les leçons de la religion, avoir goûté dans leurs jeunes années combien est doux et léger le joug du Seigneur, ont trouvé, dans leur foi et dans leur fidélité à Dieu, le secret de rester *honnêtes* et *vertueuses ;* d'imprimer à leurs travaux, à leurs souffrances, à leurs joies et à leurs consolations *l'esprit chrétien* qui les vivifie et les marque au cachet de la bienheureuse éternité ; *le secret de vivre,* enfin, pour être plus sûres *de mourir en vraies enfants de Dieu, de l'Église, de Notre-Dame* et *du bienheureux Pierre Fourier.*

C'est pour avoir perdu de vue ces grandes choses que tant de personnes, chrétiennes au début, en sont arrivées à amoindrir d'abord leur vie surnaturelle, puis à l'abaisser, à l'absorber dans les soins et les soucis de la vie présente ; enfin à la matérialiser, à l'animaliser en quelque sorte, oublieuses de leurs fins dernières, insouciantes de leurs destinées inmortelles, elles vivent et elles meurent inconscientes de leur nature d'êtres intelligents et raisonnables, créés à l'image de Dieu et rachetés au prix du sang de Notre-Seigneur Jésus-Christ.

C'est après nous être placées à ces différents points de vue de votre avenir, chères enfants, que, dans notre maternelle et religieuse sollicitude, nous avons pensé à rédiger ce petit livre. Et pour qu'il réponde mieux à vos besoins, à nos désirs et à nos espérances, nous n'avons eu qu'à nous inspirer d'une pensée de notre saint instituteur, que nous reproduisons ici dans le style figuré de l'époque.

« La toute admirable et céleste, utile et salutaire doctrine que Notre-Seigneur et Sauveur nous a apportée du ciel est sommairement comprise dans le catéchisme. Toutes les écolières de la congrégation s'étudieront à en apprendre le texte, et à le bien retenir et bien comprendre autant qu'elles pourront.

« Parmi les grands trésors qui se trouvent dans le catéchisme ordinaire, la congrégation choisira quelques pièces d'élite, parmi les plus exquises, et en fera comme un sanctuaire ou cabinet sacré, rempli de tout côté de grosses perles d'un prix inestimable, de bracelets d'or, d'oreillettes d'or, de chaînes d'or, et de divers autres ornements très-rares, pour enrichir les écolières, et les parer comme des princesses ou grandes demoiselles, et les rendre toujours plus agréables au ciel et à la terre.

« Ces pierres précieuses, ces bagues admirables seront certains points de dévotion et de pratique, les plus estimés de Notre-Seigneur, quelques-uns desquels, pour l'ordinaire, ne sont pas si communs à toutes sortes de personnes; ou bien, s'ils le sont, ils demeurent le plus souvent comme cachés ou négligés sans être prisés (estimés) ni recherchés ainsi qu'ils le méritent. »

Ce sont ces *pièces d'élite*, ces *pierres précieuses* que nous

nous sommes plu à recueillir pour vous, et à réunir dans le sanctuaire ou cabinet sacré que nous avons intitulé : *Petit Mémorial des écolières de la congrégation de Notre-Dame,* et que nous confions au CŒUR DE MARIE IMMACULÉE, notre céleste mère.

Vous y trouverez, d'une part, sous la forme la plus simple, le *résumé des vérités* contenues implicitement dans le texte du catéchisme que vous avez appris : ce sera le MÉMORIAL DE VOTRE FOI DE CATHOLIQUE, en même temps qu'un *préservatif* contre l'erreur, et aussi contre l'ignorance du dogme, si commune, hélas !

Vous y trouverez, d'autre part, *l'ensemble de vos différentes obligations :* ce sera le MÉMORIAL DE VOS DEVOIRS, en même temps qu'un *préservatif* contre l'insouciance, contre l'oubli ou l'ignorance des vrais principes de la morale. Nous avons appuyé chacune de ces vérités, chacun de ces principes et de ces devoirs, sur les *textes de la sainte Écriture,* les plus propres à les graver dans votre esprit et dans votre cœur. Ces textes vous révèleront quelques-uns des trésors inépuisables que renferment les livres saints, le livre par excellence qu'on nomme la BIBLE : vous en ferez L'ALIMENT le plus sain, le plus substantiel de VOTRE VIE SURNATURELLE. Enfin vous y retrouverez, sous leurs formes déjà bien connues de vous, la *série* des Considérations et des Exhortations sous lesquelles notre saint instituteur a résumé lui-même les instructions que vous avez reçues ici : ce sera le MÉMORIAL DE VOS ANNÉES D'ÉCOLE, de la tendresse de vos mères, des saintes sollicitudes de ce *bienheureux Père* que vous avez appris à aimer, à vénérer, à invoquer avec une piété si filiale.

Il vous sera sans doute agréable, chères enfants, de retrouver aussi en tête de ce *Petit Mémorial* la courte notice sur ce bon Père, laquelle figure aux premières pages de votre réglement classique : ce sera pour vous un doux souvenir de plus.

LE BIENHEUREUX PIERRE FOURIER

Le bienheureux Pierre Fourier, vulgairement connu encore aujourd'hui, dans toute la Lorraine, sous le nom du *bon Père*, naquit à Mirecourt le 30 novembre 1564, et mourut à Gray (Franche-Comté) le 9 décembre 1640.

A la fois *religieux* de l'ordre des Chanoines réguliers de Saint-Augustin, *curé de Mattaincourt*, *réformateur*, puis *général* de son ordre, *instituteur* des religieuses de la congrégation de Notre-Dame, chanoinesses régulières de Saint-Augustin, *conseiller* et *ami* des princes de Lorraine, il vit ses travaux, ses vertus, ses miracles, sa fidélité à ses princes et son dévoûment à sa patrie couronnés par l'exil, où il vécut les quatre dernières années de sa vie, et d'où il passa dans la vraie patrie des saints, à l'âge de soixante-seize ans.

Il fut *béatifié* le 10 janvier 1730, par le Souverain-Pontife Benoît XIII.

Au temps où vivait notre bienheureux Père, le plus grand nombre des jeunes filles, principalement celles des classes ouvrières auxquelles vous appartenez toutes, grandissaient dans la plus triste ignorance, sous le triple rapport religieux, intellectuel et moral. La plupart des Ordres religieux de femmes étaient alors voués exclusivement à la vie contemplative, et nul n'avait songé encore à chercher le secret d'allier les exigences d'une clôture rigoureuse avec les obligations que nécessite l'éducation des enfants, surtout des externes, et cette éducation était pourtant devenue l'un des plus pressants besoins de l'époque.

Profondément ému de l'abandon, presque universel, dans lequel vivaient tant de pauvres enfants, le saint religieux résolut, à quelque prix que ce fût, d'appliquer à cette grande plaie de son siècle le remède le plus efficace et le plus salutaire : celui de l'éducation chrétienne. Après plusieurs années passées dans la prière, les larmes, les jeûnes et les plus dures austérités, le bienheureux reçut enfin du ciel les lumières et les inspirations qu'il en attendait sur les moyens les plus propres à la réalisation de ses saints désirs.

C'était le *20 janvier 1598, en la fête des saints Fabien et Sébastien.* Ouvrir des écoles gratuites pour les jeunes filles pauvres ou riches ; y recevoir, à titre d'externes ou d'internes, toutes celles qui s'y présenteront ; en remettre le soin à des religieuses vouées à l'œuvre de l'éducation, et *créer,* dans ce but, *un Ordre nouveau,* telle fut l'entreprise hardie dont Dieu confia la difficile exécution à son humble serviteur. Dès lors, le saint prêtre marcha droit au but, sans se laisser arrêter ou même intimider par les obstacles de toute nature qui se dressèrent devant lui. Il mit au service de cette sainte cause sa grande intelligence, sa haute sagesse, sa vaste science, en un mot, toutes les ressources de son esprit, de son cœur et de sa vertu. Il était si pénétré de l'importance de la mission que la femme, quel que soit d'ailleurs son rang, est destinée à accomplir dans la famille et dans la société, qu'il n'a pas cru abaisser son génie en s'occupant, jusque dans les moindres détails, des moyens les plus propres à former le cœur et l'esprit des jeunes filles.

La mère la plus éclairée et la plus tendre n'a pas, pour ses enfants, une sollicitude plus intelligente, plus active, plus prévoyante, plus minutieuse même que celle que révèle pour vous, chères enfants, notre bon Père, à chaque page de nos saintes Constitutions, auxquelles il a travaillé pendant pendant les quarante dernières années de sa vie.

Afin d'assurer aux enfants, riches et pauvres, le grand

bienfait de l'éducation dont il avait doté son siècle, *le saint fondateur a voulu que ses filles ajoutassent, aux trois vœux constitutifs de tout Ordre religieux (pauvreté, chasteté, obéissance), un quatrième vœu par lequel elles se consacreraient à l'éducation des jeunes filles; et s'engageraient à ne jamais consentir que cette instruction fût délaissée.*

Dieu a béni et fécondé l'œuvre du bienheureux : quand il mourut, le nombre des monastères de la congrégation de Notre-Dame était déjà prodigieux en Lorraine, en France, en Allemagne et ailleurs.

Après la grande révolution française, qui avait tout détruit, l'Ordre du Bienheureux Pierre Fourier se releva de ses ruines, comme tant d'autres. Aujourd'hui, il compte trente-deux monastères, dont trois à Paris (celui du Roule, celui des Oiseaux, qui a une succursale à Issy, et celui de l'Abbaye-aux-Bois), vingt et un en province et sept en Allemagne (avant les lois proscriptives de la Prusse).

Tels sont, mes chères enfants, le but et les conditions présentes de notre saint Ordre, lequel, vous le voyez, n'a été institué qne pour vous, qui comptez aujourd'hui parmi les milliers et milliers d'enfants qui, depuis plus de deux siècles et demi, se sont succédé dans les écoles du bienheureux Pierre Fourier.

Après ces quelques mots sur la vie de notre saint instituteur, il vous sera bien facile, mes chères enfants, d'exciter dans vos cœurs un sentiment de vive reconnaissance : reconnaissance d'abord envers Dieu qui, dans les secrets desseins de sa Providence, a prédestiné chacune de vous à recueillir les fruits de cette éducation chrétienne à laquelle la religion et la société attachent un si grand prix ; reconnaissance ensuite envers ce saint religieux qui, choisi de Dieu comme instrument de ses divines volontés sur vous, a institué les religieuses institutrices auxquelles il veut que vous donniez le doux nom de *Mères*, parce qu'elles doivent en avoir pour vous l'amour et le dévoûment; reconnaissance enfin envers vos parents, qui ont compris que le bien le plus solide qu'ils puissent vous procurer en ce monde est celui de l'éducation chrétienne que vous recevez ici.

Vous donc surtout, chères enfants, qui avez vu finir votre vie d'écolières, écoutez souvent encore, écoutez toujours, avec respect, amour et docilité, les paroles de ce saint et de ce Père. Chaque fois que vous relirez chacun des points du dogme, de la piété et de la morale que renferme le *Petit Mémorial*, c'est *son esprit* qui redira à votre esprit, *son cœur* qui murmurera à votre cœur, *sa voix* qui vous criera à travers trois siècles bientôt :

« ENFANTS, PENSEZ A VOUS, ET CONSIDÉREZ BIEN que Dieu vous a créées, rachetées, conservées et nourries, jusqu'à présent, pour l'honorer, l'aimer, le servir, lui obéir et gagner le paradis, et non pas pour attacher votre cœur aux biens de ce monde. SOUVENEZ-VOUS souvent des bienfaits inestimables que vous en recevez tous les jours, continuellement, et que vous espérez en recevoir encore à l'avenir.

« SOUVENEZ-VOUS de ne jamais permettre que les difficultés, ou répugnances, ou contradictions, ou les plaisirs, ou les allèchements mondains vous fassent détourner d'un seul point de l'obéissance et de l'amour que vous devez à Dieu. » (*Constitutions,* troisième partie, chap. IX, p. 39.)

Abréviations des livres, chapitres, versets des textes de l'Écriture sainte contenus dans ce Mémorial.

Ancien Testament (45 livres).

Genèse, chapitre i, verset 2................. Gen., i, 2.
Exode, chapitre x, versets 10, 12........... Exode, x, 10, 12.
Lévitique, chapitre xii, versets 1 à 10....... Lév., xii, 1-10.
Nombres, — — .... Nomb., —
Deutéronome, — — .. .... Deut., . —
Josué,   — — .... Jos.,   —
Juges,   — — .... Jug.,   —
Ruth,   — — .... Ruth,   —
Premier des Rois,   — .... I Rois, —
Deuxième des Rois, — ....: II Rois, —
Troisième des Rois, — .... III Rois, —
Quatrième des Rois, — .... IV Rois, —
Premier des Paralipomènes, — .... I Paral. *ou* Par.
Deuxième — — .... II Par., —
Premier d'Esdras,   — .... I d'Esdr., —
Deuxième — — .... II d'Esdr., —
Tobie,   — .... Tob., —
Judith,   — .... Judith, —
Esther,   — .... Esth., —
Job,   — .... Job, —
Psaumes,   — .... Ps., —
Cinq livres sapientiaux { Proverbes, — .... Prov., —
Ecclésiaste, — .... Ecclés., —
Cantique des Cantiques, — .... Cant., —
Sagesse, — .... Sag., —
Ecclésiastique, — .... Eccli., —

Quatre grands prophètes.	Isaïe, chapitre v, verset 3...............	Isaïe *ou* Is. v, 3.	
	Jérémie,	—	.... Jér., —
	Baruch (qui ne faisait qu'un avec Jérémie),	—	.... Bar., —
	Ézéchiel,	—	.... Ézéch. *ou* Éz., —
	Daniel,	—	.... Dan., —
Douze petits prophètes.	Osée,	—	.... Osée, —
	Joël,	—	.... Joël, —
	Amos,	—	.... Am., —
	Abdias,	—	.... Abd., —
	Jonas,	—	.... Jon., —
	Michée,	—	.... Mich., —
	Nahum,	—	.... Nah., —
	Habacuc,	—	.... Hab., —
	Sophonie,	—	.... Soph., —
	Aggée,	—	.... Agg., —
	Zacharie,	—	.... Zach., —
	Malachie,	—	.... Mal., —
Ier des Machabées,		—	.... I Mac. *ou* Mach.
IIe des Machabées,		—	.... II Mach.

Nouveau Testament (26 livres).

Évangile selon saint Matthieu..............	Matth.
— saint Marc..................	Marc.
— saint Luc...................	Luc.
— saint Jean....................	Jean

Après la citation directe des paroles du Sauveur : N.-S. en S. Matth., *ou* en S. Marc, *ou* en S. Luc, *ou* en S. Jean.

Actes des Apôtres........................	Actes *ou* Act.
Épitre de saint Paul aux Romains..........	Rom.
Ire Épitre de saint Paul aux Corinthiens.....	I Cor.
IIe — —	II Cor.
Épitre de saint Paul aux Galates............	Gal.
— aux Éphésiens..........	Éph.
— aux Philippiens.........	Phil.
— aux Colossiens.........	Col.
Ire Épitre de saint Paul aux Thessaloniciens.	I Thess.
IIe — —	II Thess.

Ire Épitre de saint Paul à Timothée......... I Tim.
IIe   —   —   .... II Tim.
Épître de saint Paul à Tite................ Tite.
         —   aux Hébreux.......... Hébr.
Épître catholique de saint Jacques.......... Jacq.
Ire Épitre de saint Pierre .... I Pierre.
IIe   —   —   .... II Pierre.
Ire   —   de saint Jean .... I Jean.
IIe   —   —   .... II Jean.
IIIe   —   —   .... III Jean.
Épître catholique de saint Jude .... Jud. *ou* Jude.
Apocalypse de saint Jean .... Apoc.

MÉMORIAL DES ÉCOLIÈRES

DE LA

CONGRÉGATION DE NOTRE-DAME

LEÇON PRÉLIMINAIRE

Le chrétien.

RESSOUVENEZ-VOUS DE CECI : *Un chrétien* est celui qui, ayant été baptisé, croit et professe la doctrine de Jésus-Christ que les apôtres ont prêchée et que l'Église catholique enseigne à ses enfants.

La *doctrine chrétienne* contient à la fois les VÉRITÉS qui s'imposent à notre esprit, et qui sont renfermées implicitement dans le Symbole des apôtres ;

Les DEVOIRS qui s'imposent à notre fidélité, et qui sont renfermés implicitement dans les commandements de Dieu et de l'Église ;

Les MOYENS de sanctification que Dieu lui-même a mis à la disposition de tous, et dont les principaux sont : la *prière* et les *sacrements,* sources de toutes les grâces nécessaires au salut. Nous sommes chrétiens par la grâce de Dieu : notre vocation au christianisme est un don tout gratuit de sa bonté et de sa miséricorde (1).

« Nous étions, par nature, enfants de colère, comme les autres. » (Éphés., II, 3.)

« Mais lorsqu'est apparue la *bonté* et l'*humanité* de *notre Sauveur Dieu*, ce n'est point par les œuvres de justice que nous avons faites qu'il nous a sauvés ; mais, selon sa miséricorde, c'est par le baptême de régénération et de renouvellement du Saint-Esprit. » (Tite, III, 5.)

« Vous tous qui avez été baptisés dans le Christ, vous avez été revêtus du Christ, car vous êtes tous enfants de Dieu, par la Foi qui est dans le Christ Jésus. » (Gal., III, 26, 27.)

Depuis l'établissement du christianisme, ceux qui naissent de parents chrétiens sont baptisés avant l'âge de discernement ; mais, à partir du jour de sa première communion, où l'enfant affirme hautement et librement sa foi et où il ratifie les saints engagements pris en son nom au saint baptême, il devient chrétien responsable de sa foi, de ses œuvres et de son salut éternel.

Le *salut* est donc *la grande, l'unique affaire* du chrétien en ce monde, celle à laquelle il doit travailler avec le plus de soin et de persévérance, car, selon les paroles du divin Maître :

« Que sert à l'homme de gagner l'univers, s'il vient à perdre son âme ? Que donnera l'homme en échange de son âme ? » (Math., XVI, 26.)

Or, les *conditions du salut* sont :

La *foi* et les *œuvres.* Et il est bon de s'appliquer de bonne heure, avec le secours d'en haut, à la pratique de la vertu, de la sagesse et de la piété.

(1) Tous les textes de la sainte Écriture, cités dans ce *Mémorial,* sont empruntés à la Bible de M. l'abbé Glaire. Les notes sont, assez souvent aussi, extraites du même auteur, quant à la lettre ou quant au sens.

« Il est bon à l'homme d'avoir porté le joug dès sa jeunesse. » (Lam. de Jér., III, 27.)

« Souviens-toi de ton Créateur dans les jours de ta jeunesse, avant que vienne le temps de l'affliction et qu'approchent les années dont tu diras : Elles ne me plaisent pas. » (Ecclés., XII, 1.)

« Mon fils, dès ta jeunesse, reçois la doctrine, et, jusqu'aux cheveux blancs, tu trouveras la sagesse. » (Eccli., VI, 18.)

« Garde ton cœur, en toute vigilance, parce que c'est de lui que la vie procède. » (Prov., IV, 23.)

« J'ai aimé la sagesse, et je l'ai recherchée dès ma jeunesse, et je suis devenu amateur de sa beauté. Car c'est elle qui enseigne la science de Dieu et qui choisit ses œuvres. » (Sag., VIII, 2, 4.)

« Demeure ferme dans ce que tu as appris et qui t'a été confié, sachant de qui tu l'as appris.

« Et que, dès l'enfance, tu as connu les *saintes lettres* qui peuvent t'instruire pour le salut, par la foi qui est en Jésus-Christ. » (III Tim., 14, 15.)

« Exerce-toi à la piété, car la piété est utile à tout, ayant les promesses de la vie présente et de la vie à venir. » (IV Tim., 7, 8.)

PREMIÈRE PARTIE

LA FOI

Sur le mot : Je crois.

Ressouvenez-vous de ceci : *Croire*, dans le sens général et philosophique du mot, est l'adhésion ferme, soit au témoignage, soit à l'autorité des hommes, nos semblables.

Dans l'ordre des choses temporelles, nous croyons, à chaque instant, sur l'affirmation ou sur le simple témoignage des personnes qui nous inspirent confiance et qui cependant, même en les supposant de bonne foi, peuvent se tromper et nous tromper : c'est la *foi naturelle ou humaine*.

Dans le domaine religieux, nous croyons également au témoignage et à l'autorité, mais à un témoignage irrécusable, qui est celui de *Dieu* lui-même, et à une autorité infaillible, qui est celle de l'*Église,* gardienne fidèle des vérités révélées par Dieu : c'est la *foi surnaturelle ou divine*.

Il y a, dans l'ordre naturel aussi bien que dans l'ordre surnaturel, des réalités inaccessibles à la raison créée, bornée, par conséquent. Si la créature avait l'intelligence de toutes les choses divines et humaines, elle serait infinie, elle serait Dieu.

La foi est de nécessité de salut : « Il est impossible, sans la foi, de plaire à Dieu et d'entrer en partage avec ses enfants : personne ne se trouve justifié sans elle et ne parvient à la vie éternelle, s'il n'a persévéré jusqu'à la fin.

« Or, on doit croire, d'une foi divine et catholique, tout ce qui est contenu dans les *saintes Écritures* et dans la *tradition,* et tout ce qui est proposé par l'Église comme vérité divinement révélée, soit en vertu d'un jugement solennel, soit dans l'exercice de son magistère ordinaire et universel. » (Concile du Vatican.)

Résumé de tout ce qu'un chrétien doit croire pour être sauvé.

Sur Dieu.

RESSOUVENEZ-VOUS DE CECI : DIEU EXISTE. — Lui-même a révélé son existence, et il en a gravé la notion au fond de l'âme humaine. Dans tous les temps et dans tous les lieux, chez les peuples les plus sauvages comme chez les plus civilisés, on a cru et l'on croit à l'existence d'un Dieu créateur de tout ce qui existe.

Le bon sens le plus commun, comme la raison la plus éclairée, nous dit que, s'il n'y avait pas de Dieu, le ciel et la terre et tout ce qu'ils renferment n'existeraient pas. — *Une création appelle un Créateur,* comme une belle œuvre humaine suppose un génie humain. — S'il faut, pour élever un monument quelconque, une intelligence qui en conçoive et en trace les plans, des matériaux propres à les réaliser et des ouvriers qui les mettent en œuvre, à plus forte raison a-t-il fallu, à l'origine des choses, *qu'un Dieu, existant par lui-même, créât, de rien, et en dehors de lui, le monde matériel et le monde spirituel.*

L'existence de Dieu est donc une *vérité* si *simple,* si *claire,* si *universelle,* si *certaine* par conséquent, que, pour la nier, il faut être insensé, mentir à l'histoire du genre humain, se mentir à soi-même et à son sens intime, fermer les yeux au spectacle de la nature, et étouffer la grande voix de la création tout entière.

« Les cieux racontent sa gloire, et le firmament annonce les œuvres de ses mains. » (Ps. XVIII, 1.)

« Levez les yeux en haut, et considérez qui a créé les cieux, qui fait marcher dans un si bel ordre l'armée des étoiles, qui les appelle par leurs noms, etc. » (Isaïe, XL, 26.)

Sur les attributs divins.

RESSOUVENEZ-VOUS DE CECI : *Dieu seul,* possédant la plénitude de l'être, est infini dans son essence et *possède,* par conséquent, *tous les attributs de l'infinie perfection.* — L'idée du parfait est gravée dans l'âme humaine, comme inhérente à l'idée de Dieu lui-même.

Dieu est un PUR ESPRIT, sans forme visible ou tangible. — Il est ÉTERNEL : s'il avait eu un commencement, il aurait été lui-même créé par un être supérieur à lui ; il ne serait donc pas la *cause première,* le *principe* de toutes choses. — S'il devait avoir une fin, il ne serait pas lui-même *la fin* de toutes les créatures auxquelles il a donné l'être : « Qui a opéré et fait ces choses, appelant les générations dès le commencement ?

« Je suis le Seigneur : c'est moi qui suis le premier et le dernier (1). » (Isaïe, XLI, 4.)

Il est TOUT-PUISSANT : il ne saurait y avoir de bornes à sa puissance, ni d'obstacles à l'accomplissement de ses desseins : « Seigneur, la *souveraine puissance* est à vous seul, à jamais... Et qui résistera à la force de votre bras ? » (Sagesse, XI, 22.)

Il est IMMUABLE : il n'est sujet ni aux altérations, ni aux modifications que subissent nécessairement toutes les créatures finies, bornées et soumises aux lois du temps.

Il est INFINIMENT SAGE, infiniment JUSTE, infiniment BON, infiniment AIMABLE, infiniment SAINT : « Et la prière de Néhémie était ainsi : Seigneur Dieu, créateur de toutes choses, terrible et fort, juste et miséricordieux, qui seul êtes bon roi, seul excellent, seul tout-puissant et éternel. » (II Mac., I, 24, 25.)

Les textes sur les attributs divins surabondent dans les saintes Écritures, où ils sont tour à tour exaltés :

Dans les Livres sapientiaux, la SAGESSE, souvent personnifiée, fait son propre éloge ; souvent aussi, il s'agit tour à tour de la sagesse incréée, personnelle en Dieu, et de la sagesse créée, communiquée aux hommes. On y voit les fruits de la sagesse, ses opérations merveilleuses parmi les hommes, etc.

Dans le psaume CXXXV, le psalmiste, en faisant le récit de la création et le récit des principales merveilles que Dieu a opérées en faveur de son peuple, ramène, à chaque bienfait nouveau, c'est-à-dire à chaque verset, ces mots : « *parce que éternelle est sa miséricorde.* »

Presque toujours *la patience divine est inséparable de sa bonté, de sa miséricorde, de sa commisération.* Il est patient par cela seul qu'il est infiniment bon et miséricor-

(1) C'est-à-dire Celui qui était avant et qui demeure après toutes les créatures qui n'ont qu'un temps.

dieux. — Il est patient aussi parce qu'il a l'éternité devant soi pour châtier ou récompenser, tandis que l'homme n'a qu'un jour (c'est-à-dire un temps) pour mériter ou pécher, se repentir ou s'endurcir dans le mal.

Dieu est PRÉSENT PARTOUT, en ce sens que son immensité n'a point de limites. — IL VOIT ET CONNAÎT TOUTES CHOSES, en ce sens que tous les êtres qui se meuvent dans le temps lui sont toujours présents, et qu'il les embrasse tous dans son éternité.

Sur l'unité de Dieu.

RESSOUVENEZ-VOUS DE CECI : *Dieu est Un* dans son essence ; il n'y en a pas d'autre que lui. *La raison, d'accord avec la foi, prononce qu'il ne peut y en avoir plusieurs.* Plusieurs êtres infinis impliqueraient contradiction ; il en faudrait nécessairement un qui fût supérieur aux autres et possédât seul l'infini. Un Dieu unique peut donc seul être cause unique, source première de l'existence des esprits et des corps.

Sur la trinité des personnes en Dieu.

RESSOUVENEZ-VOUS DE CECI : *Dieu est un, en trois personnes distinctes : le Père, le Fils et le Saint-Esprit.* — Ces trois personnes sont une en substance et en divinité ; elles sont également éternelles, infinies, toutes-puissantes, infiniment parfaites, etc. Elles ne forment qu'un seul et même Dieu. *C'est le premier des trois grands mystères de notre foi :* LE MYSTÈRE DE LA TRÈS-SAINTE TRINITÉ.

La trinité des personnes divines a été figurée sous l'ancienne loi, *révélée* par le Messie et *enseignée* par les apôtres.

Les livres des prophètes et celui *des psaumes,* en particulier, sont remplis de passages révélateurs de la trinité des personnes en Dieu : *Le Seigneur, son Verbe, son Envoyé, son Fils, son Juste, son Saint, son Esprit,* y reviennent presque à chaque chapitre.

« Or, ayant été baptisé, *Jésus* sortit aussitôt de l'eau, et voici que les cieux lui furent ouverts. Il vit l'*Esprit de Dieu* descendant en forme de colombe et venant sur lui. — Et voici *une voix du ciel* disant : *Celui-ci est mon Fils bien-aimé,* en qui j'ai mis mes complaisances, etc. » (Matth., III, 16, 17.)

« Allez donc, enseignez toutes les nations, les baptisant *au nom du Père,* et *du Fils,* et *du Saint-Esprit.* » (N.-S. en S. Matth., XXVIII, 19.)

« *Ils sont trois* qui rendent témoignage dans le ciel : le *Père,* le *Verbe* et l'*Esprit-Saint,* et ces trois sont une seule chose. » (I Jean, V, 7.)

« Que la grâce du Seigneur Jésus-Christ et la charité de Dieu et la communication du Saint-Esprit soient entre vous tous ! » (II Cor., XIII, 13.)

DIEU LE PÈRE. — Nous donnons à la première personne de la sainte Trinité le nom de *Père,* parce que, de toute éternité, il engendre le Fils ; nous l'appelons NOTRE PÈRE, parce que, par le Fils, nous sommes devenus ses enfants d'adoption. Le Fils, en parlant de sa génération divine, a rendu témoignage au Père, et il nous a appris à l'appeler nous-mêmes notre Père.

Le Père, mon Père, votre Père, Père juste, Père saint, etc., ces appellations diverses se retrouvent, à chaque instant, sur les lèvres du Sauveur ; elles ont été consignées près de cent cinquante fois dans les récits évangéliques.

Dieu est surtout le Père de ceux qui obéissent à ses commandements, et l'ancienne loi (loi de crainte) déjà lui donnait ce titre dans maintes circonstances.

Les apôtres ont rappelé, bien souvent, aux premiers chrétiens leur titre d'enfants du Père céleste.

Tout-Puissant. — La toute-puissance, bien qu'elle soit commune aux trois personnes divines, est appliquée, le plus souvent, au Père dans le langage des saintes Écritures, ainsi que le titre de Créateur du ciel et de la terre.

Sur la création.

Ressouvenez-vous de ceci : *Créer,* dans le sens absolu du mot, c'est faire de rien quelque chose; c'est appeler du néant à l'existence ce qui n'était pas. *Dieu seul est créateur* dans ce sens-là, parce que lui seul a fait passer du néant à l'être tout ce qui existe, sans le secours d'aucune matière préexistante. Toutes les créations humaines (intellectuelles ou matérielles) ne peuvent donc s'entendre que dans le sens restreint du mot, puisqu'elles s'exercent sur des idées ou sur la matière déjà existante.

Dans ces seuls mots qui ouvrent le récit de la Genèse : « *Au commencement, Dieu créa le ciel et la terre,* » sont implicitement renfermées toutes les créatures qui sortirent tour à tour du néant à la parole créatrice : les *créatures immatérielles* ou *spirituelles* dont fait partie la *nature angélique;* — les créatures *matérielles* ou *inanimées;* — la *nature végétale* avec ses productions multiples; — la nature *animale, mouvante* et *animée,* avec ses prodigieuses variétés d'espèces; — enfin la *nature humaine* qui participe à la fois de la nature spirituelle et de la nature matérielle.

Sur la nature inerte, végétale, mouvante et animée.

Ressouvenez-vous de ceci : *Les créatures inertes, végétales, mouvantes* et *animées* n'ont pas d'autre histoire que celle de leur création. Depuis la parole toute-puissante qui les a appelées de rien à l'existence, *elles obéissent à des lois permanentes,* sans s'en écarter jamais : les *animaux* sont doués d'un *instinct* circonscrit dans des limites, plus ou moins étroites, dont ils n'ont pu et ne pourront jamais reculer les bornes : tous ont l'instinct de leurs besoins et de leur conservation. Dans le récit de la Genèse, les animaux sont tour à tour désignés sous les noms d'*animaux,* d'*âmes vivantes,* d'*animaux* qui se meuvent sur la terre, etc., pour bien établir, sans doute, qu'ils sont sortis de la terre, et n'ont point d'autre fin que la terre. Dieu dit : « *Que les eaux produisent. — Que la terre produise.* »

Sur la nature humaine.

Ressouvenez-vous de ceci : *La création de l'homme et celle de la femme* sont seules l'œuvre, non plus seulement de la parole créatrice, mais des mains de Dieu : « *Faisons l'homme à notre image et à notre ressemblance, et qu'il domine* sur les poissons de la mer, sur les volatiles du ciel et sur les bêtes, et sur toute la terre, et sur tous les reptiles qui se meuvent sur la terre. » (Gen., I, 26.)

« Le Seigneur Dieu forma donc l'homme du limon de la terre, et il inspira un souffle sur son visage, un souffle de vie, et l'homme fut fait âme vivante (1). » (Gen., II, 7.)

(1) *Ame vivante,* dans le sens de vie animale dans son corps, et *âme immortelle* par l'inspiration du souffle divin.

« Tous les animaux de la terre et tous les volatiles du ciel ayant donc été formés de la terre, le Seigneur Dieu les fit venir devant Adam, afin qu'il vît comment il les nommerait. Or, le nom qu'Adam donna à toute âme vivante est son vrai nom. — Ainsi *Adam appela par leurs noms tous les animaux*, tous les volatiles du ciel et toutes les bêtes de la terre ; *mais, pour Adam, il ne se trouvait point d'aide semblable à lui.* » (Genèse, ii, 19, 20.)

Ces mots : « Il ne se trouvait pas d'aide semblable à lui, » établissent évidemment la supériorité de la nature humaine sur tous les êtres terrestres dont Adam a été institué le dominateur par Dieu lui-même.

Le Seigneur Dieu dit aussi : « Il n'est pas bon que l'homme soit seul ; faisons-lui *une aide semblable à lui,* etc. » (Suit le récit biblique de la formation de la femme.)

Sur les prérogatives originelles de l'homme et de la femme.

RESSOUVENEZ-VOUS DE CECI : « Dieu a créé de la terre l'homme, et c'est à son image qu'il l'a fait. Et *il l'a revêtu de force*, selon sa nature. — Il *lui a donné un nombre de jours et un temps*, et il lui a donné l'*empire* de ce qui est sur la terre. Il a mis sa *crainte* (la crainte de l'homme) en toute chair, et il a établi sa domination sur les bêtes sauvages et sur les volatiles. — *Il a créé, de sa substance, une aide semblable à lui ;* et *il leur a donné* le *conseil* et une *langue*, et des *yeux*, et des *oreilles*, et il leur a donné un *cœur* pour penser ; et il les a remplis du *savoir*, de l'*intelligence*. — Il a créé en eux la *science* de l'esprit ; il a rempli leur cœur de *sens*, et il leur a montré les *biens* et les *maux*. Il a posé son œil sur leurs cœurs, pour leur montrer les grandeurs de ses œuvres, *afin qu'ils louassent son nom saint ; pour le glorifier dans ses merveilles,* afin de *ra-conter les grandeurs de ses œuvres.* — Et il leur a donné encore la science, et il les a faits *héritiers d'une loi de vie.* — Et leur œil a vu les grandeurs de sa gloire, et leurs oreilles ont entendu la majesté de sa voix, et *il leur a dit : Gardez-vous de toute iniquité.* » (Eccli, XVII, 1-12.)

En résumé, l'homme est composé d'un corps matériel et d'une âme immatérielle, et ces deux substances distinctes sont unies entre elles par un lien mystérieux dont le Créateur s'est réservé le secret : *le fait* est certain ; *le comment* échappe à la démonstration humaine.

L'âme humaine a été créée immortelle, intelligente et *libre, capable* de *sagesse,* de *vertu,* d'*amour* et de *béatitude,* autrement dit capable de *voir Dieu* et *d'en jouir,* ayant la *faculté* de *connaître,* de *juger,* de *raisonner,* de *délibérer,* de *choisir,* d'agir librement et de se conserver dans l'état de beauté, d'innocence, de justice et de sainteté dans lequel Dieu l'a faite.

Sur la Providence divine.

RESSOUVENEZ-VOUS DE CECI : *La Providence est la consé-quence rigoureuse de la création.* Dieu, créateur du ciel et de la terre, est nécessairement *souverain Seigneur* de toutes ses œuvres, c'est-à-dire qu'il *conserve* et *gouverne* tous les êtres qu'il a créés, au moyen d'une action permanente qu'on nomme la *Providence* (qui voit avant, qui prévoit). Rien donc n'arrive en ce monde sans son ordre ou sa permission ; et tout ce qui arrive concourt à l'ac-complissement de ses desseins généraux sur l'humanité tout entière, comme de ses desseins particuliers sur chacune de ses créatures.

« Or, Dieu protége et gouverne par sa Providence tout ce qu'il a créé, atteignant avec force le monde d'un bout l'autre et disposant toutes choses avec suavité ; car toutes choses sont nues et ouvertes devant ses yeux, et même ce qui doit arriver par l'action libre des créatures. » (Conc. du Vatic.)

Les *saintes Écritures*, l'*histoire de l'Église* et celle *des peuples* sont pleines de cette intervention divine dans les événements de ce monde. Et quelle est l'*histoire intime* et *individuelle* qui ne compte pas ce qu'on appelle *des coups de Providence ?* Qui n'a vu des preuves multipliées de cette assistance d'en haut, de l'existence de cet *œil vigilant*, de cette *main cachée* qui, à un moment donné, révèle sa présence et vient au secours de ceux-là mêmes qui ne pensent pas à l'invoquer ?

Cette intervention divine se manifeste au monde, soit par des *revirements*, si extraordinaires, dans la marche des événements, que les moins croyants s'écrient : *Le doigt de Dieu est là !* soit encore par des *visions*, des *révélations*, des *apparitions surnaturelles* ou de la *Sainte-Vierge*, ou des *anges*, ou des *saints*, faits si avérés qu'ils réduisent les incrédules au silence, quand ils ne les convertissent pas.

Sur la nature angélique.

RESSOUVENEZ-VOUS DE CECI : *La Genèse des choses visibles et de l'humanité ne raconte pas l'histoire de la création de la nature angélique*, laquelle fait partie des créatures invisibles. Dans le *cantique des trois jeunes gens dans la fournaise, les anges* figurent à la tête de tous les êtres créés (inanimés ou animés), qu'ils invitent à louer et à bénir le Seigneur. « Bénissez le Seigneur, vous tous, *anges du Seigneur :* louez et exaltez-le souverainement dans les siècles. » (Dan., III, 58.)

Il est de foi que les anges sont des créatures intelligentes, invisibles, purement spirituelles et supérieures à l'homme (1). Dieu les a créés dans un état de sainteté, pour sa gloire et pour son service.

Sur la chute des anges.

RESSOUVENEZ-VOUS DE CECI : *Soumis* par leur créateur à une *épreuve* que la sainte Écriture ne mentionne pas, *les uns,* ayant pour chef *Michel,* sont restés fidèles à Dieu : on les appelle les *bons anges. Les autres,* ayant à leur tête *Lucifer* (le plus lumineux des archanges), se sont élevés dans leur orgueil jusqu'à vouloir marcher à l'égal de Dieu : on les appelle les *mauvais anges* ou *démons.*

Dieu a récompensé les premiers en les confirmant en grâce, et *a puni* les rebelles en les chassant du ciel et en les précipitant dans l'abîme éternel créé pour eux.

« Voilà que ceux qui le servent ne sont pas stables, et *même dans ses anges il a trouvé de la dépravation.* » (Job. IV, 18.)

« Alors il se fit un grand combat dans le ciel : Michel et ses anges combattaient le dragon, et le dragon combattait, et ses anges aussi. — Mais ils ne prévalurent pas : aussi *leur place n'est plus dans le ciel.* Et ce grand dragon, l'ancien serpent qui s'appelle le diable et Satan, et qui séduit tout l'univers, fut précipité, et ses anges avec lui. » (Apoc., XII, 7, 8, 9.)

« Comment es-tu tombé du ciel, Lucifer? Toi, qui dès le matin, te levais! qui disais, dans ton cœur : *Je monterai au ciel sur les astres de Dieu; j'élèverai mon trône; je serai semblable au Très-Haut!...* Mais cependant tu seras traîné de l'enfer au profond de la fosse. » (Isaïe, XIV, 12-15.)

(1) Le mot ange veut dire *messager;* c'est le nom générique des esprits célestes. Le mot *archange* signifie chef des anges.

« Toi, le sceau de la ressemblance de Dieu, toi, plein de sagesse et parfait en beauté, — tu as été dans les délices du paradis de Dieu, etc..... — *Tu étais un chérubin aux ailes étendues,* etc..... — Tu as été parfait dans tes voies depuis le jour de ta création jusqu'à ce que l'iniquité ait été trouvée en toi, etc... *Et ton cœur s'est élevé dans ta beauté,* tu as perdu ta sagesse dans ta beauté ; *je t'ai jeté sur la terre ; — je ferai sortir du milieu de toi un feu qui te dévorera,* etc. (1). » (Ézéch., XXVIII, 12-18.)

La guerre, engagée dans le ciel, s'est continuée sur la terre entre Michel et Satan, entre les bons et les mauvais anges ; le sort des uns et des autres est fixé pour l'éternité ; mais *ce qu'ils se disputent et se disputeront, jusqu'à la fin du monde, c'est* L'HUMANITÉ *dont le* DIVIN CHEF *est et sera toujours* l'OBJET *de l'adoration* et de *l'amour* des anges fidèles, et l'objet de la *haine* et des *blasphêmes* des anges rebelles.

Sur les bons anges.

RESSOUVENEZ-VOUS DE CECI : *Les bons anges :* leur *existence,* leur *nombre,* leurs *hiérarchies,* leur *ministère* auprès de Dieu, leur *mission* auprès des hommes, enfin *le nom* de plusieurs de ces envoyés, nous *sont révélés,* d'une manière authentique, *dans de nombreux textes de l'Ancien et du Nouveau testament.* De plus, *l'histoire de l'Église,* celle des *peuples,* celle des *saints,* et même celle des *pécheurs,* sont pleines de l'intervention des esprits célestes, ou comme *messagers de Dieu* dans les événements dont la terre a été le théâtre ; ou comme *gardiens et protecteurs des États, des diocèses, des villes, des familles, des indi-*

_____

(1) Ces paroles d'Ézéchiel, appelées chant de deuil, s'appliquent, dans quelques expressions, au roi de Tyr, et, dans presque toutes, à la chute de Lucifer.

vidus confiés à leur vigilance et à leurs soins. Le nom de *trois archanges* est consigné dans l'Ancien et le Nouveau testament : *Michel, Gabriel, Raphaël.*

N. B. Quand les anges apparaissent aux hommes, ils empruntent des formes et des apparences naturelles et visibles. Certaines expressions de la sainte Écriture, appliquées aux anges, sont toutes *symboliques :* les *ailes* marquent leur *agilité;* la *figure* de l'homme, leur *intelligence;* celle de *l'aigle,* la *pénétration;* le *feu,* le *zèle* dont ils sont embrasés; le *vent,* leur *subtilité* et leur prodigieuse activité, etc.

Sur les mauvais anges.

RESSOUVENEZ-VOUS DE CECI : Leur *existence,* leur *nombre,* leurs *hiérarchies,* leur *intervention* dans les affaires du temps *comme adversaires des bons anges,* comme *ennemis du bien et instigateurs du mal,* sont *confirmés authentiquement* par les *saintes Écritures,* par le *témoignage du Sauveur* lui-même, par *l'histoire de l'Église,* celle des *saints* et celle des *pécheurs.*

Leur chef est appelé indistinctement : *diable, démon, Satan, Lucifer,* l'*adversaire,* le *malin,* le *tentateur,* l'*ancien serpent,* le *dragon infernal,* le *grand menteur* dès le commencement et le *père du mensonge,* etc.

Sur la chute de l'humanité dans Adam et Ève.

RESSOUVENEZ-VOUS DE CECI : *A l'homme,* créature intelligente et libre, *Dieu avait fait un commandement* qui devait lui rappeler sa dépendance à l'égard de son créateur et mettre à l'épreuve sa fidélité.

« Et Dieu lui commanda, disant : Mange des fruits de tous les arbres du paradis; mais, *quant au fruit de l'arbre de la science du bien et du mal, n'en mange pas, car, au jour où tu en mangeras, tu mourras de mort (1). »* (Gen., I, 16, 17.)

Le commandement de Dieu établit la liberté de l'âme humaine; et la désobéissance de nos premiers parents prouve leur faculté de se soumettre ou de se soustraire à l'ordre de leur créateur.

Dans le récit biblique de la chute d'Adam et d'Ève, nous voyons : que *le serpent, instrument du tentateur,* eut son châtiment propre. « *Tu seras maudit* entre tous les animaux de la terre ; » que *la femme* eut sa pénitence personnelle : Dieu multipliera les fatigues, les douleurs, les tourments de sa maternité; elle sera sous la puissance de son mari, qui la dominera, etc. (2); que *l'homme* enfin entendit de la bouche de son créateur cet arrêt formidable :

« Mais à Adam Dieu dit : Maudite sera la terre en ton œuvre, et c'est avec des labeurs que tu en tireras ta nourriture pendant les jours de ta vie. — Elle te produira des épines et des ronces, et tu mangeras l'herbe de la terre. — *C'est à la sueur de ton front que tu te nourriras de pain, jusqu'à ce que tu retournes à la terre d'où tu as été tiré : puisque tu es poussière, tu retourneras à la poussière.* » (Gen., III, 14-19.)

La sentence divine n'atteignit pas l'homme dans son corps seulement : elle le frappa dans son être tout entier. *Après leur désobéissance,* Adam et Ève se virent dépouillés

(1) « Tu mourras de mort, » locution hébraïque dont le sens est : « Tu deviendras nécessairement sujet de mort; mortel, d'immortel que tu es par nature. » (Glaire.)

(2) Sous le paganisme, cette domination de l'homme sur la femme a été poussée jusqu'à la rendre esclave. Le christianisme, en relevant la femme par le sacrement de mariage, l'a rendue de nouveau *une aide semblable à l'homme.*

de leur innocence, de leur justice et de leur sainteté natives. Expulsés du paradis terrestre, ils se sont sentis *voués
à l'ignorance*, à la *concupiscence*, en même temps qu'à la
douleur et au *travail pénible*, jusqu'au jour où ils devaient
sortir de cette *vie*, devenue pour eux une *épreuve* et une
expiation, par la *mort* devenue un *châtiment.*

Sur la tache originelle.

Ressouvenez-vous de ceci : *Les diverses sentences ou
condamnations* qui ont été la conséquence de la chute
originelle *devaient nécessairement atteindre* l'humanité
tout entière (*la Sainte-Vierge exceptée*). *Depuis Ève, la
femme* souffre les mêmes maux que la mère du genre
humain. *Depuis Adam, la terre* produit des ronces et des
épines, et c'est à la sueur du front de l'homme que l'humanité se nourrit de pain. Enfin tous *les descendants
d'Adam et d'Ève meurent de mort*, et leur corps retourne
à la terre d'où ils ont été tirés en Adam. *Dans l'ancien
serpent, tous les serpents* ont été maudits, et c'est celui
des animaux que l'homme a le plus naturellement en
horreur.

La tache imprimée par le péché à l'âme d'Adam et
d'Ève s'est transmise à toute leur dépendance : c'est le
péché originel; c'est l'empreinte de notre origine viciée
dans sa source.

Nés de l'homme innocent et dans l'état de nature
élevée où Dieu l'avait créé, nous eussions participé aux
perfections natives de nos premiers parents ; mais, sortie
d'un père et d'une mère coupables, et dans l'état de nature abaissée, l'humanité tout entière est, par une conséquence rigoureuse, marquée au cachet de cette dé-
chéance. *Un père dégradé*, dans son corps et dans son âme,
pouvait-il logiquement communiquer à sa postérité les

dons précieux qu'il avait perdus? *Un roi détrôné*, banni et ruiné, peut-il donner et transmettre à ses enfants des honneurs, des biens, des trésors qu'il ne possède plus?

Il ne leur lègue que des souvenirs, tout au plus des espérances! Ce que l'âme humaine a gardé d'élévation, de nobles aspirations vers le beau, le bien, l'infini, est comme un ressouvenir de sa grandeur passée... Ce qu'elle présente, au contraire, de bassesses, de faiblesses, d'inclinations vicieuses, est la preuve évidente que l'équilibre a été rompu et l'harmonie détruite à toujours. *Adam, roi déchu, n'a donc pu transmettre à ses enfants* QU'UN SOUVENIR *et* UNE ESPÉRANCE.

« L'homme né de la femme, vivant peu de temps, est rempli de beaucoup de misères.

« Qui peut rendre pur celui qui a été conçu d'un sang impur? » (Job, XIV, 1, 4.)

« C'est pourquoi, comme le péché est entré dans le monde par un seul homme et la mort par le péché, ainsi la mort a passé dans tous les hommes par celui en qu[i] tous ont péché. » (Rom., V, 12.)

Sur la promesse d'un Rédempteur faite à l'humanité dans la personne d'Adam et d'Ève.

RESSOUVENEZ-VOUS DE CECI : *Dieu offensé, mais souverainement bon*, n'abandonna pas l'homme après son péché. Avant même de prononcer contre lui, avec justice, la sentence qu'il avait volontairement encourue, la divine miséricorde avait déposé, dans le cœur du coupable, *une promesse consolatrice* qu'il devait renouveler dans des termes de plus en plus précis, jusqu'au temps de son accomplissement.

Après avoir maudit le serpent, et, en lui, le démon tentateur, Dieu ajouta : « *Je mettrai des inimitiés entre toi et la femme, entre ta postérité et sa postérité : elle te brisera la tête*, et tu lui tendras des embûches au talon. » (Gen., III, 15.)

N. B. Cette femme qui doit briser la tête du serpent est la *très-sainte Vierge, immaculée et invulnérable*, qui ruinera l'empire du démon en donnant naissance au Sauveur.

Dieu donna à Adam *l'intelligence* de ces paroles ; et la *promesse d'un réparateur, d'un Sauveur*, qu'elles renfermaient implicitement, a été transmise, par notre premier père, à sa postérité comme une *espérance* et une *attente.*

Or, *ce Sauveur, c'est la deuxième personne de la très-sainte Trinité : c'est Dieu le Fils, fait homme pour racheter les hommes.*

Sur le premier article du Symbole de votre foi, répétez donc du fond de votre cœur :

« JE CROIS EN DIEU, *pur esprit, éternel, tout-puissant, immuable, infiniment parfait, sage, juste, bon, aimable, présent partout, voyant et connaissant tout.*

« *En Dieu : Un par essence, triple en personne. En Dieu :* LE PÈRE TOUT-PUISSANT, CRÉATEUR DU CIEL ET DE LA TERRE, *et souverain Seigneur de toutes choses.* »

Sur la deuxième personne de la très-sainte Trinité ; le Fils.

RESSOUVENEZ-VOUS DE CECI : *Jésus-Christ est le Verbe, le Fils de Dieu, le seul, l'unique engendré de toute éternité. Il est le même Dieu que son Père, le vrai Dieu, Dieu créateur de toutes choses.* Tous ces titres sont attestés par de nombreux passages de l'Écriture sainte :

SA GÉNÉRATION ÉTERNELLE. « Au commencement était le Verbe, et le Verbe était en Dieu, et le Verbe était Dieu. » (Jean, I, 1.)

« Et le nom dont on l'appelle est le Verbe de Dieu. »
(Apoc., XIX, 13.)

« Je suis l'alpha et l'oméga : le premier et le dernier,
le commencement et la fin. » (N.-S. dans l'Apoc., XXII, 13.)

TÉMOIGNAGE DE DIEU LE PÈRE *en faveur de Dieu le Fils.*
« Le Seigneur m'a dit : *Vous êtes mon Fils; c'est moi qui
vous ai engendré.* » (Ps. II, 7.)

« C'est de mon sein qu'avant que l'étoile du matin
existât, je vous ai engendré. » (Ps. CIX, 3.)

« Et de l'Égypte j'ai rappelé *mon Fils.* » (Osée, XI, 1.)

« Et voici une voix du ciel disant : Celui-ci est *mon
Fils* bien-aimé, en qui j'ai mis toutes mes complaisances. »
(Matth., III, 17.)

TÉMOIGNAGE DU FILS *en faveur de sa filiation divine.*
Les Juifs cherchaient à le faire mourir, parce que, non
seulement il avait violé le sabbat, mais aussi parce qu'*il
disait que Dieu était son Père,* se faisant ainsi égal à
Dieu. » (Jean, V, 18.)

« *Moi et mon Père* nous sommes une seule chose. Vous
me dites à moi que le Père a sanctifié et envoyé dans le
monde : Tu blasphèmes, parce que j'ai dit : *Je suis le Fils
de Dieu.* Si je ne fais pas les œuvres de *mon Père,* ne me
croyez point; mais si je les fais, quand bien même vous
ne voudriez pas me croire, croyez aux œuvres, afin que
vous connaissiez et croyiez que *mon Père est en moi et moi
dans mon Père.* » (N.-S. en S. Jean, X, 30-38.)

« Si vous m'eussiez connu, vous auriez connu *mon Père;*
mais bientôt vous le connaîtrez, et vous l'avez déjà vu.
Il y a si longtemps que je suis avec vous, et vous ne me
connaissez pas. Philippe, *qui me voit, voit aussi mon Père.*
Comment dis-tu, toi : Montrez-nous votre Père? Ne croyez-
vous pas que *je suis en mon Père* et que *mon Père est en
moi?* » (N.-S. en S. Jean, XIV, 7-10.)

« En vérité, je vous le dis : *Tout ce que le Père fait, le
Fils le fait pareillement.*

« Qui n'honore point *le Fils* n'honore point *le Père* qui l'a envoyé. » (Ibid., v, 19, 23.)

« Vous avez envoyé vers *Jean*, et il a rendu témoignage de la vérité. Pour moi, j'ai un témoignage plus grand que celui de Jean; car les œuvres que *mon Père* m'a données à accomplir, ces œuvres que je fais moi-même rendent témoignage de moi. *Scrutez les Écritures... car ce sont elles qui rendent témoignage de moi.* » (N.-S. en S. Jean, v, 33, 36, 37, 39.)

« *Je t'adjure,* par le Dieu vivant, *de nous dire si tu es le Christ, le Fils de Dieu!* Jésus lui répondit : *Tu l'as dit* (1)! » (Matth., XXVI, 63, 64.)

TÉMOIGNAGE DES APOTRES, DES DISCIPLES, DES CONTEMPORAINS *de Jésus-Christ.* « JEAN, le précurseur, rend témoignage de lui, et il crie, disant : *Voici celui dont j'ai dit :* Celui qui doit venir après moi a été fait avant moi, parce qu'il était avant moi. Et je l'ai vu, et j'ai rendu témoignage que *c'est lui qui est le Fils de Dieu.* » (Jean, I, 15, 34.)

« Et nous avons vu sa gloire comme la gloire qu'un *Fils unique* reçoit de *son Père.* Personne n'a jamais vu Dieu; *le Fils unique* qui est dans le sein du Père est celui qui l'a fait connaître. » (Jean, I, 14, 18.)

« Et Jésus demanda *à ses disciples :* Et vous, que dites-vous que je suis? Prenant la parole, SIMON PIERRE dit :

---

(1) Les saints évangélistes ont consigné 27 circonstances différentes dans lesquelles N.-S. J.-C. s'est dit *Fils de Dieu* ou *le Fils;* 30 où Il s'est dit le *Messie,* l'*Envoyé de Dieu;* 70 où, en parlant de Dieu, Il a dit : *Mon Père,* et 51 le Père; 30 où Il a affirmé sa propre divinité; 48 où Il s'est intitulé : *Fils de l'homme.* Et nous avons remarqué qu'Il s'intitulait ainsi toutes les fois qu'Il parlait de Lui-même, comme homme, c'est-à-dire comme ayant épousé la nature humaine, comme Sauveur, Messie, Rédempteur de l'humanité, en un mot comme Verbe fait chair pour l'homme.

Vous êtes le Christ, Fils du Dieu vivant. » (Matth., XVI, 15, 16.)

« Et MARTHE lui répondit : Oui, Seigneur, je crois que *vous êtes le Christ, le Fils du Dieu vivant qui êtes venu en ce monde.* » (Jean, XI, 27.)

« *Pour nous* (c'est *Pierre* qui parle au nom des autres apôtres), *nous avons cru, et nous avons connu que vous êtes le Christ, Fils de Dieu.* » (Jean, VI, 70.)

« THOMAS répondit et lui dit : *Mon Seigneur et mon Dieu.* » (Jean, XX, 28.)

« BEAUCOUP DE SAMARITAINS disaient (à la Samaritaine) : Maintenant, ce n'est plus sur votre parole que nous croyons; *nous l'avons entendu nous-mêmes, et nous savons que c'est vraiment lui qui est le Sauveur du monde.* » (Jean, IV, 42.)

« Le CENTURION et ceux qui étaient avec lui pour garder Jésus, voyant le tremblement de terre et tout ce qui se passait, furent saisis d'une extrême frayeur et dirent : *Vraiment,* CELUI-CI *était le Fils de Dieu!* » (Matth., XXVIII, 54.)

« Ces miracles sont écrits afin que vous croyez que *Jésus est le Christ, le Fils de Dieu,* et afin que, croyant, vous ayez la vie en son nom. » (Jean, XX, 31.)

Sur le Messie, le Sauveur.

RESSOUVENEZ-VOUS DE CECI : *Ce Jésus-Christ, Fils de Dieu, Notre-Seigneur, est le Messie ou Sauveur promis, figuré, prédit, attendu,* de siècle en siècle, depuis la chute d'Adam jusqu'à sa venue.

LES PROMESSES. Dieu lui-même l'a promis à *Adam* après sa chute ; puis, à plusieurs reprises, à *Abraham,* à *Isaac,* à *Jacob* et, par Jacob, à *Juda;* ensuite à *Moïse,* au *peuple juif,* au *monde entier.*

Les figures. L'histoire du peuple de Dieu forme un ensemble merveilleux qui projette sur le Sauveur promis une clarté admirable. On y voit se dérouler des faits vulgaires en eux-mêmes, dans lesquels la Providence a déposé des *enseignements symboliques* auxquels le Sauveur a donné, dans sa personne adorable, leur seul véritable sens : les *patriarches,* les *juges,* les *rois,* les *prophètes,* les *faits,* accusent tous quelques traits du Sauveur jusqu'au fini du portrait. Chez quelques-uns, ces rapports s'accusent par opposition, comme dans *Adam,* par exemple; chez les autres, c'est par similitude, comme dans *Abel, Noé* et *l'arche, Melchisédech, Isaac, Jacob, Joseph, Moïse, Josué, Gédéon, Samson, David, Salomon, Jonas,* etc., *l'agneau pascal,* les *sacrifices,* la *manne,* le *serpent d'airain,* la *nuée lumineuse,* etc.

Les prophéties. *Dans les visions des prophètes,* le Messie *leur apparaissait sans cesse, et chacun de ces voyants décrivait les traits particuliers qui lui étaient montrés.*

Le grand miracle est que *ces traits épars,* dépeints par des hommes vivant à des époques différentes, *se rapprochent et s'unissent dans la seule figure du Sauveur,* et constituent son histoire et celle de son Église.

C'est ainsi qu'en groupant, sous leurs différents chefs, chacun des traits contenus dans *les seules prophéties d'Isaïe,* on a pu mettre en relief : *le Messie* comme *attendu, désiré, appelé, venu.* On le contemple à sa *naissance,* dans sa *vie publique,* dans sa *passion,* dans sa *mort,* dans sa *résurrection;* on assiste à la *descente du Saint-Esprit,* à la *mission des apôtres,* à leurs *travaux,* leur *martyre,* leur *gloire.* On y voit *l'Église fondée,* son *chef,* la *propagation de l'Évangile,* la *conversion des gentils,* l'*appel,* puis l'*aveuglement* et la *réprobation des Juifs;* la *substitution de l'Église de Jésus-Christ à la synagogue* répudiée et frappée de stérilité; la prodigieuse *fécondité de l'Église;* les *solitaires;* les *ordres religieux;* l'*eucharistie;* la *conversion des*

Juifs à la fin; le jugement dernier; le ciel, l'enfer, etc.
DANIEL *fixe l'époque de la venue du Sauveur;* il prédit sa
mort, la *prise de Jérusalem,* la *ruine du temple, l'abolition
des hosties et des sacrifices de l'ancienne loi, et la durée
sans fin de l'Église de Jésus-Christ.*

Baruch *l'a vu sur la terre conversant avec les hommes.*

Ézéchiel décrit le Messie sous les traits du *bon pasteur.*

Michée nomme le *lieu de sa naissance.*

Aggée l'annonce comme le *désiré des nations, devant
remplir de gloire, par sa présence, le nouveau temple de
Jérusalem,* rebâti sur les ruines de celui de Salomon.

Zacharie parle de l'*entrée triomphante* de Jésus-Christ
à *Jérusalem,* de la sainte *eucharistie,* de la passion du
Sauveur, de ses *plaies* et du sacrement de la régénération.

Malachie a vu le *sacrifice de la nouvelle loi* offert, en tout
lieu, depuis le lever du soleil jusqu'au couchant.

Jacob, à son lit de mort, l'a vu *sortir de la race de Juda*
et a *fixé le temps de sa venue.* « Juda, tes frères te
loueront, et les enfants de ton père se prosterneront
devant toi.

« *Le sceptre ne sera pas ôté de Juda ni le prince de sa
postérité, jusqu'à ce que vienne celui qui doit être envoyé, et lui-même sera l'attente des nations.* » (Gen.,
XLIX, 8, 10.)

Le même travail, fait sur les seuls psaumes de David,
met en relief cette même histoire du Messie, avec des
circonstances qui n'ont pas été montrées avec autant de
précision aux autres prophètes : l'*adoration des Mages,*
les *palmes,* la *conspiration des Juifs,* les *menées du traître
Judas,* la *passion,* la *mort,* la *résurrection,* l'*ascension,*
l'*entrée triomphante du Christ dans le ciel, son règne dans
le ciel et sur la terre;* le *Saint-Esprit,* les *apôtres,* l'*Église :*
ses *justes,* ses *saints,* ses *vierges,* ses *ennemis,* ses *biens
spirituels;* le *jugement dernier,* etc.

Enfin, les *prophètes, comme les évangélistes, nous peignent Notre-Seigneur Jésus-Christ* comme *maître,* par ses enseignements divins; *modèle* dans sa vie cachée ou publique, dans sa passion et dans sa mort; *pasteur* dans les soins touchants qu'il a de ses agneaux et de ses brebis; *médecin* dans sa compassion et dans ses guérisons miraculeuses; *juge, salut, récompense finale,* etc.

L'ATTENTE Non seulement la *tradition* conserva dans tout l'univers l'espérance d'un Sauveur, mais Dieu suscita, chez les différents peuples, des hommes à qui le mystère de Jésus-Christ a été révélé, et qui ont été poussés à le prédire. Dieu ne s'était donc pas laissé sans témoignage même chez les nations : *partout le Messie était connu, annoncé, attendu, et cette attente elle-même avait été prédite.*

« Et moi j'ébranlerai toutes les nations, et le *désiré de toutes les nations* viendra. » (Aggée, II, 8.)

« Seigneur, envoyez *l'agneau dominateur de la terre.* » (Isaïe, XVI, 1.)

« Cieux, versez votre rosée d'en haut, et que les nuées pleuvent le juste! que la terre s'ouvre, et qu'elle germe le Sauveur! » (Isaïe, XLV, 8.)

Répétez donc ici, du fond de votre cœur, le deuxième article du Symbole de votre foi : « JE CROIS EN JÉSUS-CHRIST SON FILS UNIQUE (de Dieu), NOTRE-SEIGNEUR. »

Sur le mystère de l'Incarnation du Verbe, Fils de Dieu, prédit et accompli.

RESSOUVENEZ-VOUS DE CECI : Pour racheter l'humanité, le Fils de Dieu s'est fait chair, en unissant dans sa personne la nature divine et la nature humaine (deux natures, une seule personne). Il a été conçu dans le temps, comme homme, par un effet de la toute-puissance divine et la vertu du Saint-Esprit, dans le sein de la bienheu-reuse vierge Marie : *C'est le second des trois grands mys-tères de notre foi :* LE MYSTÈRE DE L'INCARNATION.

Il est né au jour appelé *Noël* par les chrétiens, vers minuit, à Bethléem, ville de Juda, dans une grotte isolée servant d'étable.

PRÉDICTIONS. « Le Seigneur lui-même vous donnera *un signe :* voilà que *la Vierge concevra et enfantera un Fils,* et son nom sera appelé *Emmanuel.* » (Isaïe, VII, 14.)

« Il sortira *un rejeton* de la racine de Jessé (père de David), et *une fleur* s'élèvera de sa tige. » (Isaïe, XI, 1.)

« Et toi, *Bethléem,* Ephrata (ancien nom de Bethléem), tu es très-petite entre les villes de Juda ; *de toi sortira celui* qui doit être le dominateur en Israël, et sa *géné-ration* est du commencement des jours de l'éternité. » (Michée, V, 2.)

« Un enfant nous est né, et un Fils nous a été donné ; *il portera sur son épaule la marque de sa principauté* (la croix par laquelle il a régné), *et son nom* sera appelé : *admirable, conseiller, Dieu, fort, Père du siècle à venir, prince de la paix.* » (Isaïe, IX, 6.)

« O Dieu, que tous les peuples vous glorifient! La terre a donné son fruit » (Ps. LXVI, 5, 6.)

« *La miséricorde et la vérité* se sont rencontrées ; *la jus-tice et la paix* se sont donné un baiser. » (Ps. LXXXIV, 10)

« *Et le Verbe s'est fait chair, et il a habité parmi nous,* plein de grâce et de vérité. » (Jean, I, 14.)

« *Moi, Jésus, je suis la racine et la race de David, l'étoile brillante du matin.* » (Apoc., XXII, 16.)

ACCOMPLISSEMENT. « *L'ange Gabriel* fut envoyé de Dieu dans la ville de Galilée, appelée *Nazareth,* à *une vierge* qui avait épousé un homme appelé *Joseph,* de la maison de David, et le nom de la vierge était *Marie.* Or, l'ange étant venu vers elle, lui dit : Je vous salue, pleine de grâce; le Seigneur est avec vous; vous êtes bénie entre toutes les femmes.

« Ne craignez point, Marie; vous avez trouvé grâce devant Dieu. Voilà que vous concevrez dans votre sein, et vous enfanterez un Fils à qui vous donnerez le nom de *Jésus* (Sauveur). Il sera grand, et *sera appelé le Fils du Très-Haut.* L'Esprit saint surviendra en vous, et la vertu du Très-Haut vous couvrira de son ombre; c'est pourquoi celui qui naîtra de vous sera appelé *le Fils de Dieu.* » (Luc, 1, 26, 27, 28, 30, 31, 32, 35.)

Sur la naissance du Messie accomplie.

RESSOUVENEZ-VOUS DE CECI : « *Joseph* aussi monta de Nazareth, ville de Galilée, en Judée, dans la ville de David qui est appelé *Bethléem*, parce qu'il était de la famille de David, pour se faire inscrire avec *Marie*, son épouse (aussi de la maison de David). Or, il arriva que lorsqu'ils étaient là, les jours où elle devait enfanter furent accomplis; *et elle enfanta son fils premier né. Et l'ayant enveloppé de langes, elle le coucha dans une crèche,* parce qu'il n'y avait point de place pour eux dans l'hôtellerie. » (Luc, II, 4-7.)

LA NAISSANCE DU MESSIE *a été annoncée d'abord à des bergers par un ange, puis aux Mages par une étoile miraculeuse.*

LES BERGERS. « Or, en la même contrée se trouvaient des bergers qui passaient la nuit dans les champs, veillant tour à tour à la garde de leurs troupeaux. Et voilà qu'*un ange du Seigneur* se présenta devant eux, et une *lumière divine* les environna, et ils furent saisis d'une grande crainte. Mais l'ange leur dit : *Ne craignez point,* car voici que je vous apporte la bonne nouvelle d'une grande joie pour tout le peuple; c'est qu'*il vous est né* aujourd'hui, dans la ville de David, *un Sauveur* qui est le *Christ Sei-gneur*. Et ceci sera pour vous *le signe :* vous trouverez un *enfant enveloppé de langes et couché dans une crèche.*

« Au même instant se joignit à l'ange une multitude de la milice céleste, louant Dieu et disant : *Gloire à Dieu au plus haut des cieux, et, sur la terre, paix aux hommes de bonne volonté !* » (Luc, II, 8-15.)

Sur l'adoration des Mages, prédite et accomplie.

RESSOUVENEZ-VOUS DE CECI : *Prédictions.* « Le peuple qui marchait dans les ténèbres a vu une grande lumière; pour ceux qui habitaient dans les régions de l'ombre de la mort, *une lumière s'est levée.* » (Isaïe, IX, 2.)

« Lève-toi, Jérusalem; reçois la lumière, parce que ta lumière est venue, et que la gloire du Seigneur s'est levée sur toi.

« Des nations marcheront à ta lumière et des *rois à la splendeur de ton lever.*

« Tous viendront de Saba, apportant de *l'or* et de *l'encens,* et publiant des louanges en l'honneur du Seigneur. » (Isaïe, LX, 1, 3, 6.)

« Les rois de Tharsis et des îles lui offriront des *présents;* les rois de l'Arabie et de Saba lui apporteront des *dons.* » (Ps. LXXI, 9.)

ACCOMPLISSEMENT. « Lors donc que Jésus fut né, en Bethléem de Juda, au jour du roi Hérode, voilà que *des Mages vinrent d'Orient* à Jérusalem, disant : Où est celui qui est né roi des Juifs? car *nous avons vu son étoile* en Orient, et nous sommes venus l'adorer.

« Ceux-ci donc, après avoir entendu le roi (Hérode), s'en allèrent; et voilà que l'étoile qu'ils avaient vue en

(1) Revoir l'évangile de la fête de Noel.

Orient les précédait jusqu'à ce qu'elle vînt et s'arrêtât au-dessus du lieu où était l'enfant. Or, voyant l'étoile, ils se réjouirent d'une grande joie. Et entrant dans la maison, ils trouvèrent l'enfant avec Marie sa mère, et se prosternant, ils l'adorèrent; puis ayant ouvert leurs trésors, *ils lui offrirent des présents, de l'or, de l'encens et de la myrrhe.* » (Matth., II, 1, 2, 9, 10) (1).

Répétez donc ici, du plus profond de votre cœur, ce troisième article du Symbole de votre foi : « QUI A ÉTÉ CONÇU DU SAINT-ESPRIT, EST NÉ DE LA VIERGE MARIE. »

Sur la vie cachée du Messie.

RESSOUVENEZ-VOUS DE CECI : Jusqu'à l'âge de trente ans, Notre-Seigneur a mené une *vie cachée, pauvre et laborieuse.* La circoncision, sa présentation au temple, la fuite en Égypte, le massacre des innocents, le retour de la sainte famille à Nazareth, Jésus au milieu des docteurs dans le temple de Jérusalem, alors qu'il avait douze ans, sont les seuls événements qui aient été consignés dans le saint Évangile.

Saint Luc a résumé en quelques mots la *vie privée du Sauveur ;* après avoir fait le récit de sa présentation au temple, il ajoute : « *Cependant l'enfant croissait et se fortifiait plein de sagesse, et la grâce était en lui.* »

Après avoir raconté, plus loin, la scène du temple où Marie et Joseph retrouvèrent Jésus au milieu des docteurs, il dit : « *Et il leur était soumis,* » et ajoute encore : « Cependant *Jésus avançait en sagesse, en âge et en grâce devant Dieu et devant les hommes.* » (Luc, II, 40, 51, 52.)

C'est-à-dire qu'il révélait graduellement, aux yeux

(2) Revoir l'évangile de la fête de l'Épiphanie.

des hommes, la sagesse et la sainteté dont la plénitude était en lui (1).

Sur le précurseur du Messie, prédit et venu.

RESSOUVENEZ-VOUS DE CECI : *Le précurseur du Messie, Jean-Baptiste, a été vu et dépeint, par les prophètes, sous* les traits qui ne peuvent s'appliquer qu'à lui seul, parce que lui seul les a réalisés dans sa personne.

PRÉDICTIONS. « Voici que moi *j'envoie mon ange* (dans le sens de messager), *et il préparera la voie devant ma face,* et aussitôt viendra dans son temple le dominateur que vous cherchez et l'ange de l'alliance que vous désirez. Voici qu'il vient, dit le Seigneur. » (Malachie, III, 1.)

« Consolez-vous, mon peuple, consolez-vous, dit votre Dieu : voici la voix de quelqu'un qui crie dans le désert : *Préparez la voie du Seigneur,* rendez droits, dans la solitude, les sentiers de notre Dieu.

« Toute vallée sera comblée, toute montagne et toute colline seront abaissées ; les chemins tortus seront redressés, et les raboteux seront aplanis. Et la gloire du Seigneur sera révélée, et toute chair verra, en même temps, que la bouche du Seigneur a parlé. » (Isaïe, XL, 1-5.)

ACCOMPLISSEMENT. L'an quinzième du règne de César Tibère, etc.

« Sous les grands prêtres Anne et Caïphe, la *parole du Seigneur se fit entendre à Jean, fils de Zacharie, dans le désert.* Et il vint dans toute la région du Jourdain, prêchant le baptême de pénitence pour la rémission des péchés. Or le peuple croyait, et tous pensaient en leurs

(1) Revoir, dans l'Évangile, le détail de cette première phase de la vie du Sauveur : Matth., I, 16-25 ; II tout entier ; Luc, I, 26-39 ; II tout entier ; Jean, I, 1-15.

cœurs que Jean pourrait bien être le Christ. » (Luc, III, 1, 2, 3, 15.)

« *Je suis la voix* de celui qui crie dans le désert : Redressez la voie du Seigneur, comme l'a dit le prophète Isaïe. Moi, je baptise dans l'eau ; mais *il y a au milieu de vous quelqu'un que vous ne connaissez point.* C'est lui qui doit venir après moi, qui a été fait avant moi, etc. » (Jean, I, 23, 26.)

« Le jour suivant, *Jean vit Jésus* venant à lui, et il dit : *Voici l'agneau de Dieu, voici celui qui ôte les péchés du monde,* etc. C'est pour qu'il fût manifesté en Israël que je suis venu baptisant dans l'eau. Et celui qui m'a envoyé baptiser dans l'eau m'a dit : Celui sur qui tu verras l'Esprit descendre et se reposer, c'est celui-là qui baptisera dans l'Esprit saint. Et je l'ai vu, etc. » (Jean, I, 29, 31, 33.)

N. B. Pour l'histoire personnelle de saint Jean-Baptiste, selon les quatre évangélistes, voir : *sa naissance* (Luc, I tout entier) ; — *son rôle de précurseur* (Luc, III, 1-18 ; Matth., III, 1-12 ; Marc, I, 2-8 ; Jean, I, 15-36 ; III, 21-36) ; — *sa prison* (Luc, III, 19-20) ; — *son message au Messie* (Matth., XI, 2-6 ; Luc, VII, 18-23) ; — *témoignage du Sauveur en faveur de Jean* (Matth., XI, 7-19 ; Luc., VII, 24-34 ; Jean, V, 33-36) ; — *sa mort* (Matth., XIV, 1-12).

Sur le baptême du Messie et sa retraite au désert.

RESSOUVENEZ-VOUS DE CECI : *Le Messie,* avant de se montrer au monde comme *régénérateur* et *Sauveur* du monde, a voulu préluder à sa vie publique en recevant le *baptême de Jean,* après lequel il se retira au *désert,* où il soumit sa sainte humanité à un *jeûne* miraculeux de quarante jours, et subit, pour la vaincre, la *triple tentation* s'adressant à la triple concupiscence de l'humanité déchue.

SON BAPTÊME. « Alors *Jésus* vint, de la Galilée au Jourdain, vers Jean, pour être baptisé par lui. Or Jean le détournait, disant : C'est moi qui dois être baptisé par vous, et vous venez à moi! Mais Jésus répondant lui dit : Laisse maintenant, car c'est ainsi qu'il convient que nous accomplissions toute justice. Alors Jean le laissa. Or *ayant été baptisé*, Jésus sortit aussitôt de l'eau, etc. » (Matth., III, 13-16.)

SA RETRAITE AU DÉSERT. *Jésus, plein de l'Esprit saint,* revint du Jourdain, et il *fut conduit*, par l'Esprit, *dans le désert, pendant quarante jours*, et il était tenté par le diable. Durant ces jours, *il ne mangea rien*, et après qu'ils furent passés, *il eut faim*. Or le diable lui dit : *Si vous êtes le Fils de Dieu*, dites à cette pierre qu'elle devienne du pain. Jésus lui répondit : *L'homme ne vit pas seulement de pain, mais de toute parole de Dieu*, etc... » (Luc, IV, 1-4.)

N. B. Revoir ce récit tout entier en S. Matth., IV, 1-12; en S. Luc, IV, 1-13.

« *Et Jésus retourna en Galilée* par la vertu de l'Esprit, et sa renommée se répandit dans tout le pays.. » (Luc, IV, 14.)

« Or *Jésus avait*, quand il commença son ministère, *environ trente ans*, étant, comme l'on croyait, fils de Joseph. » (Luc, III, 23.)

Sur les caractères du Messie, prédits et réalisés dans le seul J.-C. N.-S.

RESSOUVENEZ-VOUS DE CECI : *Prédictions*. « Mon peuple connaîtra mon nom en ces jours-là; il saura que moi-même qui parlais autrefois (par les prophètes), *me voici présent*. « (Isaïe, LII, 6.)

« *Dieu a été vu sur la terre*, et il a demeuré avec les hommes. » (Baruch, III, 38.)

« Ceux à qui il n'avait pas été parlé de lui l'ont vu ; et ceux qui n'en avaient pas entendu parler l'ont contemplé. » (Isaïe, LII, 15.)

« Dites aux pusillanimes : Prenez courage, et ne craignez point... *Dieu viendra* lui-même, et il vous sauvera. Alors *les yeux des aveugles* s'ouvriront, et les *oreilles des sourds* entendront. Alors le *boiteux* bondira comme le cerf, et la *langue des muets* sera déliée. » (Isaïe, XXXV, 4, 5, 6.)

« Voici mon serviteur ; je le soutiendrai ; mon élu : en lui s'est complue mon âme ; j'ai répandu mon esprit sur lui. Il annoncera la justice aux nations ; il ne criera point ; il ne fera acception de personne ; il ne brisera point un roseau déjà froissé ; il n'éteindra pas une mèche encore fumante ; il jugera dans la vérité. Moi, le Seigneur, je t'ai établi pour être l'alliance du peuple, la lumière des nations, afin d'ouvrir les yeux des aveugles, de retirer du cachot le captif enchaîné, du fond de la prison ceux qui étaient dans les ténèbres. » (Isaïe, XLII, 1, 2, 3, 6, 7.)

LE BON PASTEUR. « *Voilà que moi-même je rechercherai mes brebis, et je les visiterai.* Comme un berger visite son troupeau, ainsi je visiterai mes brebis, et je les délivrerai de tous les lieux où elles ont été dispersées, dans un jour de nuage et d'obscurité. C'est moi qui paîtrai mes brebis, moi qui les ferai reposer. J'irai chercher ce qui était perdu ; je ramènerai ce qui était égaré ; et ce qui était brisé, je le lierai ; et ce qui était faible, je le fortifierai ; et ce qui était fort et gras, je le conserverai, et je les ferai paître avec discernement. *Je sauverai mon troupeau ;* il ne sera plus en proie, et je jugerai entre brebis et brebis. *Et je susciterai sur elles un pasteur unique qui les paisse...* Mais *vous, mes troupeaux,* les troupeaux de mes pâturages, *vous êtes des hommes, et moi je suis le Seigneur votre Dieu.* » (Ézéch., XXXIV, 11, 12, 15, 16, 22, 23, 31.)

ACCOMPLISSEMENT. « *Moi je suis le bon pasteur. Le bon pasteur donne sa vie pour ses brebis.* Je connais mes brebis, et mes brebis me connaissent. Mes brebis écoutent ma voix, et moi je les connais, et elles me suivent. Et je leur donne la vie éternelle, et elles ne périront jamais, et nul ne les ravira de ma main. Mais j'ai d'autres brebis qui ne sont pas de cette bergerie, et il faut que je les amène, et elles entendront ma voix, et il n'y aura qu'un bercail et qu'un pasteur. » (N.-S. en S. Jean, x, 11, 14, 16, 27, 28) (1).

« Après que Jean eut été livré, Jésus-Christ vint en Galilée, prêchant l'Évangile du royaume de Dieu et disant : Parce que le temps est accompli et que le royaume de Dieu est proche, faites pénitence, et croyez à l'Évangile. » (N.-S. en S. Marc, I, 14, 15.)

« *Et Jésus parcourait toute la Galilée, enseignant dans leurs synagogues, prêchant* l'Évangile du royaume et *guérissant toute langueur et toute infirmité* parmi le peuple. » (Matth., IV, 23.)

« *Et tous lui rendaient témoignage*, et, admirant les paroles de grâce qui tombaient de sa bouche, ils disaient : N'est-ce pas là le fils de Joseph? Et ils s'étonnaient de sa doctrine, parce qu'il leur parlait avec autorité. » (Luc, IV, 22, 32.)

« (Après la guérison d'un homme possédé.) Ils furent tous saisis d'étonnement, de sorte qu'ils s'interrogeaient entre eux, disant : Qu'est-ce que ceci? Quelle est cette nouvelle doctrine? Car il commande avec empire même aux esprits impurs, et ils lui obéissent! Et sa renommée se répandit promptement dans tout le pays de Galilée. » (Marc, I, 27, 28.)

« Sa réputation se répandit aussi dans toute la Syrie, de

(1) Voir l'ensemble de la première partie de ce chapitre x, de 1 à 29.

sorte qu'on lui présenta tous ceux qui étaient atteints de souffrances et de maux divers : des *démoniaques*, des *lunatiques*, des *paralytiques*, et il les guérit. » (Matth., IV, 24.)

« Et partout où il entrait, dans les bourgs, dans les villages ou dans les villes, on mettait des malades sur les places publiques, et on le suppliait de les laisser seulement toucher la frange de son vêtement; *et tous ceux qui le touchaient étaient guéris.* » (Marc, VI, 56.)

« (Après la tempête apaisée.) Ils furent saisis d'une grande crainte, et ils se disaient l'un à l'autre : Quel est, selon vous, celui-ci à qui la mer et les vents obéissent? » (Marc, IV, 40.)

Sur la vie publique du Messie, comme Dieu et comme homme.

RESSOUVENEZ-VOUS DE CECI : La vie, la doctrine, les œuvres du Verbe fait chair sont renfermées, avec toutes leurs circonstances, dans l'ensemble du saint Évangile.

On peut résumer ainsi les faits principaux de la vie publique du Sauveur : il choisit ses douze apôtres, prêche l'Évangile (le bon message), annonce qu'il est le Fils de Dieu, le Messie promis, le Sauveur des hommes, institue les sacrements, fonde le christianisme, prouve au monde la divinité de sa personne et de sa mission : en accomplissant toutes les prophéties concernant le Messie, en faisant de nombreux miracles et en donnant, dans sa doctrine et dans sa vie, la règle et le modèle de toutes les vertus (1).

(1) Lire les quatre évangélistes, qui se complètent l'un par l'autre.

Sur les palmes ou entrée triomphante du Messie à Jérusalem, prédite et accomplie.

RESSOUVENEZ-VOUS DE CECI : *Prédictions.* « *Exulte*. fille de Sion ; sois pleine de jubilation, fille de Jérusalem ! *Voici que ton roi viendra à toi, roi juste et sauveur, pauvre* lui-même et *monté sur une, ânesse, et sur le poulain de l'ânesse.* » (Zach., ix, 9.)

« *Béni soit celui qui vient au nom du Seigneur !* Le Seigneur est Dieu, et il a fait luire sa lumière sur nous. *Rendons ce jour solennel en couvrant de branches tous les lieux !* » (Ps. cxvii, 26, 27.)

.ACCOMPLISSEMENT. « Lorsqu'ils approchèrent de Jérusalem... Jésus envoya deux disciples, leur disant : *Allez* au village qui est devant vous, et soudain *vous trouverez une ânesse attachée et son ânon avec elle* ; déliez-les, et amenez-les-moi. S'en allant donc, les disciples firent comme Jésus leur avait commandé. Ils amenèrent l'ânesse et l'ânon, mirent dessus leurs vêtements et l'y firent asseoir. *La plus grande partie du peuple étendit ses vêtements* le long de la route ; *d'autres coupaient des branches.d'arbres* et en jonchaient le chemin. Or la foule qui précédait et celle qui suivait criait, disant : *Hosanna au Fils de David ! Béni soit celui qui vient au nom du Seigneur ! Hosanna* au plus haut des cieux ! » (Matth., xxi, 1, 2, 6, 9.)

Sur la vie souffrante du Messie.

RESSOUVENEZ-VOUS DE CECI : *Le Sauveur* a accompli l'œuvre de notre rédemption, en se livrant volontairement à *l'agonie* accompagnée d'une sueur de sang, au jardin des Oliviers, à la *trahison* de Judas, à *l'abandon* de ses disciples, aux *opprobres*, à la *flagellation*, au *couronnement d'epines*, aux *insultes*, aux *ignominies*, aux *blasphêmes*, aux *mauvois traitements*, à toutes les *humiliations de la voie douloureuse* du Calvaire, au *crucifiement*, enfin à la *mort* des criminels. Il consomma sa passion le *vendredi* (appelé *saint* sous le christianisme), vers trois heures de l'après-midi.

Notre divin Rédempteur nous a rachetés en souffrant la mort comme homme, et en donnant, comme Dieu, un prix infini à ses souffrances et à sa mort.

Bien qu'il eût pu nous sauver par un seul acte de sa volonté divine, il a voulu, en expiant si cruellement le péché originel et tous les péchés qui en ont été les conséquences, satisfaire à la justice divine d'une manière surabondante, nous inspirer une grande horreur du péché, et donner à l'humanité coupable une plus grande preuve de sa commisération et de son amour. *C'est le troisième des grands mystères de notre foi,* LE MYSTÈRE DE LA REDEMPTION.

Sur la conspiration contre le Messie et la trahison de Judas, prédites et accomplies.

RESSOUVENEZ-VOUS DE CECI : *Prédictions.* « Ils ont aiguisé leurs langues comme un glaive; ils ont tendu leur arc, afin de lancer des flèches dans les ténèbres contre un innocent. Ils les lanceront soudainement contre lui, et ils ne craindront point; ils se sont affermis dans un *discours pervers; ils ont concerté de cacher des piéges;* ils ont dit : Qui les verra? *Ils ont cherché* avec soin *des iniquités contre moi;* mais ceux qui les cherchaient ont défailli dans ces recherches. » (Ps. LXIII, 3-6.)

« Ils m'ont rendu des maux pour des biens, et de la haine pour mon amour. » (Ps. CVIII, 4.)

« J'ai entendu le blâme d'un grand nombre qui séjourne autour de moi. Pendant qu'ils se rassemblaient contre moi, *ils ont tenu conseil pour m'ôter la vie.* » (Ps. xxx, 13.)

« Mes ennemis m'ont dit de mauvaises choses : quand mourra-t-il, et quand périra son nom? *Il sortait dehors, et il parlait....* Car *l'homme de ma paix,* en qui je me suis confié, qui mangeait mon pain, *a fait éclater sur moi sa trahison.*» (Ps. xl, 5, 6, 7, 9.)

« *Que ses jours soient abrégés, et qu'un autre reçoive son épiscopat!* » (Ps. cviii, 7.)

» *Et ils pesèrent ma récompense : trente pièces d'argent.* Et le Seigneur me dit : Jette au statuaire ce prix auquel j'ai été évalué par eux. *Et je pris les trente pièces d'argent, et je les jetai dans la maison du Seigneur.* » (Zach., xi, 12, 13.)

Accomplissement. « Alors les princes des prêtres et les anciens du peuple s'assemblèrent dans la salle du grand prêtre appelé Caïphe ; *ils tinrent conseil* pour se saisir de Jésus, par ruse, et le faire mourir. Alors un des douze, appelé *Judas Iscariote, alla* vers les princes des prêtres *et leur dit : Que voulez-vous me donner, et je vous le livrerai?* Et ceux-ci lui assurèrent *trente pièces d'argent.* Et, de ce moment, il cherchait une occasion favorable pour le leur livrer. » (Matth., xxvi, 3, 4, 14, 15, 16.)

« Alors, ayant *jeté l'argent dans le temple,* il se retira et alla se pendre.

« Les princes des prêtres en achetèrent le champ d'un potier. » (Matth., xxvii, 5, 7.)

« Et les apôtres priant, ils dirent : Vous, *Seigneur,* qui connaissez les cœurs de tous, *montrez lequel vous avez choisi de ces deux, afin de prendre place dans ce ministère et cet apostolat dans lequel Judas a prévariqué!.....* Et le sort tomba sur Mathias, et il fut associé aux onze apôtres.» (Actes, i, 24, 25, 26.)

Sur les souffrances du Messie, prédites et accomplies.

Ressouvenez-vous de ceci : *Prédictions.* « Depuis la plante des pieds jusqu'au sommet de la tête, il n'y a rien de sain en lui! C'est blessures, meurtrissures, plaie enflammée qui n'a été ni bandée, ni pansée, ni adoucie par l'huile. » (Isaïe, I, 6.)

« Cesse donc d'irriter cet homme qui respire l'air, parce qu'il a été réputé pour être le Très-Haut. » (Isaïe, II, 22.)

« J'ai abandonné mon corps à ceux qui me frappaient, et mes joues à ceux qui arrachaient ma barbe; je n'ai point détourné ma face de ceux qui me réprimandaient et crachaient sur moi. » (Isaïe, L, 6.)

« Sans gloire sera son aspect parmi les hommes, et sa forme parmi les fils des hommes. » (Isaïe, LII, 16.)

« Il n'a ni éclat ni beauté, et nous l'avons vu; et il n'avait pas un aspect agréable, et nous l'avons désiré; méprisé, et le dernier des hommes, *homme de douleurs*, connaissant l'infirmité; son visage était comme caché et méprisé, et nous l'avons compté pour rien. Il a été *compté parmi les scélérats, et il a prié pour les transgresseurs. Il a* vraiment lui-même *pris nos langueurs,* et il a lui-même *porté nos douleurs,* et nous l'avons considéré comme un lépreux, frappé de Dieu et humilié. Mais lui-même, *il a été livré à cause de nos iniquités; il a été brisé à cause de nos crimes; le châtiment, prix de notre paix, est tombé sur lui, et nous avons été guéris par ses meurtrissures.* Nous tous, nous avons erré comme des brebis; chacun s'était détourné pour suivre sa propre voie; et le Seigneur a mis sur lui l'iniquité de nous tous. *Il a été offert parce que lui-même l'a voulu,* et il n'a pas ouvert la bouche; comme une brebis, il sera conduit à la tuerie, et, comme un agneau devant celui qui le tond, il sera muet..... » (Isaïe, LIII, 2, 3, 12, 4-7.)

« O épée à deux tranchants, viens contre mon Pasteur ! *Frappe le Pasteur, et les brebis seront dispersées.* » (Zach., XIII, 7.)

« *J'envelopperai les cieux de ténèbres,* et je les couvrirai comme d'un sac. » (Isaïe, L, 3.)

« Et il arrivera en ce jour-là, dit le Seigneur, que le *soleil se couchera à midi;* et je ferai que la terre se couvrira de ténèbres en un jour de lumière. » (Amos, VIII, 9.)

« *O Dieu ! ô mon Dieu !* regardez-moi ! *pourquoi m'avez-vous délaissé ?* Je suis devant vous comme un ver et non pas un homme, l'opprobre des hommes et l'abjection du peuple. Tous ceux qui m'ont vu m'ont tourné en dérision ; ils ont murmuré, et ils *ont secoué la tête,* en disant : *Il a espéré dans le Seigneur ; que le Seigneur le délivre,* qu'il le sauve, puisqu'il l'aime !... Toute ma force s'est desséchée, et ma langue s'est attachée à mon palais. *Un conseil de méchants m'a assiégé : ils ont percé mes mains et mes pieds; ils ont compté tous mes os.* Ils m'ont eux-mêmes considéré et regardé attentivement. Ils ont *partagé mes vêtements et ont jeté le sort.* Mais vous, Seigneur, arrachez mon âme à l'épée à deux tranchants. » (Ps. XXI, 1, 6, 8, 15-20.)

« Et on lui dira : *Que sont ces plaies au milieu de tes mains ?* Et il dira : J'ai été percé de ces plaies que j'ai reçues dans la maison de ceux qui m'aimaient. » (Zach., XIII, 6.)

« *Ils m'ont donné du fiel* pour ma nourriture, et, dans ma soif, ils m'ont abreuvé *de vinaigre.* » Ps. LXVIII, 21.)

« *Mon Dieu, je remets mon âme entre vos mains !* » (Ps. XXX, 5.)

ACCOMPLISSEMENT. Le récit de la passion du Sauveur,

selon les évangélistes, nous montre la réalisation la plus complète de ces diverses prophéties. *Nous y voyons la divine victime assumant sur sa personne sacrée toutes les souffrances les plus poignantes de l'esprit, du cœur et du corps.*

Au jardin des Olives. *L'indifférence des trois disciples privilégiés :* « Et, ayant pris avec lui Pierre et les deux fils de Zébédée (Jacques et Jean), il commença à s'attrister et à être affligé. Alors il leur dit : *Mon âme est triste jusqu'à la mort;* demeurez ici, et veillez avec moi. Ensuite il vint à ses disciples, et il les trouva endormis, et il dit à Pierre : *Ainsi vous n'avez pu veiller une heure avec moi ?* » (Matth., xxvi, 3, 7, 40.)

Les luttes de la nature humaine. « Mon Père, si vous le voulez, éloignez de moi ce calice ! Cependant, que votre volonté se fasse et non la mienne ! »

L'agonie et la sueur de sang. « Et étant tombé en *agonie,* il priait encore plus. Et il lui vint *une sueur comme des gouttes de sang* découlant jusqu'à terre. » (Luc, xxii, 42, 43, 44.)

Le baiser de Judas. « Voici que *Judas* vint, et avec lui une troupe nombreuse, armée d'épées et de bâtons, etc.

« Or, celui qui le livra leur donna un signe, disant : Celui que je baiserai, c'est lui-même ; saisissez-le. Et aussitôt s'approchant de Jésus, il dit : *Maître, je vous salue. Et il le baisa.* Et Jésus répondit : Mon ami, dans quel dessein êtes-vous venu ? » (Matth., xxvi, 47, 50.)

« Judas, c'est par un baiser que tu trahis le fils de l'homme ? » (Luc, xxii, 48.)

La fuite et l'abandon de tous. « Alors *ses disciples l'abandonnèrent et s'enfuirent tous.* » (Marc, xiv, 50.)

Le reniement de saint Pierre. « Et toi aussi, tu étais avec Jésus le Galiléen ? Mais *il nia devant tous,* disant : Je ne sais ce que vous voulez dire. Et il *le nia de nouveau* avec serment, disant : *Je ne connais point cet homme*. Alors il se mit à faire des imprécations et à jurer qu'il ne connaissait point cet homme. » (Matth., xxvii, 70, 72, 74.)

Chez Caïphe. « *Il a blasphémé; il mérite la mort*. Alors ils lui *crachèrent au visage* et le déchirèrent à *coups de poing*, et d'autres lui donnèrent des *soufflets*. » (Matth., xxvii, 65, 66, 67.)

« Et ceux qui tenaient Jésus *le raillaient* et le déchiraient de coups. Puis, lui ayant *bandé les yeux*, ils le *frappaient au visage* et l'interrogeaient, disant : Prophétisenous qui est celui qui t'a frappé. Et blasphémant ainsi ils disaient beaucoup d'autres choses contre lui. » (Luc, xxii, 63, 64, 65.)

Chez Ponce-Pilate. « *Et l'ayant lié*, ils l'emmenèrent et le livrèrent à Ponce-Pilate, gouverneur. Et comme les princes des prêtres et les anciens *l'accusaient*, il ne répondit rien. » (Matth., xxvii, 2, 12.)

Chez Hérode. Et dès que Pilate sut qu'il était de la juridiction d'Hérode, il le renvoya à Hérode. Mais *Hérode*, avec sa cour, *le méprisa; il se joua de lui*, après l'avoir revêtu d'une robe blanche, et il le renvoya à Pilate. » (Luc, xxiii, 7, 11.)

Chez Pilate pour la deuxième fois. « Pilate dit au peuple : Lequel voulez-vous que je vous délivre : *Barabas ou Jésus* qui est appelé Christ? Ils répondirent : Barabas! Que ferai-je donc de Jésus qui est appelé Christ? *Qu'il soit crucifié! qu'il soit crucifié!* Alors il leur délivra Barabas, et après avoir *fait flageller Jésus*, il le leur livra pour être crucifié..... »

Dans le prétoire. « Aussitôt les soldats du gouverneur, menant Jésus dans le prétoire, rassemblèrent autour de ui toute la cohorte, et *l'ayant dépouillé*, ils *l'enveloppèrent d'un manteau d'écarlate*. Puis, tressant une *couronne d'épines*, ils la lui mirent sur la tête et un *roseau* dans sa main droite, et fléchissant le genou devant lui, *ils le rail-*

laient, disant : *Salut, roi des Juifs !* Et crachant sur lui, ils prenaient le roseau et en frappaient sa tête. » (Matth., xxvii, 17, 21, 22, 23, 26, 30.)

LA VOIE DU CALVAIRE. « Après qu'ils se furent ainsi joués de lui, ils lui ôtèrent le manteau, le couvrirent de ses vêtements, et *l'emmenèrent pour le crucifier.* » (Ibid., 31.)

LA CROIX. « Ainsi *portant sa croix,* il alla au lieu qui est appelé *Calvaire,* et en hébreu *Golgotha.* » (Jean, xix, 17.)

LE CRUCIFIEMENT. « Et là, ils lui donnèrent à boire du vin mêlé avec du *fiel.* » (Matth., xxvii, 34.)

« Et *ils le crucifièrent,* et les *deux larrons* aussi : l'un à sa droite, l'autre à sa gauche. Mais Jésus disait : *Mon Père, pardonnez-leur, car ils ne savent ce qu'ils font !* » (Luc, xxiii, 34, 35.)

« Cependant, les soldats, après l'avoir crucifié, prirent *ses vêtements* (et ils en firent quatre parts, une pour chaque soldat) et *sa tunique.* Or, la tunique était sans couture, d'un seul tissu d'en haut jusqu'en bas. Ils se dirent donc l'un à l'autre : Ne la divisons point, mais *tirons au sort* à qui elle sera. » (Jean, xix, 23, 24.)

LES HEURES SUPRÊMES. « Or, les *passans le blasphémaient, branlant la tête* et disant : *Si tu es le Fils de Dieu, descends de la croix,* etc. Pareillement les princes des prêtres eux-mêmes, se moquant de lui avec les scribes et les anciens, disaient : Il a sauvé les autres, et il ne peut se sauver lui-même, etc. Il se confie en Dieu ; qu'il le délivre maintenant s'il veut, car il a dit : Je suis le Fils de Dieu. Or, c'était aussi l'insulte que lui faisaient les voleurs qui étaient crucifiés avec lui. Mais *depuis la sixième heure, les ténèbres se répandirent sur toute la terre jusqu'à la neuvième heure.* » (Matth., xxvii, 39, 44.)

« Jésus dit : J'ai soif !... Or, il y avait là un vase plein de vinaigre ; c'est pourquoi les soldats, entourant d'hysope

une éponge pleine de vinaigre, la présentèrent à sa bouche. »
(Jean, xix, 28, 29.)

« *Mon Dieu, mon Dieu, pourquoi m'avez-vous abandonné?* » (Matth., xxvii, 46.)

Sur la mort du Messie, prédite et accomplie.

Ressouvenez-vous de ceci : *Prédictions.* « *A la suite des
angoisses et d'un jugement, il a été enlevé. Il a été retranché de la terre des vivants : à cause du crime de mon
peuple, je l'ai frappé.* Le Seigneur a voulu le briser dans
son infirmité. » (Isaïe, liii, 8, 10.)

« *Est-ce que, sur cela, la terre ne sera pas ébranlée?* »
(Amos, viii, 8.)

« *Vous ne romprez aucun de ses os* (1). » (Exode,
xii, 46.)

Accomplissement. « Cependant *Jésus, criant encore d'une
voix forte, rendit l'esprit.* » (Matth., xxvii, 50.)

« Mais *Jésus,* ayant poussé un grand cri, expira. »
(Marc, xv, 37.)

« Alors, criant d'une voix forte, Jésus dit : *Mon Père, je
remets mon esprit entre vos mains!* Et disant cela, il expira. » (Luc, xxiii, 46.)

« Et Jésus dit : *Tout est consommé !* Et la tête inclinée,
il rendit l'esprit. » (Jean, xix, 30.)

« Et voilà que le voile du temple se déchira, et *la
terre trembla,* les pierres se fendirent, etc. » (Matth.,
xxvii, 51.)

« Des soldats vinrent, et ils rompirent les jambes du
premier, puis du second, qui avaient été crucifiés avec
Jésus. Mais lorsqu'ils vinrent à Jésus, *ils ne rompirent
point ses jambes;* seulement, un des soldats *ouvrit son*

______
(1) De l'Agneau pascal, figure du Messie.

côté avec une lance, et aussitôt il en sortit du sang et de l'eau. » (Jean, xix, 32, 33, 34.)

Sur l'ensevelissement du Messie, prédit et accompli.

RESSOUVENEZ-VOUS DE CECI : *Prédictions.* « *J'ai été regardé comme ceux qui descendent dans le tombeau. Ils* m'ont mis dans une *fosse* profonde, dans des *lieux ténébreux et dans l'ombre de la mort,* parce que votre fureur s'est appesantie sur moi, et vous en avez fait passer sur moi tous les flots. Seigneur, est-ce que vous ferez des merveilles à l'égard des morts? Quelqu'un racontera-t-il votre miséricorde dans un sépulcre, et votre vérité dans le tombeau? Vos merveilles seront-elles connues dans les ténèbres, et votre justice dans la terre de l'oubli? » (Ps. LXXXVII, 4, 6, 7, 10, 11, 12.)

ACCOMPLISSEMENT. « Or, quand il se fit soir, vint un homme riche d'*Arimathie,* du nom de *Joseph,* qui, lui aussi, était disciple de Jésus. Cet homme vint à Pilate, et il lui demanda le corps de Jésus. Alors Pilate commanda que le corps lui fût remis. *Ayant donc reçu le corps, Joseph l'enveloppa dans un linceul blanc, et il le mit dans un sépulcre neuf qu'il avait fait tailler dans le roc.* Ensuite il roula une grande pierre à l'entrée du sépulcre et s'en alla. » (Matth., xxvii, 57, 60.)

« Vint aussi *Nicodème;* il apportait une composition de myrrhe et d'aloès d'environ cent livres. Ils prirent donc le corps de Jésus et l'enveloppèrent dans des linges avec des *parfums,* comme les Juifs ont coutume d'ensevelir. » (Jean, xix, 39, 40.)

Sur la descente du Messie aux enfers (1).

RESSOUVENEZ-VOUS DE CECI : Dans sa mort, la divinité de N.-S. J.-C. est restée unie à son humanité, c'est-à-dire à son âme et à son corps, séparés momentanément l'un de l'autre. Pendant donc que son précieux corps reposait dans le sépulcre, sa très-sainte âme *descendit dans les enfers (limbes), et se montra aux âmes des justes de l'ancienne loi ;* c'est là qu'ils attendaient sa venue, et par lui *le ciel,* fermé aux hommes depuis le péché d'Adam, et que le *Rédempteur seul* devait ouvrir en y entrant le premier, dans son humanité sainte ressuscitée et à jamais glorifiée.

Répétez donc ici, du fond de votre cœur, le quatrième article du Symbole de votre foi : « JE CROIS QUE J.-C. N.-S. A SOUFFERT SOUS PONCE-PILATE, A ÉTÉ CRUCIFIÉ, EST MORT, A ÉTÉ ENSEVELI, EST DESCENDU AUX ENFERS. »

Sur la résurrection du Sauveur, prédite et accomplie.

RESSOUVENEZ-VOUS DE CECI : *Le troisième jour* après sa mort (pour les chrétiens, le *jour de Pâques*), le *Sauveur, vainqueur de la mort,* comme il avait été vainqueur du péché et de l'enfer, réunit, par un miracle de la toute-puissance divine, son âme à son corps, et *sortit glorieux du sépulcre. Le jour même* de sa résurrection, *il se rendit visible* à *Madeleine,* aux *saintes femmes,* à *ses apôtres* et à

(1) Enfer est le nom générique donné, chez les Juifs, à tout lieu sombre et bas : la terre, le tombeau, le sépulcre, la fosse, les limbes, etc.

ses disciples, tous incrédules d'abord, malgré les prédictions, plusieurs fois réitérées par le divin Maître lui-même, sur sa résurrection au troisième jour.

Prédictions. « En ce jour-là viendra la racine de Jessé, qui est comme l'étendard des peuples; c'est lui à qui les nations adresseront leurs prières, et *son sépulcre sera glorieux.* » (Isaïe, xi, 10.)

« *Seigneur,* vous ne laisserez pas mon âme dans l'enfer (1), et *vous ne permettrez pas que votre saint voie la corruption (du tombeau) !* » (Ps. xv, 10.)

« Celui qui dort ne se relèvera-t-il jamais? Vous donc, Seigneur, ayez pitié de moi, et *ressuscitez-moi !* » (Ps. xl, 8, 10.)

« Le Seigneur est mon aide et mon protecteur; mon âme a espéré en lui, et j'ai été secouru, *et ma chair a refleuri.* » (Ps. xxvii, 7.)

« Seigneur, vous avez retiré mon âme de l'enfer, et vous m'avez sauvé en me séparant de ceux qui descendent dans le tombeau. » (Ps. xxix, 3.)

« *Je me suis endormi, j'ai sommeillé, et je me suis levé.* » (Ps. iii, 5.)

« Sachez donc que le Seigneur a glorifié son saint. » (Ps. iv, 4.)

« *C'est ici le jour que le Seigneur a fait : réjouissons-nous, et tressaillons d'allégresse en ce jour.* » (Ps. cxvii, 24.)

Après sa transfiguration, le Sauveur avait dit aux trois disciples témoins du prodige : « *Ne parlez à personne de cette vision jusqu'à ce que le Fils de l'homme ressuscite d'entre les morts.* » (N.-S. en S. Matth., xvii, 9.)

« Dès lors, *Jésus commença à découvrir à ses disciples qu'il fallait* qu'il allât à Jérusalem; qu'*il souffrît* beaucoup de la part des anciens, des scribes et des princes des

____

(1) Voir plus haut les sens divers donnés à ce mot.

prêtres; qu'*il fût mis à mort et que, le troisième jour, il ressuscitât.* » (Matth., xvi, 21.)

ACCOMPLISSEMENT. « *Or la nuit du sabbat, le premier jour de la semaine* (le dimanche), commençait à luire. *Marie-Madeleine et l'autre Marie* vinrent pour voir le sépulcre. Et voilà qu'il se fit un grand tremblement de terre; car un ange du Seigneur descendit du ciel, et s'approchant, il renversa la pierre et s'assit dessus. Son visage était comme un éclair, et son vêtement comme la neige. Par la crainte qu'il leur inspira, *les gardes furent épouvantés* et devinrent comme morts. Mais l'*ange*, prenant la parole, *dit aux femmes : Ne craignez point, vous;* car je sais que vous cherchez *Jésus* qui a été crucifié. Il n'est point ici ; car *il est ressuscité, comme il l'a dit.* Venez, et voyez le lieu où le Seigneur était déposé. » (Matth., xxviii, 1-6.)

(*N. B.* Revoir la fin du chapitre... Puis S. Marc, xvi; S. Luc, xxiv; S. Jean, xx et xxi.)

« Je vous ai transmis, en premier lieu, ce que j'ai reçu moi-même : que *le Christ est mort* pour nos péchés, selon les Écritures; qu'il *a été enseveli* et qu'il *est ressuscité* le troisième jour, selon les mêmes Écritures; qu'il *a été vu de Céphas* (Pierre), puis *des onze* (apôtres); qu'ensuite il a été vu *par plus de cinq cents frères ensemble* dont beaucoup vivent encore aujourd'hui; qu'après il a été vu *de Jacques*, puis de *tous les apôtres;* et qu'enfin, après tous les autres, il *s'est fait voir aussi à moi* comme à l'avorton. » (I Cor., xv, 3-8.)

« *Après sa passion, il se montra à eux* (aux apôtres) *vivant,* par beaucoup de preuves, leur *apparaissant* durant quarante jours, et leur *parlant* du royaume de Dieu. » (Actes, i, 3.)

Répétez donc ici, du fond de votre cœur, le cinquième article du Symbole de votre foi catholique : « JE CROIS QUE, LE TROISIÈME JOUR, J.-C. N.-S. EST RESSUSCITÉ DES MORTS. »

Sur l'ascension du Sauveur, prédite et accomplie.

RESSOUVENEZ-VOUS DE CECI : *Le quarantième jour après sa résurrection, le Sauveur* ayant *instruit ses apôtres, fondé,* en leur personne et en celle de leurs successeurs, l'*Église chrétienne catholique, s'éleva au ciel* par sa propre puissance, *en présence des apôtres et d'un grand nombre de disciples.* Il *y est assis,* avec son humanité glorieuse, comme dans le lieu de son repos, *à la droite de son Père.*

EST MONTÉ AUX CIEUX. *Prédictions* : « *Élevez-vous, Seigneur, dans votre force ;* nous chanterons et nous célébrerons, par des hymnes, les merveilles de votre puissance. » (Ps. XX, 13.)

« Dieu tout-puissant, *vous êtes monté* en haut ; vous avez pris un grand nombre de captifs. Royaumes de la terre, chantez Dieu, qui est monté *sur le ciel du ciel, vers l'orient,* etc... *Sa magnificence et sa force éclatent dans les nues.* » (Ps. LXVII, 18, 32, 34.)

« *Élevez vos portes,* ô princes, et vous, *portes éternelles, élevez-vous, et le roi de la gloire entrera !* C'est le Seigneur, fort et puissant dans les combats... C'est lui qui est le roi de gloire. » (Ps. XXIII, 7, 8, 10.)

« *Dieu est monté* au milieu des acclamations de joie. *Chantez notre Dieu ! chantez notre roi ! chantez !* » (Ps. XLVI, 5, 6.)

ACCOMPLISSEMENT. Puis *il les mena* dehors jusqu'à *Béthanie ;* et les mains levées, *il les bénit.* Et il arriva que, pendant qu'il les bénissait, *il* s'éloigna d'eux et *s'éleva au ciel.* » (Luc, XXIV, 50, 51.)

« Et quand il eut dit ces choses, *eux le voyant, il s'éleva, et une nuée le déroba à leurs yeux.* Et comme ils le regardaient allant au ciel, voilà que deux hommes se présentèrent devant eux, avec des vêtements blancs. Et ils leur dirent : *Hommes* de *Galilée*, pourquoi vous tenez-vous là, regardant au ciel? Ce *Jésus qui, du milieu de vous, a été enlevé au ciel, viendra de la même manière que vous l'avez vu allant au ciel.* » (Actes, 1, 9, 11.)

Est assis a la droite de Dieu. *Prédictions :* « *Le Seigneur a dit à mon Seigneur : Asseyez-vous à ma droite.* » (Ps. cix, 1.)

« Seigneur, vous m'avez fait connaître les voies de la vie; vous me remplissez de joie par la vue de votre visage: *des délices sont à votre droite éternellement.* » (Ps. xv, 11.)

Accomplissement. « Nous qui croyons, selon l'opération de la puissance, de la vertu du Dieu de N.-S. J.-C., qu'il a exercée dans le Christ, le ressuscitant d'entre les morts et le plaçant *à sa droite* dans les cieux, au-dessus de toutes les principautés, de toutes les puissances, de toutes les vertus, de toutes les dominations et de tout nom qui est nommé, non seulement dans ce siècle, mais aussi dans les siècles futurs. *Et il a mis toutes choses sous ses pieds,* etc. (Éph., 1, 19-23.)

« Il était vêtu d'une robe teinte de sang, et le nom dont on l'appelle est le *Verbe de Dieu.* Et il porte écrit sur son vêtement : *Roi des rois et Seigneur des seigneurs.* » (Apoc., xix, 13, 16.)

« Je suis le premier et le dernier, et celui qui vit. *J'ai été mort, mais voici que je suis vivant dans les siècles des siècles. Et j'ai les clés de la mort et de l'enfer.* » (Apoc., 1, 17, 18.)

Répétez donc ici, du fond de votre cœur, le sixième article du Symbole de votre foi catholique : « Je crois que J.-C. N.-S. est monté aux cieux et est assis a la droite de Dieu le Père tout-puissant ! »

Sur l'avènement du Sauveur comme juge des vivants et des morts, prédit et devant s'accomplir sûrement.

RESSOUVENEZ-VOUS DE CECI : *A la fin du monde, le Sauveur viendra,* c'est-à-dire qu'il se montrera, de nouveau, à l'humanité dans son humanité, et que, comme Rédempteur des hommes, il *jugera* tous les hommes, et rendra à chacun selon ses œuvres.

PRÉDICTIONS. « Le Seigneur viendra dans le feu, et son char sera comme la tempête, etc.

« Moi *je viens,* dit le Seigneur, *pour recueillir leurs œuvres et leurs pensées,* et pour les rassembler avec toutes les nations et toutes les langues; et *ils comparaîtront,* et ils verront ma gloire. » (Isaïe, LXVI, 15, 18.)

« Il sortira de Sion (1) dans tout l'éclat de sa gloire. Et il viendra manifestement. Et les cieux annonceront sa justice, parce que c'est Dieu lui-même qui est juge. » (Ps. XLIX, 2, 3, 6.)

« Le *Père* ne juge personne; mais il a *remis tout jugement au Fils.* » (N.-S. en S. Jean, V, 22.)

« Je vous le déclare qu'un jour *vous verrez le Fils de l'homme,* assis à la droite de la majesté de Dieu, et *venant dans les nuées du ciel.* » (N.-S. en S. Matth., XXVI, 64.)

« Comme l'éclair part de l'orient et apparaît jusqu'à l'occident, ainsi sera l'avènement du Fils de l'homme. » (N.-S. en S. Matth., XXIV, 27.)

« Le Fils de l'homme viendra dans la gloire de son Père avec ses anges, et alors il rendra à chacun selon ses œuvres. » (N.-S. en S. Matth., XVI, 27.)

____

(1) Nom donné au ciel, appelé aussi la céleste Jérusalem.

Les vivants. « Le Seigneur a parlé, et il a appelé la terre, depuis le lever du soleil jusqu'à son coucher (1).

« D'en haut il appellera la terre pour juger son peuple. » (Ps. xlix, 1, 4.)

« A ors apparaîtra, dans le ciel, le signe du Fils de l'homme (2); alors pleureront *toutes les tribus de la terre;* et elles *verront le Fils de l'homme* venant dans les nuées du ciel, avec une grande puissance et une grande majesté. » (N.-S. en S. Matth., xxiv, 30.)

Et les morts. « Le voici qui vient sur les nuées, et *tout œil le verra; et même ceux qui l'ont percé*, et toutes les tribus de la terre se frapperont la poitrine à cause de lui. » (Apoc., I, 7.)

« Le temps viendra où *tous ceux qui sont dans les sépulcres entendront la voix du Fils de Dieu.* » (N.-S. en S. Jean, v, 28.)

« Et *il enverra les anges* qui, avec une trompette et une voix éclatante, rassembleront les élus des quatre vents de la terre, du sommet des cieux jusqu'à leur dernière profondeur. » (N.-S. en S. Matth., xxiv, 31.)

Répétez, donc ici du plus profond de votre âme, ce septième article du Symbole de votre foi de catholique : « Je crois que J.-C. N.-S. viendra du ciel juger les vivants et les morts. »

Sur la Vierge Marie, mère de Dieu fait homme.

Ressouvenez-vous de ceci : *Fleur* sortie de la tige de Jessé, *annoncée* par les prophètes, *figurée, symbolisée,* dans

(1) Depuis le point où se lève le soleil (l'orient) jusqu'au point où il se couche (l'occident).
(2) La croix, qui est l'étendard du Sauveur et des chrétiens rachetés par elle.

un grand nombre de passages des saintes Écritures; *attendue, désirée* et *saluée,* par avance, sous le nom de « *la Vierge qui doit enfanter,* » *Marie, Mère du Sauveur,* a été présentée à la foi des chrétiens *par la sainte Église* catholique, qui *a défini et formulé les titres de la Mère de Jésus à la vénération, à l'amour, au culte* filial de ses fidèles enfants.

Marie a été immaculée dans sa conception. Elle est *Mère de Dieu,* étant Mère de la deuxième personne de la très-sainte Trinité faite homme, N.-S. J.-C., Dieu et homme tout ensemble.

Elle règne au ciel en corps et en âme, au-dessus des hiérarchies angéliques et de tous les saints (1). Elle est une *toute-puissance d'intercession* auprès de Dieu, en faveur de la grande famille chrétienne dont notre divin Sauveur, en mourant, l'a constituée la Mère, en la personne de l'apôtre saint Jean (*Ecce Mater tua,* voilà votre Mère.)

Les fidèles de tous les âges chrétiens l'ont honorée, invoquée sous les titres les plus magnifiques et les plus touchants, et lui ont rendu *un culte filial* dont l'extension a été croissant, de siècle en siècle, jusqu'à nos jours.

L'ange Gabriel a le premier proclamé la haute dignité de Marie. « *Je vous salue, pleine de grâces, le Seigneur est avec vous, vous êtes bénie entre toutes les femmes.* » (Luc, 1, 28.)

Sainte Élisabeth, mère du précurseur de Jésus, Jean-Baptiste, *a répété d'inspiration* une partie des paroles de l'ange, *et a connu,* par une lumière surnaturelle, la *ma-*

(1) *La croyance traditionnelle à l'Assomption ou résurrection de la très-sainte Vierge* n'ayant soulevé aucune contradiction sérieuse, l'Église n'a pas eu, jusqu'ici, à faire sur ce point acte d'autorité doctrinaire par la voix infaillible de son chef, ni à retrancher de son sein des incrédules systématiques *sur ce fait avéré et cru, de siècle en siècle, dans l'Église catholique.*

ternité divine de la Vierge. « Et il arriva que lorsque Élisabeth entendit la salutation de Marie, son enfant tressaillit dans son sein, et elle fut remplie de l'Esprit saint. Alors elle s'écria d'une voix forte : *Vous êtes bénie entre toutes les femmes, et le fruit de votre sein est béni.* — Et d'où m'arrive-t-il que *la Mère de mon Seigneur* vienne vers moi ? » (Luc, I, 41, 42, 43.)

L'Église a répété, de siècle en siècle, les *louanges de Gabriel et d'Élisabeth,* et a mis dans la bouche de ses enfants l'expression de sa confiance en l'intercession de la Mère du Sauveur : *Sainte Marie, Mère de Dieu, priez pour nous, pécheurs, maintenant et à l'heure de notre mort.* »

Marie elle-même *a proclamé ses priviléges et a prophétisé le culte universel qui devait être rendu, de génération en génération, à sa maternité divine :* « Mon âme magnifie le Seigneur, et mon esprit a tressailli d'allégresse en Dieu mon Sauveur, parce qu'il a regardé l'humilité de sa servante; *et voici que désormais toutes les générations me diront bienheureuse;* car celui qui est tout-puissant a fait en moi de grandes choses, etc. » (Luc, I, 46-49.)

La liturgie des fêtes instituées en l'honneur de Marie est toute pleine des textes de la sainte Écriture appliqués, par l'Église, à la Vierge immaculée.

Les litanies, dites *de la Sainte-Vierge,* résument ses plus glorieux et ses plus doux titres à la confiance, à l'amour et à l'imitation de ses enfants.

Les sanctuaires innombrables érigés à sa gloire redisent les ingénieux *vocables* sous lesquels elle a été honorée et invoquée d'âge en âge.

Répétez donc ici, du plus profond de votre âme, la SALUTATION ÉVANGÉLIQUE, qui réunit, sous ce titre, le *salut de Gabriel, les saints transports d'Élisabeth* et *l'acte de foi et de confiance de l'Église* en la maternelle et toute-puissante intercession de la *Mère de Dieu, canal des grâces et de la miséricorde divine,* pour le temps et pour l'éternité.

Sur la troisième personne de la très-sainte Trinité : le Saint-Esprit, prédit et venu.

RESSOUVENEZ-VOUS DE CECI : LE SAINT-ESPRIT, *troisième personne de la très-sainte Trinité, procède du Père et du Fils, et leur est égal en toutes choses. Il s'est manifesté visiblement* sur la terre, principalement dans deux circonstances solennelles : *sous la forme d'une colombe*, au moment du *baptême de N.-S. J.-C.*; sous la forme de *langues de feu* le *jour de la Pentecôte*, sur les apôtres assemblés dans le cénacle. Sous ce symbole, l'Esprit saint donna aux apôtres une complète intelligence des vérités qu'ils avaient apprises du Verbe incarné, et leur inspira un zèle ardent pour les annoncer au monde, même au prix de leur sang. Le Saint-Esprit habite, d'une manière particulière, dans l'âme des justes. Il se communique invisiblement à elles par la grâce, principalement dans le sacrement de confirmation. *Sans le secours du Saint-Esprit, nous ne pouvons rien faire dans l'ordre de notre salut, qui est l'œuvre de la grâce, en nous et avec nous.*

LES EFFETS DU SAINT-ESPRIT, dans l'Église et dans les âmes, ont *été connus, figurés* et PRÉDITS : par *David, Isaïe, Ézéchiel* et *Joël*. Le Saint-Esprit a été ANNONCÉ, *promis* par le Sauveur, et *nommé* par lui tour à tour le *Paraclet*, l'*Esprit de vérité*, l'*Esprit saint;* reçu par les apôtres et appelé par eux sur les premiers chrétiens. L'*histoire de l'Église tout entière* est l'histoire des merveilles opérées, dans son sein et dans les âmes chrétiennes, par la vertu du Saint-Esprit (1).

(1) Voir les textes principaux concernant l'Esprit saint, aux articles *Église, Confirmation* et *Ordre.*

Répétez donc ici, du fond de votre cœur, le huitième article du Symbole catholique : « JE CROIS AU SAINT-ESPRIT. »

Saint Paul a résumé, dans les textes suivants, l'insondable *mystère de la très-sainte Trinité, pleinement révélé à la terre par celui qui est venu tout restaurer sur la terre.*

« A moi, le moindre des saints, a été donnée cette grâce d'annoncer parmi les gentils les richesses incompréhensibles du Christ, et d'éclairer tous les hommes touchant la dispensation du *mystère caché, dès l'origine des siècles, en Dieu qui a créé toutes choses.*

« Afin que les principautés et les puissances qui sont dans les cieux connaissent par l'Église *la sagesse multiforme de Dieu, selon le décret éternel qu'il a accompli dans le Christ Jésus N.-S.,* en qui nous avons la liberté et l'accès auprès de Dieu avec confiance, par la foi en lui. C'est pour cela que je fléchis les genoux devant le *Père de Notre-Seigneur Jésus-Christ, de qui toute paternité tire son nom, au ciel et sur la terre,* afin qu'il vous accorde, selon les richesses de sa gloire, que vous soyez puissamment fortifiés par son *Esprit* dans l'homme intérieur. » (Éphés., III, 8-16)

« Il est manifestement grand, *ce mystère de piété* (1) *qui s'est révélé dans la chair, qui a été justifié par l'Esprit, dévoilé aux anges, annoncé aux nations, cru dans le monde, reçu dans la gloire.* » (1 Tim., III, 16.)

Sur l'Église chrétienne, prédite et réalisée.

RESSOUVENEZ-VOUS DE CECI : On appelle tout à la fois du nom d'Église :

1° *Le lieu* de l'assemblée ;

___

(1) Mystère de Jésus-Christ, Fils de Dieu fait homme : le Père est implicitement nommé ici avec le Fils et le Saint-Esprit.

2º *L'assemblée des fidèles* et le *corps des pasteurs ;*

3º *Le corps mystique* dont Jésus-Christ est le chef, et dont tous les chrétiens sont les membres.

LES FIDÈLES. On a appelé successivement de ce nom :

1º *Les disciples immédiats du Sauveur*, gagnés à sa doctrine par ses prédications, par la vertu qui sortait de lui et guérissait les âmes en même temps que les corps ; par sa vie, sa passion, sa mort, sa résurrection.

2º *Les disciples immédiats des apôtres*, gagnés par leurs prédications, leurs vertus et leurs miracles, à la foi du Christ, et marqués, par le baptême, au signe indélébile du chrétien ;

3º *Ceux qui*, de siècle en siècle, depuis l'établissement du christianisme, *se sont convertis du paganisme ou du judaïsme* à la religion chrétienne catholique.

4º *Ceux qui*, nés dans les pays conquis au christianisme, *sont faits chrétiens dès leur naissance*, par la régénération baptismale.

LES PASTEURS. *Le corps des pasteurs*, auquel a été confié l'exercice du saint ministère dans l'Église de Jésus-Christ, se compose du *Pape*, successeur de saint Pierre, des *évêques*, successeurs des apôtres. Les *prêtres* sont des ministres auxiliaires, dans tous les degrés de la hiérarchie pastorale.

Les PASTEURS et les FIDÈLES forment ensemble l'ÉGLISE prise dans toute l'extension du mot.

Comme membres du corps entier, *les pasteurs et les fidèles forment la grande famille chrétienne catholique*, vivant tous sous les mêmes lois divines, confessant la même foi dans un même Symbole, obéissant à la même autorité, jouissant des mêmes biens spirituels, participant aux mêmes sacrements, en un mot *marchant, par une même voie, vers un même but, objet de leur commune espérance.*

Les *fidèles* et les *pasteurs, constituant l'Église visible*, ont *été vus et dépeints, par les prophètes,* sous des traits qui ne peuvent convenir qu'aux chrétiens, disciples du Sauveur et membres du corps mystique dont il est à jamais le chef.

PRÉDICTIONS. LES FIDÈLES. « *S'il livre son âme pour le péché, il verra une race de longue durée.* De ce que son âme a souffert, il verra le fruit, et il sera rassasié. C'est pour cela que je lui donnerai pour partage un très-grand nombre d'hommes. » (Isaïe, LIII, 10, 11.)

« *Mes élus* ne travailleront pas en vain, parce qu'ils *sont la race des bénis du Seigneur,* et que leurs descendants seront bénis avec eux. » (Isaïe, LV, 23.)

« Vous êtes une *race choisie,* un *sacerdoce royal,* une *nation sainte,* un *peuple conquis,* afin que vous annonciez les grandeurs de celui qui, des ténèbres, vous a appelés à son admirable lumière, vous qui autrefois n'étiez pas son peuple, mais qui êtes maintenant le peuple de Dieu. » (I Pierre, II, 9, 10.)

LES APOTRES OU PASTEURS. « *Qu'ils sont beaux, les pieds de celui qui annonce et qui prêche la paix* sur les montagnes, *qui prêche le salut,* qui dit à Sion : Il règnera, ton Dieu ! Toutes les nations, jusqu'aux confins de la terre, verront le salut de notre Dieu. » (Isaïe, LII, 7, 10)

« Et ils seront appelés, dans Sion, *les héros de la justice,* et la plantation du Seigneur pour le glorifier. *Et ils rempliront d'édifices les lieux déserts depuis des siècles;* ils relèveront d'anciennes ruines, et ils rétabliront des cités abandonnées et désolées pendant plusieurs générations. » (Isaïe, LXI, 3, 4.)

« *Leur bruit s'est répandu dans toute la terre, et leurs paroles jusqu'aux confins du globe de la terre.* » (Ps. XVIII, 4.)

« *La foi vient par l'audition, et l'audition par la parole du Christ. Est-ce qu'ils n'ont pas entendu?* Certes, leur voix a retenti par toute la terre, et leurs paroles jusqu'aux extrémités du monde. » (Rom., X, 17, 18.)

Sur l'Église. œuvre du Sauveur, continuée par les apôtres et leurs successeurs : œuvre prédite et accomplie.

Ressouvenez-vous de ceci : *Le Sauveur avait élu lui-même les premiers membres de son Église,* parmi les Juifs ; il avait *constitué son chef visible et ses autres pasteurs, et s'était réservé, comme chef invisible, de l'assister jusqu'à la consommation des siècles.*

Cette société sainte qui devait compter des disciples sur tous les points du globe, et dont la durée, dans le temps, compte déjà près de dix-neuf siècles, *a pris naissance dans le cénacle au jour de la Pentecôte,* lors de la descente du Saint-Esprit sur les apôtres, assemblés et unis dans une même prière et une commune attente du Paraclet promis par leur divin Maître.

Prédictions. « *Seigneur, vous enverrez votre Esprit, et ils seront créés* (de nouveau), *et vous renouvellerez la face de la terre.* » (Ps. ciii, 30.)

« Le Seigneur donnera la parole à ceux qui annonceront la bonne nouvelle, afin qu'ils l'annoncent avec une grande force. » (Ps. lxvii, 11.)

Pour l'accomplissement, revoir *l'épître du jour de la Pentecôte.* Voir aussi, dans les *Actes des apôtres, toute* l'histoire de l'établissement du christianisme.

Un grand nombre de passages d'Isaïe et des *psaumes prophétisent :* la conversion des gentils, l'aveuglement et la réprobation des Juifs, moins un petit nombre, et leur conversion finale ; l'Église substituée à la synagogue et plus féconde qu'elle, etc... Nous ne pouvons extraire ici que quelques-uns de ces textes.

Sur l'appel des Gentils à la foi du Christ, prédit et accompli.

RESSOUVENEZ-VOUS DE CECI : *Les premières missions des apôtres eurent pour conséquence immédiate la conversion des gentils à la foi du Christ.*

PRÉDICTIONS. « *Tous les confins de la terre se souviendront du Seigneur et se convertiront à lui.* » (Ps. XXI, 27.)

« Et *tous les rois* de la terre l'adoreront, *toutes les nations* le serviront. » (Ps. LXXI, 10.)

Apportez au Seigneur, ô familles des nations, apportez au Seigneur gloire et honneur. Prenez des hosties, et entrez dans ses parvis. Dites parmi les nations que le Seigneur a établi son règne. » (Ps. XCV, 7, 8, 10.)

« Qu'ils le disent, ceux qui ont été rachetés par le Seigneur..... Qu'ils se rassemblent de l'orient au couchant, de l'aquilon et de la mer. *Il les a conduits dans une voie droite ; il a rassasié l'âme vide ; il a rassasié l'âme affamée. Ceux qui étaient assis dans les ténèbres et dans l'ombre de la mort, enchaînés* dans l'indigence et les fers, *il les a tirés des ténèbres* et des ombres de la mort, et *il a rompu leurs liens. Il a envoyé sa parole, et il les a guéris,* et il les a arrachés à leur destruction, » (Ps. CVI, 2, 3, 7-10, 14, 20.)

Sur l'aveuglement des Juifs, etc., prédit et réalisé.

RESSOUVENEZ-VOUS DE CECI : PREDICTIONS. « *Que leurs yeux s'obscurcissent,* afin qu'ils ne voient point. Que leur habitation devienne déserte et que, dans leurs tabernacles, il n'y ait personne qui habite, parce qu'ils ont persécuté celui que vous-même, Seigneur, vous avez frappé, et qu'ils ont ajouté à la douleur de mes plaies ; qu'ils soient effacés du livre des vivants, et qu'ils ne soient point écrits avec les justes. » (Ps. LXVIII, 23, 25, 26,28.)

« *Faites sortir un peuple aveugle, et qui a des yeux; sourd, et qui a des oreilles.* » (Isaïe, XLIII, 8.)

« J'ai dit : Me voici, me voici, à une nation qui n'invoquait pas mon nom. *Mes serviteurs se réjouiront, et vous, vous serez confus; mes serviteurs* chanteront des louanges dans l'exaltation de leur cœur, *et vous,* vous jetterez des cris dans la douleur de votre cœur. *Et vous laisserez à mes serviteurs votre nom comme un objet d'imprécation,* et le Seigneur Dieu appellera *mes serviteurs d'un autre nom* (chrétien), dans lequel celui qui est béni sur la terre sera béni dans le Dieu de vérité. » (Isaïe, LXV, 1, 14-16.)

« *Durant de longs jours, les enfants d'Israël seront sans roi, et sans prince, et sans sacrifices, et sans autel,* et sans Éphod (1). *Et après cela, les enfants d'Israël reviendront,* et ils chercheront le Seigneur leur Dieu, et David leur roi; et ils craindront en approchant du Seigneur et de ses biens, au dernier jour. » (Osée, III, 4, 5.)

« Et je répandrai sur la maison de David, et sur les habitants de Jérusalem, l'esprit de grâce et de prière, et *ils regarderont vers moi qu'ils ont percé;* et ils pleureront amèrement celui qu'ils ont percé, comme ils pleureraient leur fils unique. » (Zach., XII, 10.)

« Et il arrivera, en ce jour-là, que le Seigneur étendra sa main une seconde fois pour posséder le reste de son peuple. Et il élèvera son étendard parmi les nations; *il réunira les fugitifs d'Israël et les dispersés de Juda,* et les rassemblera des quatre coins de la terre. » (Isaïe, XI, 11, 12.)

« Dans un moment d'indignation, ô Israël, je t'ai caché ma face pendant un peu de temps; mais, dans ma miséri-

____

(1) Ephod, vêtement de dessus, que portait le grand-prêtre dans les cérémonies.

corde éternelle, j'ai eu pitié de toi, a dit ton Rédempteur. » (Isaîe, LIV, 8.)

Sur l'Église, comme royaume spirituel, devant subsister à jamais.

RESSOUVENEZ-VOUS DE CECI : « Dans les jours de ces royaumes (1), *le Dieu du ciel suscitera un royaume qui jamais ne sera détruit, et son royaume ne sera pas donné à un autre peuple;* or il mettra en pièces et consumera tous ces royaumes, *et il subsistera lui-même éternellement.* » (Dan., II, 44.)

« *Sur cette pierre je bâtirai mon Église,* et les portes de l'enfer (2) ne prévaudront jamais contre elle. » (N.-S. en S. Matth., XVI, 18.)

« *Et voici que je suis avec vous jusqu'à la consommation des siècles.* » (N.-S. en S. Matth , XXVIII, 20.)

« Le Seigneur a choisi *Sion* (3) pour son habitation; c'est là, pour toujours, le lieu de mon repos. » (Ps. CXXXI, 14.)

L'Église est appelée, dans maints passages des saintes Écritures : le *royaume du Christ,* la *cité du grand roi,* la *maison de Dieu,* le *trône de David sur lequel son Fils régnera éternellement,* etc.

(1) C'est-à-dire des royaumes antérieurs à la venue du Messie.

(2) Les portes de l'enfer, c'est-à-dire le palais, le royaume, les puissances de l'enfer, l'enfer lui-même. Comme parties principales d'un édifice, les portes sont mises pour le tout : on dit la *Porte Ottomane* pour le royaume ottoman, la *puissance ottomane.*

(3) *Sion : Jérusalem, Juda,* pris dans leur sens prophétique, s'appliquent à l'Église et à son roi N.-S. J.-C. Les mots *pour toujours, éternellement, à jamais,* s'appliquent à la durée de l'Église dans les siècles du temps et à sa durée dans l'éternité, sous le nom de la *Jérusalem céleste.*

Le Christ sera toujours avec elle. « *Tous ceux qui se réuniront contre elle tomberont, et la nation qui ne voudra pas la servir périra.* » (Isaïe, LX, 12, 15, 17.)

Dieu la protége, et le pacte qu'il a fait avec elle est un pacte éternel, etc.

L'Église a été figurée, dans l'Ancien testament, par *l'arche* de Noé, par *Jérusalem*, la Jérusalem spirituelle substituée à la ville de Jérusalem. Elle a été *comparée* à une *vigne* qui a rempli la terre, dont l'ombre a couvert les montagnes, qui a étendu ses branches jusqu'à la mer et ses rameaux jusqu'au fleuve, etc.

Dans le Nouveau testament, elle a été figurée par la ville de Jérusalem, la *Jérusalem d'en haut;* elle a été *comparée* à une *vigne*, à un *champ* où est semé le bon grain, à une *barque*, à un *filet* qui prend toutes sortes de poissons, au royaume des cieux, etc.

Sur l'Église constituée. Son chef visible, prédit et réalisé.

RESSOUVENEZ-VOUS DE CECI : *Après et avec le* SEIGNEUR, *chef invisible de l'Église, les apôtres* en sont aussi les fondements, et particulièrement SAINT PIERRE, *constitué chef visible* par N.-S., *et désigné, par les prophètes*, dans sa personne et dans celle de ses successeurs.

PRÉDICTIONS. « Voici que moi, le Seigneur, *je poserai, dans les fondements de Sion, une pierre angulaire*, précieuse, enfoncée dans le fondement. » (Isaïe, XXVIII, 16.)

« *Et je me susciterai un prêtre fidèle*, qui agira selon mon cœur et mon âme, et *je lui édifierai une maison fidèle, et il marchera devant mon Christ tous les jours.* » (1 Rois, II, 35.)

« *Je mettrai la puissance en sa main*, et il sera comme un Père pour les habitants de Jérusalem et pour la maison de Judas. Et je mettrai sur son épaule *la clé* de la maison de David, et *il ouvrira,* et *il n'y aura personne qui ferme ;* et *il fermera,* et *il n'y aura personne qui ouvre.* Et *je le ferai entrer dans l'édifice perpétuel comme un pieu* qu'on enfonce dans un lieu sûr; et il sera comme un trône de gloire pour la maison de son Père. » (Isaïe, xxii, 21, 22, 23.)

« *Je l'ai choisi pour le salut de mon peuple ; je mettrai sur les lèvres mes paroles.* Ne crains point, car *je suis avec toi* pour te soutenir; je *t'établis à la tête des nations* pour *combattre* le mal, *détruire* l'erreur, *défendre* la justice et *protéger* la vertu. Tu seras comme *un mur d'airain* et une *colonne de fer* contre les ennemis de mon nom. *Ils te feront une guerre acharnée ;* mais *ils ne prévaudront point contre toi,* car moi, le Seigneur, je serai avec toi, et je te délivrerai (1). » (Jér., i, 8, 10, 18, 19.)

Accomplissement. « Tu es Pierre (2), *et sur cette pierre* je batirai mon Église, etc... Et *je te donnerai les clés du royaume des cieux,* et *tout ce que tu lieras* sur la terre sera aussi *lié* dans les cieux, et *tout ce que tu délieras* sur la terre *sera aussi délié* dans les cieux. » (N.-S. en S. Matth., xvi, 18, 19.)

« *Pais mes agneaux... pais mes brebis.* » (N.-S. en S. Jean, xxi, 15, 17.)

« Simon, Simon! voilà que Satan vous a demandé pour vous cribler comme le froment. Mais *j'ai prié pour toi, afin que ta foi ne défaille point ; et toi,* quand tu

____

(1) Mandement de M⁹ʳ l'Évêque de Marseille (M⁹ʳ Place), pour le cinquantième anniversaire de l'épiscopat de Pie IX (1877).

(2) Dans le syro-chaldéen, que l'on parlait au temps de N.-S. J.-C., il n'y avait pas de différence de genre entre le nom propre Pierre et le nom commun pierre; c'est pourquoi, dans cette langue, l'allusion est plus claire et plus naturelle que dans les autres langues. (Glaire.)

seras converti, *confirme tes frères.* » (N.-S. en S. Luc,
XXII, 31.)

La primauté de Pierre sur les autres apôtres se trouve
constatée dans plusieurs textes de l'Évangile, et surtout
dans les Actes des apôtres. « Or voici les noms des douze
apôtres : *le premier* (1) Simon, appelé *Pierre,* etc. »
(Matth., x, 2.)

« Alors *Pierre,* se présentant *avec les onze,* éleva la voix
et leur dit, etc.

« Et ils dirent à *Pierre et aux autres* apôtres : Hommes,
mes frères, que ferons-nous ? Et *Pierre leur répondit,* etc. »
(Actes, II, 14, 37, 38.)

« Or *Pierre et Jean* montaient au temple, etc..... *Pierre*
et Jean, répondant, leur dirent, etc.... Mais *Pierre et les
apôtres,* répondant, dirent, etc.... (Actes, III, 1, 3; IV, 19;
V, 29.)

Sur les successeurs de Pierre comme chefs visibles de l'Église, réalisant les prédictions ci-dessus.

Ressouvenez-vous de ceci : Or, cette pierre sur laquelle a été bâtie l'Église, dont la durée doit, selon les
prophètes, égaler celle des siècles, et contre laquelle, aux
termes mêmes du divin Sauveur, les portes de l'enfer ne
sauraient prévaloir jamais, devait demeurer, à toujours
aussi, le fondement de l'édifice; donc *Pierre,* le chef des
apôtres, *devait nécessairement avoir et a eu en effet des successeurs,* investis des mêmes pouvoirs, des mêmes priviléges et chargés de la même mission.

Le Pape ou *Souverain-Pontife est donc en réalité* le
vicaire de J.-C., le successeur *de Pierre,* le chef *de*

____

(1) Pierre, toujours nommé le premier, n'avait pas pourtant
été appelé le premier comme disciple du Sauveur.

l'Église, PÈRE *commun des pasteurs et du troupeau*, DOC-
TEUR INFAILLIBLE, HÉRITIER *direct des divines promesses et
de la suprême investiture* conférée à Pierre par N.-S lui-
même. Le pape actuel, Pie IX, est le 261ᵉ successeur de
Pierre (1).

Sur les apôtres et leurs successeurs, prédits et réalisés.

RESSOUVENEZ-VOUS DE CECI : LES APOTRES ont concouru
à l'établissement du christianisme et à la propagation de
l'Évangile ; tous, à l'exemple de saint Pierre, ils ont arrosé
de leurs sueurs et fecondé de leur sang l'apostolat dont
les avait investis leur divin Maître en leur disant : « Toute
puissance m'a été donnée dans le ciel et sur la terre :
*allez, enseignez toutes les nations, baptisez-les, au nom du
Père, et du Fils, et du Saint-Esprit, leur apprenant à garder
tout ce que je vous ai commandé.* » (N.-S. en S. Matth.,
XXVIII, 18, 19.)

« Paix à vous ! Comme mon Père m'a envoyé, ainsi je
vous envoie. » (N.-S. en S. Jean, XX, 21.)

Or ces apôtres à qui le Sauveur avait commandé
d'évangéliser, d'instruire, de baptiser toutes les nations,
devaient avoir nécessairement des successeurs dans la grande
œuvre apostolique.

LES ÉVÊQUES sont donc, en réalité, les successeurs des
apôtres ; ils sont les *pasteurs enseignant et régissant chacun
la portion du grand troupeau confié à sa garde,* sous l'autorité du pape dont ils reçoivent la juridiction avec l'investiture, au nom du chef invisible de l'Église, N.-S. J.-C. (2).

(1) Pie IX, mort le 7 février 1878, a eu pour successeur
Léon XIII, 262ᵉ successeur de saint Pierre.

(2) Dans l'œuvre des missions, les évêques sont encore ap-

Les évêques n'ont de juridiction que sur leur propre diocèse, fraction de l'universalité des fidèles.

PRÉDICTIONS. « Qu'ils sont beaux, les pieds de celui qui annonce et prêche la paix ! » (Voir plus haut.)

« Je te donnerai des gouvernants pacifiques et *des préposés* justes et équitables. » (Isaïe, xxii, 21.)

« *J'ai établi des gardes sur tes murs*, Jérusalem, pendant tout le jour et pendant toute la nuit ; *jamais ils ne se tairont.* » (Isaïe, lxii, 6.)

ACCOMPLISSEMENT. « Soyez donc attentifs à vous et à tout le troupeau sur lequel Dieu vous a établis évêques, pour gouverner l'Église de Dieu qu'il a acquise par son sang. » (Actes, xx, 28)

« *Paissez le troupeau* de Dieu qui vous est confié, *veillant sur lui*, non pas par nécessité, mais spontanément selon Dieu. » (I Pierre, v, 2.)

« *Obéissez à vos préposés, et soyez-leur soumis ;* car ce sont eux qui veillent comme devant rendre compte de vos âmes, afin qu'ils le fassent avec joie et non en gémissant : cela ne vous serait pas avantageux. » (Hébr., xiii, 17.)

« *C'est Jésus-Christ* qui a fait les uns *apôtres*, les autres *prophètes*, d'autres *évangélistes*, d'autres *pasteurs* et *docteurs* pour la perfection des saints (fidèles), pour l'œuvre du ministère, pour l'édification du corps du Christ. » (Éph., iv, 11, 12.)

« Que les hommes nous regardent comme *ministres du Christ et dispensateurs des mystères de Dieu.* » (I Cor., iv, 1.)

LE CORPS DES PASTEURS contitue l'Église enseignante et, pour les fidèles enfants de l'Église, l'AUTORITÉ LÉGITIME à

pelés *apôtres*, et leur œuvre *apostolat*. Comme préposés ou chefs des diocèses, ils sont appelés *évêques, pasteurs*, et leur œuvre *épiscopal* (du grec *veiller sur*). Aux temps apostoliques déjà, des évêques étaient préposés aux diverses églises.

laquelle ils doivent se soumettre : « *Qui vous écoute m'écoute, et qui vous méprise me méprise ; mais qui me méprise méprise celui qui m'a envoyé.* » (N.-S. en S. Luc, x, 16.)

« *Nous, nous sommes de Dieu ; qui connaît Dieu nous écoute ; qui n'est pas de Dieu ne nous écoute pas, et c'est à cela que nous connaissons l'esprit de vérité et l'esprit d'erreur.* » (I Jean, iv, 6.)

« Vous n'êtes donc plus des hôtes et des étrangers, mais des citoyens, des saints et de la maison de Dieu, bâtis sur le fondement des apôtres et des prophètes, le Christ Jésus étant lui-même pierre principale de l'angle, sur lequel tout l'édifice construit s'élève comme un temple sacré dans le Seigneur, sur lequel vous êtes bâtis vous-mêmes, pour être une demeure de Dieu par l'Esprit. » (Éph., II, 19-22.)

Les *Évêques ont pour collaborateurs,* dans l'enseignement et dans la conduite des âmes :

Les CURÉS OU DESSERVANTS, placés à la tête des *paroisses* (fractions du diocèse) qu'ils administrent, sous l'autorité de l'évêque, dont ils reçoivent la juridiction, comme ceux-là reçoivent la leur du chef suprême de l'Église.

Les curés ont à leur tour des coopérateurs appelés VICAIRES, lesquels sont nommés par l'évêque, et reçoivent, du curé, leur part d'action dans le service de la paroisse.

Sur la perpétuité, dans l'Église, de son chef, de ses pasteurs et de ses prêtres, prédite et réalisée.

RESSOUVENEZ-VOUS DE CECI : *Cette perpétuité est aussi affirmée que le pacte fait par le Seigneur avec l'Église elle-même.*

PRÉDICTIONS. « Si mon alliance avec le jour et avec la nuit pouvait être rendue vaine, mon alliance avec David mon serviteur pourra aussi être vaine, en sorte qu'il n'y ait pas de lui *un Fils* qui règne sur son trône, ni de *lévites* et de *prêtres* qui soient *mes ministres*. Comme les étoiles du ciel ne peuvent être comptées, ni le sable de la mer être mesuré, ainsi je multiplierai la race de David, mon serviteur, et les lévites mes ministres. » (Jér., XXXIII, 20-22.)

« Vous serez appelés les prêtres du Seigneur ; on vous nommera les ministres de notre Dieu. » (Isaïe, LXI, 69.)

« *J'en prendrai d'entre eux, de toutes les nations* (1), *pour prêtres et lévites.* » (Isaïe, LXVI, 25.)

« Je revêtirai les prêtres du salut. » (Ps. CXXXI, 16.)

RÉALISATION. L'ÉGLISE, ainsi puissamment constituée par N.-S. J.-C., et offrant, dès son berceau, l'ordre hiérarchique de son chef, de ses pasteurs, de ses prêtres et de ses ministres, *a traversé les siècles, présentant toujours, et à tous, les mêmes caractères fondamentaux,* au milieu des changements incessants, des bouleversements sans nombre qui ont modifié ou renversé les constitutions civiles des États.

Sur les caractères fondamentaux de l'Église, prédits et réalisés.

RESSOUVENEZ-VOUS DE CECI : L'Église de Jésus-Christ présente au monde *quatre caractères principaux,* qu'aucune institution humaine n'a pu et ne pourra jamais partager avec elle ; ces caractères la distinguent essentiellement

(1) Voici le sacerdoce de la nouvelle loi, bien marqué, à l'exclusion du sacerdoce de la loi ancienne, attaché exclusivement à la famille de Lévi et à la race d'Aaron.

aussi des autres sociétés religieuses qui se sont formées en dehors d'elle, et des sectes qui se sont séparées d'elle.

Elle est *une, sainte, catholique, apostolique* (1).

L'ÉGLISE EST UNE, en ce sens que les pasteurs et les fidèles qui la composent professent la *même foi*, participent aux *mêmes sacrements,* vivent sous la *même autorité* constituée par N.-S.

« Il y a un *seul Seigneur*, une *seule foi*, un *seul baptême*. Soyez un *seul corps* et un *seul esprit*, comme vous avez été appelés à une *seule espérance* dans votre vocation au christianisme. » (Éph., IV, 4, 5.)

L'ÉGLISE EST SAINTE, en ce sens qu'elle a pour *fondateur* N.-S. J.-C., *la sainteté même;* qu'elle a toujours *formé des saints*, et qu'elle offre, à tous ses enfants, les moyens les plus propres à opérer leur sanctification.

PRÉDICTION. « Dieu est admirable dans ses saints, etc. » (Ps. LXVII, 35.)

« *La sainteté, Seigneur, convient à votre maison,* dans la longue durée des jours. » (Ps. XCII, 5.)

ACCOMPLISSEMENT. « *Le Christ a aimé l'Église;* il s'est livré lui-même pour elle, afin de *la sanctifier, la purifiant* par le baptême d'eau et la parole de vie, pour la faire paraître devant lui une *Église glorieuse, n'ayant* ni *tache*, ni *ride,* ni rien de semblable, mais pour qu'elle soit *sainte* et *immaculée.* » (Éph., V, 25-27.)

L'ÉGLISE EST CATHOLIQUE (universelle), en ce sens qu'elle *s'étend à tous les temps* de l'ère chrétienne, comme elle *s'étend à tous les lieux.* Toutes les sectes séparées d'elle, soit par le schisme, soit par l'hérésie, ont la date de leur

-----

(1) L'Église catholique et apostolique est aussi appelée *romaine,* parce que son chef visible siége à Rome, où les papes se sont succédé depuis saint Pierre, sauf d'accidentelles interruptions. On appelle *Siége apostolique* ou le *Saint-Siége* le siége du pape, et *Siége épiscopal* celui d'un évêque.

origine dans celle de leur séparation, et le nom de leur fondateur respectif dans le nom du chef de leur révolte et de leurs erreurs ; et tous ces noms sont marqués à un cachet autre que celui de la sainteté (1).

Prédictions. « Comme votre nom, Seigneur, aussi votre louange s'étend jusqu'aux extrémités de la terre. » (Ps. xlvii, 10.)

« Tous les confins de la terre se souviendront du Seigneur et se convertiront à lui, et toutes les familles des nations adoreront en sa présence, parce que au Seigneur appartient le règne, et que c'est lui qui dominera sur les nations. » (Ps. xxi, 27, 28.)

« *Je t'ai posé en lumière des nations,* afin que tu sois mon salut jusqu'à l'extrémité de la terre. Les rois te verront, et les princes se lèveront, et ils t'adoreront à cause du Seigneur et du saint d'Israël qui t'a choisi, etc.... *Je t'ai établi....* afin que tu dises à ceux qui étaient dans les fers : *sortez,* et à ceux qui étaient dans les ténèbres : *venez à la lumière.* Lève les yeux tout autour, et vois : tous ceux-ci se sont rassemblés, et ils sont venus à toi. Et tu diras dans ton cœur : *Qui m'a engendré ceux-ci?* Qui les a nourris?... *Où étaient-ils?* etc.... (Isaïe, xlix, 6-9, 18, 21.)

« *Élargis l'enceinte* de la tente... n'épargne rien... car tu pénétreras à droite et à gauche, et ta race aura les nations pour héritage. » (Isaïe, liv, 2, 3.)

« Alors furent brisés ensemble le fer, l'argile, l'airain, l'argent, et ils devinrent comme la cendre brûlante d'une aire d'été, et ils furent emportés par le vent, et il ne se trouva aucun lieu pour eux ; mais la pierre *qui avait*

____

(1) Il faudrait évoquer ici tous ces chefs de sectes dont la vie et les actes ont été flétris par l'impartiale histoire, et par ce qu'il y a, dans l'homme honnête, de justice, de moralité et de loyauté.

frappé la statue devint une grande montagne et remplit toute la terre. » (Dan., II, 35.)

L'ACCOMPLISSEMENT est sous les yeux de quiconque veut voir.

L'ÉGLISE EST APOSTOLIQUE, en ce sens qu'elle *remonte aux apôtres;* qu'elle est gouvernée par les successeurs des apôtres, et qu'elle *enseigne la même doctrine que les apôtres,* c'est-à-dire la doctrine que les apôtres ont reçue de la bouche de N.-S. J.-C. lui-même.

« *Allez, enseignez* toutes les nations, leur *apprenant à garder tout ce que je vous ai commandé.* »

Sur la doctrine et la tradition apostoliques.

RESSOUVENEZ-VOUS DE CECI : « Je vous loue de ce que, en toutes choses, vous vous souvenez de moi et gardez mes préceptes tels que je vous les ai donnés. » (I Cor., XI, 2.)

Notre prédication a été exempte d'erreur... Nous rendons grâce à Dieu sans cesse de ce que, ayant reçu la parole de Dieu que vous avez ouïe de nous, vous l'avez reçue, non comme la parole des hommes, mais (ainsi qu'elle l'est véritablement) comme la parole de Dieu qui opère en vous, qui avez embrassé la foi. » (I Thess., II, 5, 13.)

« Quelques personnes sèment le trouble parmi vous et veulent renverser l'Évangile du Christ; mais si nous-mêmes ou un ange du ciel vous évangélisait autrement que nous vous avons évangélisés, qu'il soit anathème ; car je vous déclare que *l'Évangile que je vous ai prêché n'est pas selon l'homme.*

« En effet, ce n'est pas d'un homme que je l'ai reçu ou appris, mais c'est par la révélation de J.-C. (Gal., I, 7, 8, 11, 12.)

« *Ce que nous avons vu et entendu, nous vous l'annon-* *çons*, afin que vous entriez vous-mêmes en société avec nous, et que notre société soit avec le Père et avec son Fils J.-C. Or, ce que nous vous annonçons, après l'avoir entendu, c'est que Dieu est lumière, et qu'il n'y a pas en lui de ténèbres. Si nous disons que nous sommes en société avec lui et que nous marchons dans les ténèbres, nous mentons, et nous ne suivons pas la vérité. » (I Jean, I, 3, 5, 6.)

« Voici, mes bien-aimés, la seconde lettre que je vous écris ; dans l'une et dans l'autre je réveille vos âmes sincères par mes avertissements, afin que vous vous souveniez des paroles des saints prophètes que je vous ai rappelées, et des commandements que vos apôtres vous ont faits au nom du Seigneur et Sauveur. » (II Pierre, III, 1, 2.)

L'Église, une, sainte, catholique et apostolique, *est*, de plus, VISIBLE TOUJOURS ET POUR TOUS : « Et il arrivera que la montagne préparée pour la demeure du Seigneur sera établie sur le sommet des montagnes, et *elle sera élevée au-dessus des collines, et tous les peuples y afflueront.*

« Et beaucoup de peuples iront et diront : Venez, et montons à la montagne du Seigneur et à la maison du Dieu de Jacob, et il nous enseignera ses voies, et nous marcherons dans ses sentiers, parce que de Sion sortira la loi et la parole du Seigneur, de Jérusalem. » (Isaïe, II, 2, 3, 4.)

« Une ville ne peut être cachée quand elle est située sur une montagne. *Et l'on n'allume point une lampe pour la mettre sous le boisseau, mais sur un chandelier, afin qu'elle éclaire tous ceux qui sont dans la maison.* » (N.-S. en S. Matth., V, 14, 15.)

Sur la vérité et l'infaillibilité de l'Église catholique, prédites et réalisées.

RESSOUVENEZ-VOUS DE CECI : Par cela seul qu'ils sont permanents, les caractères que présente l'Église catholique impriment à sa doctrine le cachet de la *vérité*, et à son enseignement celui de *l'infaillibilité*. L'Église du Dieu vivant est la colonne et le fondement de la vérité. » (III Tim., 15.)

« *Et là sera un sentier et une voie*, et elle sera appelée la *voie sainte*, et ce sera pour vous une *voie droite*, en sorte que les ignorants ne s'y égareront pas. » (Isaïe, xxxv, 8.)

« Je suis la *voie*, la *vérité* et la *vie*. » (N.-S. en S. Jean, xiv, 6.)

Sur le centre et l'infaillibilité dans l'Église, prédit et réalisé.

RESSOUVENEZ-VOUS DE CECI : *L'incorruptibilité du saint dépôt confié au corps enseignant de l'Église* est inhérente à sa durée jusqu'à la consommation des siècles, et aux caractères indélébiles qu'elle présente au monde.

PRÉDICTIONS. « Voici mon alliance avec eux, dit le Seigneur : *Mon esprit* qui est en toi, et *mes paroles* que j'ai mises en ta bouche, ne *s'éloigneront pas* de ta bouche, ni de la bouche de ta postérité, ni de la bouche de la postérité de ta postérité, *depuis ce moment jusque dans l'éternité.* » (Isaïe, LIX, 21.)

« Et moi je prierai mon Père, et il vous donnera un autre *Paraclet, pour qu'il demeure éternellement avec vous* (1). *L'Esprit saint* que mon Père enverra, en mon nom, *vous enseignera toutes choses et vous rappellera tout ce que je vous ai dit.* » (N.-S. en S. Jean, xiv, 16, 26.)

Le pape. Les promesses *faites à* Pierre, en particulier, le constituent personnellement, docteur infaillible *dans toute question de dogme et de morale*, et l'établissent, en outre, chef suprême *des pasteurs et du troupeau*, des brebis et des agneaux (2).

Le recours au Pontife de Rome, dans toutes les controverses religieuses qui se sont produites, de siècle en siècle, depuis les temps apostoliques, est un fait notoire dans l'histoire de l'Église : *son jugement personnel* sur les questions en litige a toujours fait loi, et les esprits de bonne foi s'y sont toujours soumis sans restriction.

Les promesses faites aux apotres en général, y compris Pierre toujours, font, des apôtres réunis, à leur chef dans une communion de foi et de doctrine, *les organes et les missionnaires de la vérité* dans l'enseignement doctrinal de l'Église catholique (3).

(1) Ces expressions de durée indéfinie, dans la bouche du Sauveur et dans celle du prophète Isaïe, prouvent, sans conteste, que la promesse s'étend des apôtres à leurs successeurs dans les siècles, jusqu'à la consommation des siècles.

(2) Voir les textes cités à l'article du *chef visible de l'Église.*

(3) *L'infaillibilité de la doctrine et des principes de la morale* n'emporte pas l'infaillibilité des membres qui composent le corps enseignant dans l'Église infaillible. *Tout individu est faillible et peccable.* L'histoire ecclésiastique offre de nombreux exemples d'évêques, de prêtres, de religieux devenus schismatiques, ou hérétiques, ou apostats. Le *pape* lui-même personnellement est faillible et peccable dans toute autre question, sur tout autre terrain que celui du dogme et des lois de la morale. Sous ce dernier rapport, et en vertu de son libre arbitre, il est susceptible de violer, *comme homme privé,* les principes de la morale évangélique, dont il sauvegardera toujours l'intégrité, *comme pape.*

Sur les Conciles œcuméniques usités dans l'Église.

RESSOUVENEZ-VOUS DE CECI : Bien que les papes aient eu, dans maintes occasions, à se prononcer seuls, en vertu de leur infaillibilité personnelle, sur les questions dogmatiques et morales, néanmoins, dans des circonstances solennelles et à des époques plus profondément troublées, ils ont fait appel à tous les évêques de la chrétienté, afin de délibérer, avec eux, en concile, sur des points controversés ; sur des abus qui, en se généralisant, pouvaient altérer les mœurs chrétiennes ; sur des questions de discipline ecclésiastique ou religieuse, etc. Depuis l'établissement du christianisme, on compte *vingt conciles œcuméniques*, dont quatre au cinquième siècle, un au sixième, un au septième, un au huitième, un au neuvième, trois au douzième, trois au treizième, un au quatorzième, deux au quinzième, un au seizième, un au dix-neuvième, ouvert le 8 décembre 1869, et suspendu le 18 juillet de l'année 1870. Ce dernier *concile*, dit *du Vatican, a fixé la foi des fidèles contre les erreurs modernes :* sur l'institution de la primauté apostolique dans la personne de Pierre ; sur la perpétuité de cette primauté dans les pontifes romains ; sur la nature et le caractère du magistère infaillible du Souverain-Pontife successeur de Pierre, etc.

Les décrets dogmatiques des conciles œcuméniques présidés par le pape ou ses délégués, et formulés ou approuvés par lui, *ex cathedra* (en vertu de sa suprême autorité apostolique), *sont autant de vérités de nécessité de salut.* Ces décrets, nommés aussi *constitutions* et *définitions*, diffèrent essentiellement de la promulgation des lois ou constitutions civiles. Celles-ci sont proprement de nouvelles lois dont la violation emporte avec elle la peine correspondante du Code pénal ; les décrets émanés du pape seul ou

d'un concile œcuménique *ne sont pas la promulgation de dogmes nouveaux, mais celle de dogmes avérés, connus, crus sans conteste jusqu'alors,* et devenus, à une époque donnée, l'objet de diverses controverses ardentes au sein même de la société chrétienne catholique. *Le décret dégage de tout alliage la vérité contestée, altérée,* ou par l'ignorance, ou par la mauvaise foi, et presque toujours *obscurcie* par la polémique ; puis il *la met en relief, l'appuie sur l'Écriture et la tradition,* et enfin *la formule dans une définition dogmatique, claire* et *précise,* laquelle *fixe la croyance des fidèles,* plus ou moins ébranlée par ces luttes passionnées, *et dissipe à toujours les nuages amoncelés,* à dessein, par les sectaires, *autour de la question en litige :* « *Pierre a parlé ; la cause est finie.* » Ces définitions dogmatiques, toujours provoquées par l'erreur, en affermissant dans la foi le plus grand nombre, déterminent, presque toujours aussi, la défection de plusieurs. *Elles sont la pierre de touche à l'aide de laquelle l'Église distingue ses vrais enfants dans les vrais croyants ; ceux qui s'obstinent* dans leurs erreurs *sont,* par le fait même *(ipso facto), retranchés de la société des fidèles* et du corps dont ils cessent d'être les membres vivants.

Sur ceux qui sont hors de l'Église.

RESSOUVENEZ-VOUS DE CECI : *Des membres retranchés du corps ne peuvent plus nécessairement vivre de la même vie qui circule dans le corps.* Ceux-là qui sont hors de l'Église sont donc en dehors des conditions de salut : ils ne peuvent plus revendiquer leurs droits à l'héritage des enfants, leur titre de frères et de cohéritiers de J.-C. : « Qu'un membre du corps humain soit coupé, dit *saint Augustin,* la main par exemple, le doigt, le pied ; est-ce que l'âme sent ce membre coupé ? Tandis qu'il était dans le corps,

il vivait; une fois retranché, il perd la vie. Ainsi l'*homme est catholique tandis qu'il vit dans le corps de l'Église; re-*tranché de ce corps, il est hérétique. *L'Esprit saint ne suit pas le membre emporté. Si donc vous voulez vivre du Saint-Esprit, gardez la charité, aimez la vérité, désirez l'unité, afin de parvenir à l'éternité.* »

« *Je suis la vraie vigne, et mon Père est le vigneron. Tous les sarments qui ne portent pas de fruits en moi, je les retrancherai.* Comme le sarment ne peut porter de fruits par lui-même, s'il ne demeure uni à la vigne, aussi vous non plus, si vous ne demeurez en moi, parce que sans moi vous ne pouvez rien faire pour votre salut. » (N.-S. en S. Jean, xv, 1-5.)

Or ceux qui vivent en dehors de l'Église sont :

1° Les infidèles qui, n'ayant pas été baptisés, ne croient pas en J.-C.

2° Les hérétiques, qui refusent opiniâtrément de soumettre leur esprit à une vérité révélée de Dieu, enseignée et pratiquée par l'Église depuis les temps apostoliques, et formulée ou définie par elle contre eux, comme article de foi :

« *Celui qui vous écoute m'écoute, et celui qui vous méprise me méprise,* etc. »

3° Les schismatiques, qui croient les vérités de la foi catholique, mais qui, à une époque donnée, ont méconnu l'autorité suprême du chef de l'Église et se sont séparés d'elle, en se soustrayant à l'obéissance du Souverain-Pontife.

4° Les apostats, qui ont renié la foi de J.-C. après en avoir fait profession.

5° Les excommuniés, que l'Église elle-même a retranchés de sa communion à cause de leurs crimes, de leurs scandales, de la violation flagrante de ses lois morales ou disciplinaires.

Pous les uns et les autres de ces différentes catégories

de séparés, la parole du Sauveur est formelle et n'admet aucun des tempéraments que formulent souvent même des catholiques qui jugent, avec leur cœur, les choses de la foi. *En dehors de sa foi, de son baptême, de son Église, il ne saurait y avoir de salut.* La vérité ne peut marcher de pair avec l'erreur : « *Je suis la voie, la vérité, la vie.* »

Les voies diverses, qui ne sont pas la voie droite, ne sont pas les vraies voies.

Professer la doctrine contraire, c'est mentir à J.-C.; c'est, par une flagrante contradiction, poser en principe que la vérité et l'erreur sont choses égales et également salutaires ou indifferentes en soi; c'est proclamer que l'enfant soumis et fidèle et l'enfant égaré, insoumis, révolté, sont dans des conditions également bonnes, ont droit aux mêmes faveurs, au même amour, aux mêmes récompenses; *c'est faire* enfin *du Dieu* infiniment bon, mais aussi infiniment sage, infiniment juste, infiniment parfait, *le Dieu du vrai et du faux, du juste et de l'injuste, de la vertu et du vice.....* Ce serait la négation même de Dieu, de ses divins attributs, de ses paroles, de ses promesses et de ses menaces.

Cependant l'Église, tout en sauvegardant la vérité sur cette question suprême de vie ou de mort. s'inspire des merveilleux effets de la miséricorde du Sauveur de tous les hommes, et ne prononce jamais un arrêt d'éternelle condamnation sur l'âme qui quitte ce monde, sans être entrée ou rentrée extérieurement dans le bercail unique de l'unique pasteur, non plus que sur les chrétiens morts, en apparence, dans l'impénitence finale ; elle laisse cette question souveraine à celui qui sonde les cœurs et peut toujours agir directement sur une âme ignorante ou abusée. inconsciente ou repentante, alors que commencent ces luttes mystérieuses qui accompagnent l'agonie et précèdent immédiatement la mort. *Il y a des retours de désir, des actes d'amour parfait, des repentirs purifica-*

teurs, comme il y a un baptême de sang, un baptême de désir. Aussi, dans ces cas, l'Église ne se réserve que la mission de prier pour les défunts et de consoler les survivants en ouvrant leurs âmes à l'espérance. *Notre sainte religion n'est muette devant aucune des douleurs* qui atteignent les pauvres humains.

L'unité de la foi et l'intégrité de la doctrine ne peuvent être revendiquées, comme caractères fondamentaux, que par l'Église catholique.

La vérité est essentiellement une; l'erreur, au contraire, est nécessairement *multiple;* la *diffusion* et la *dissemblance* sont donc les *traits caractéristiques des sectes séparées.*

L'Église catholique peut seule aussi compter au nombre de ses gloires d'avoir souffert diverses persécutions pour la justice. Le faux ne s'arme que contre le vrai, l'immoralité que contre la vertu; aussi les incrédules et les impies de tous les temps et de tous les lieux ont-ils tous su discerner, parmi toutes les sociétés religieuses, le vrai point de mire de leurs attaques iniques et insensées, et c'est à la véritable Église seule qu'ils en veulent, quand ils s'en prennent à Dieu, à la religion, à ses ministres et à ses fidèles enfants.

Sur le dépôt sacré confié à l'Église par Jésus-Christ.

Ressouvenez-vous de ceci : *L'Écriture sainte* et la *tradition* forment le dépôt sacré dont l'Église est la gardienne incorruptible, « *conserve le précieux dépôt par l'Esprit saint* qui habite en nous. » (II Tim., 1, 14.)

L'Écriture sainte se compose des livres de l'Ancien et du Nouveau testament, *dont le* vrai texte *doit être gardé et garanti par l'Église, et le* vrai sens *interprété, déterminé et formulé par elle seule.*

« Croyez, mes bien-aimés, que la longanimité de N.-S.
est un moyen de salut, comme notre très-cher frère *Paul*
lui-même nous l'a écrit, selon la sagesse qui lui a été
donnée ; comme il le fait aussi en toutes *ses lettres* où il
parle du même sujet, *et dans lesquelles il y a quelques endroits difficiles à entendre* (dans le sens de l'entendement,
de l'intelligence, de la compréhension), *que des hommes
ignorants et légers détournent à de mauvais sens, aussi
bien que les autres Écritures, pour leur propre perte.*

« Vous donc, mes frères, qui en êtes instruits d'avance,
prenez garde à vous, de peur que, entraînés par l'erreur
des insensés, vous ne perdiez de votre propre fermeté. »
(II Pierre, III, 15, 16, 17.)

« *Nous avons la parole des prophètes*, à laquelle vous
faites bien d'être attentifs, comme à une lampe qui luit
dans un lieu obscur, jusqu'à ce que le jour brille et que
l'étoile du matin se lève dans vos cœurs, *sachant, avant
tout, que nulle prophétie de l'Écriture ne s'explique par une
interprétation particulière.* Car ce n'est pas par la volonté
des hommes que la prophétie a jamais été apportée ;
mais *c'est inspirés par l'Esprit saint qu'ont parlé les saints
hommes de Dieu.* » (II Pierre, I, 19, 20, 21.)

Telles sont les paroles de Pierre ; voici celles de son
261e successeur, Pie IX :

« La *doctrine de la foi* que Dieu nous a révélée n'a pas
été livrée, comme une invention philosophique, au perfectionnement du genre humain ; mais elle *a été transmise,
comme un dépôt divin, à l'épouse du Christ, pour être fidèlement gardée et infailliblement enseignée.* Aussi doit-on
retenir le sens des dogmes sacrés que la sainte mère
l'Église a déterminé, une fois pour toutes, et ne jamais
s'en écarter sous prétexte, et au nom d'une intelligence
supérieure à ces dogmes, etc. » (Conc. Vat.)

« *Et ces livres de l'Ancien et du Nouveau testament*
doivent être tenus pour *saints et canoniques*, en entier,

dans toutes leurs parties, tels qu'ils sont énumérés dans *le décret du concile de Trente et dans la vieille édition latine de la Vulgate.* » (Conc. Vat.) (1).

LA BIBLE DES PROTESTANTS *diffère de la Bible catholique :*

1° Dans *le nombre* des livres de l'Ancien testament : ils ont *supprimé* les livres de *Tobie,* de *Judith,* de la *Sagesse,* de l'*Ecclésiastique* et les *deux premiers livres des Machabées. Du Nouveau testament* ils n'admettent : ni l'*Épître de saint Jacques,* ni la *deuxième et la troisième Épître de saint Jean, ni l'Épître de saint Paul aux Hébreux,* ni l'*Apocalypse,* bien que ces différentes œuvres canoniques figurent le plus souvent dans leur Bible.

2° Dans *le titre* de certains livres : les *deux premiers livres des Rois* sont intitulés : *Premier et deuxième de Samuel;* les *Paralipomènes* ont pour titre : *Premier et deuxième des Chroniques* (2).

3° Dans *l'absence du sommaire* mis en tête de chaque chapitre de la Bible catholique.

4° Enfin elles ne portent pas ces *mots caractéristiques de l'authenticité catholique : selon la Vulgate.*

Quant aux *évangiles détachés,* dits *de propagande ou de colportage,* qui se distribuent partout et à tous, grands et petits (aux ignorants surtout), ils sont marqués à ces signes : *absence de sommaires,* et le *texte révélateur* de leur pensée, emprunté à saint Jean, et isolé de tous ceux qui l'expliquent et le complètent, posant en principe que *la foi en J.-C. seule sans les œuvres suffit pour opérer le salut.* Et pourtant le saint Évangile, même selon saint Jean, est rempli de textes établissant la nécessité des œuvres : la pénitence, la charité, l'humilité, la pureté du cœur, la

____

(1) La nomenclature en est au commencement de ce Mémorial, p. 10, 11 et 12.

(2) Ces deux différences ne sont pourtant pas générales, grâce à la prodigieuse diversité des sectes protestantes.

douceur, le pardon des injures, l'aumône, la prière, le culte divin, etc.

Sur la tradition.

Ressouvenez-vous de ceci : *Les évangélistes et les autres apôtres n'ont pas tout écrit.* Dans le domaine religieux, comme dans tout autre domaine, il existe des *pratiques et des coutumes traditionnelles* qui ont force de lois, et qui forment, avec les choses écrites, le code complet de la croyance et de la morale évangéliques.

« Souviens-toi des jours anciens; pense à chacune des générations; *interroge ton père, et il te le racontera; tes ancêtres, et ils te le diront.* » (Deut., XXXII, 7)

« *Il y a encore beaucoup d'autres choses que Jésus a faites;* si elles étaient écrites en détail, je ne pense pas que le monde lui-même pût contenir les livres qu'il faudrait écrire. » (Jean, XXI, 25.)

« *Quant aux autres choses, lorsque je serai venu, je les réglerai* » (I Cor., XI, 34.)

« *Demeurez fermes, et gardez les traditions* que vous avez apprises, soit par nos discours, soit par notre lettre. » (II Thess., II, 14.)

« *N.-S. J.-C.* lui-même n'a pas tout dit, alors qu'il était sur la terre : *J'ai encore beaucoup de choses à vous dire; mais vous ne les pouvez porter à présent. Quand l'Esprit de vérité sera venu, il vous enseignera toute vérité.* » (N.-S. en S. Jean, XVI, 12, 13.)

Sur les trésors spirituels dont l'Église est la dispensatrice, prédits et réalisés.

Ressouvenez-vous de ceci : *L'Église* a reçu du divin Sauveur, avec la *mission de sauvegarder* la foi de ses enfants, celle de *continuer l'œuvre divine de la rédemption* de leurs âmes, en leur communiquant la vie surnaturelle, dont les sources toujours vives jaillissent et jailliront de son sein jusqu'à la vie éternelle : telle est *la grâce*, tels sont *le saint sacrifice de la messe*, l'eucharistie et les *autres sacrements*, d'origine et d'institution divines, comme la doctrine elle-même.

Les prophètes ont salué de loin *ces biens* de la maison du Seigneur, de la Jérusalem nouvelle, *sous la figure des eaux vives*.

Prédictions : « Voilà que moi, dit le Seigneur, j'amènerai sur Jérusalem comme un fleuve de paix. » (Isaïe, LXVI, 12.)

« Loue *ton Dieu*, ô Sion ! parce que c'est lui qui a établi la paix sur tes confins, et qui *te rassasie du plus pur froment.* » (Ps. CXLVII, 12, 14.)

« Les *pauvres* mangeront et seront rassasiés. Tous *les riches* de la terre (comme les pauvres) *ont mangé* (la victime) *et ont adoré.* » (Ps. XXI, 26, 29.)

« Le Seigneur me conduira : rien ne me manquera. Il m'a été établi dans *un lieu abondant en pâturages ;* il m'a élevé auprès d'une *eau fortifiante,* etc. » (Ps. XXII, 1, 2.)

« Ils seront enivrés de l'abondance de votre maison, et vous les abreuverez du torrent de vos délices. Parce que *en vous est une source de vie,* et que, dans votre lumière, nous verrons la lumière. » (Ps. XXXV, 8, 9.)

« Le cours d'un fleuve abondant réjouit la cité de Dieu. » (Ps. XLV, 4.)

« *Je répandrai sur vous une eau pure, et vous serez purifiés de toutes vos souillures.* » (Ézéch., XXXVI, 25.)

» En ce jour-là, il y aura *une fontaine ouverte* à la maison de David et aux habitants de Jérusalem, *pour laver le pécheur.* » (Zach., XIII, 1.)

« Et il arrivera, en ce jour-là, que des *eaux vives* sortiront de Jérusalem ; la moitié de ces eaux ira à la mer orientale, et leur autre moitié à la dernière mer ; en été et en hiver elles subsisteront. » (Zach., xix, 8.)

« *Vous puiserez, avec joie, des eaux des fontaines du Sauveur* (1). » (Isaïe, xii, 3.)

L'ACCOMPLISSEMENT *est sous nos yeux, et en nous, et sur nous !*

Sur la grâce.

RESSOUVENEZ-VOUS DE CECI : *La vie surnaturelle* ne naît et ne se développe en nous que par l'action divine et la coopération de notre propre volonté. Or, cette action divine s'exerce sur notre âme en vertu de *dons surnaturels* que le langage chrétien désigne sous le nom de GRACES, parce que le caractère spécial de ces dons est la *gratuité*. Ces dons, ces grâces sont dits actuels ou habituels.

LA GRACE ACTUELLE *est l'action de Dieu* opérant sur notre âme, à des moments déterminés : telles sont toutes les touches divines, les assistances surnaturelles et souvent réitérées, qui nous viennent directement du ciel, ou par l'intermédiaire de l'Église ou des créatures, ou par les accidents ou les incidents de la vie, qui sont comme autant de dispositions miséricordieuses de la Providence. *Toute grâce actuelle s'obtient par la prière et la fidélité.*

LA GRACE HABITUELLE *est l'état même de la vie surnaturelle ;* c'est la qualité, la manière d'être, l'habitude, les tendances qui ne sont plus un fait ou un acte répété,

(1) Ces eaux vives sont la figure du baptême et des autres sacrements de la doctrine évangélique, et de la grâce du Saint-Esprit. La mer orientale représente les Juifs ; la mer occidentale les Gentils ; l'été et l'hiver, chez les Hébreux, comprennent l'année entière. (Glaire.)

mais qui sont à l'état de permanence dans notre âme; *c'est son état de grâce,* qu'un seul péché mortel a le triste pouvoir de détruire. *La grâce habituelle s'établit dans l'âme par une correspondance habituelle aux grâces actuelles.* On l'appelle aussi *grâce sanctifiante,* parce qu'elle imprime à l'âme un cachet de sainteté plus ou moins parfaite, et que, à chacune des œuvres surnaturelles accomplies en cet état, correspond un droit spécial aux récompenses éternelles.

« Or, à chacun de nous a été donnée la grâce, selon la mesure du don de J.-C. » (Éph., iv, 7.)

« Que chacun de vous mette au service des autres la grâce qu'il a reçue, comme de bons dispensateurs de la grâce multiforme (1) de Dieu. » (1 Pierre, iv, 10.)

Sur la source première de la grâce.

RESSOUVENEZ-VOUS DE CECI : *La grâce* sanctifiante dans toute sa plénitude, dans toute l'expansion de ses effets surnaturels, *a sa source première dans la rédemption* du genre humain *accomplie par le Sauveur.* C'est le don par excellence, et le signe caractéristique de la loi chrétienne appelée *loi de grâce,* par opposition à la loi mosaïque appelée *loi de crainte. Avant le christianisme,* chez le peuple de Dieu, les opérations de la grâce empruntaient toute leur vertu aux mérites du Sauveur devant venir : c'est ainsi que *Marie,* sa mère immaculée, a pu être saluée, par le messager céleste, *pleine de grâce,* le Seigneur étant avec elle; que l'Évangile dit de *l'enfant de Dieu :* qu' « il croissait et se fortifiait plein de sagesse, et la grâce de Dieu *était en lui;* » que saint *Jean-Baptiste* s'est écrié :

____

(1) Qui revêt des formes multiples.

« Il était avant moi, et *nous avons tous reçu de sa plénitude :
la grâce et la vérité sont venues par J.-C.* » (S. Jean, 1, 15,
16, 17.)

Sur le saint sacrifice de la nouvelle loi, ou sacrifice de la messe, figuré, prédit et réalisé.

RESSOUVENEZ-VOUS DE CECI : LE SAINT SACRIFICE DE LA
MESSE, substitué à tous les sacrifices de la loi judaïque,
est l'immolation du calvaire perpétuée sur nos autels, qui
sont autant de *calvaires eucharistiques* elevés sur tous les
points du globe terrestre. C'est le sacrifice sanglant de la
croix, répété, à toutes les heures du jour et de la nuit,
d'une manière non sanglante ; c'est l'œuvre de la rédemption renouvelée sans cesse, et sans cesse appliquée
à toutes les générations de pécheurs qui se succèdent
dans les siècles du temps, et se succèderont jusqu'à la
fin des temps ; c'est la *même victime* offerte pour les mêmes
fins ; c'est le *même sacrificateur* qui, par le ministère des
prêtres de la nouvelle loi, répète : « *Ceci est mon corps....
ceci est mon sang... . Faites ceci en mémoire de moi, etc....* »
La *victime* et le *sacrificateur* de la nouvelle alliance
ont été, de longs siècles à l'avance, *figurés* et *prédits* dans
l'Ancien testament. *Institué* et *célébré* pour la première
fois par N.-S. J.-C. dans le *cénacle*, à la veille de sa mort ;
continué par les apôtres et *attesté* par eux. *Perpétué*
enfin dans l'Église catholique, sans interruption, depuis
les temps apostoliques, le sacrifice eucharistique ne
cessera d'être offert que quand cessera l'Église elle-même,
qui doit, en vertu de la parole divine, durer autant que
les siecles.

FIGURÉ. *Le sacrifice d'Abraham* prêt à immoler Isaac,
son fils unique ; *l'agneau pascal*, les *sacrifices judaïques*,
l'hostie pacifique, *l'hostie pour les péchés*, le *sacrifice propi-*

tiatoire, *l'oblation perpétuelle*, *l'holocauste*, le *bouc émissaire* chargé des péchés de tout le peuple, etc., sont autant de figures du sacrifice par excellence, qui seul devait avoir la vertu de satisfaire à la justice divine.

« *Melchisédech*, roi de Salem, offrait du pain et du vin, car il était prêtre du Dieu très-haut. » (Gen., XIV, 18.)

« Vous êtes prêtre pour l'éternité, selon l'ordre de Melchisédech; car ce Melchisédech, dont le nom s'interprète: premièrement par *roi de justice*, et ensuite aussi par *roi de Salem*, c'est-à-dire *roi de paix;* qui sans père, sans mère, sans généalogie, n'ayant ni commencement de jours, ni fin de vie, ressemblant ainsi au *Fils de Dieu*, demeure prêtre à perpétuité. » (Heb., VI, 20 ; VII, 1, 2, 3.)

« Comme celui-ci (Jésus) demeure éternellement, *il possède le sacerdoce éternel*. C'est pourquoi il peut sauver perpétuellement ceux qui, par son entremise, s'approchent de Dieu, étant toujours vivant, afin d'intercéder pour nous; car il convenait que nous eussions un tel pontife, saint, innocent, séparé des pécheurs, et devenu plus élevé que les cieux. » (Héb., VII, 24, 25, 26.)

Prédit. Depuis le lever du soleil jusqu'à son coucher, grand est mon nom parmi les nations, et *en tout lieu on sacrifie, et une oblation pure est offerte* en mon nom. » (Malach., I, 11.)

« Et *des bras armés* se lèveront et souilleront le sanctuaire, et *feront cesser le sacrifice perpétuel*, et ils ajouteront l'abomination à la désolation. » (Dav., XI, 31.)

Institué et célébré *par N.-S J.-C.* « Et, ayant pris du *pain*, il rendit grâce et le rompit, et le leur donna, disant : *Ceci est mon corps* qui est donné pour vous : *faites ceci en mémoire de moi*. Il donne de la même manière le calice, disant : *C'est le calice, le nouveau testament en mon sang*, qui sera répandu pour vous. » (N.-S. en S. Luc, XXII, 19, 20.)

Continué par les apotres et attesté par eux. « Il y

avait dans l'Église d'Antioche des prophètes et des docteurs, etc. Or, *pendant qu'ils offraient les saints mystères et qu'ils jeûnaient, etc.* » (Actes, XIII, 1, 2.)

« *Le calice de bénédiction* que nous bénissons n'est-il pas la communication du *sang* de J.-C.? et le *pain* que nous rompons n'est-il pas la participation au *corps* du Seigneur? » (I Cor., x, 16.)

« Et tous persévéraient dans la doctrine des apôtres, dans la *communion* de la fraction du pain et dans la prière. » (Actes, II, 42.)

« Et je regardai, et je vis un agneau debout, comme immolé (1). » (Apoc., v, 6.)

PERPÉTUÉ DANS L'ÉGLISE. Depuis les temps apostoliques, l'histoire de dix-huit siècles atteste la non interruption du saint sacrifice de nos autels, et les siècles, en se succédant jusqu'à la fin des temps, l'attesteront à leur tour à toutes les générations qui doivent paraître et disparaître, emportées par le temps jusqu'à l'éternité.

Sur les sacrements en général.

RESSOUVENEZ-VOUS DE CECI : *Le sacrement est un signe sensible* institué par N.-S. J.-C. pour produire la grâce dans nos âmes et nous sanctifier.

Les sacrements sont donc des *rites sacrés* qui, tout à la fois, désignent et contiennent l'action spirituelle de Dieu sur les âmes. Tout sacrement renferme trois choses : *un*

---

(1) Selon les interprètes autorisés, cette vision désigne, d'une manière expresse, le *mystère de l'eucharistie*, où Jésus-Christ est vivant (debout), non mis à mort, mais comme l'ayant été (comme égorgé, comme immolé), parce que, dans le saint sacrifice de la messe, la séparation des espèces est une représentation de sa mort. (Glaire.)

acte corporel, *un emblême des grâces spirituelles, un effet surnaturel* (1).

Sur les sept sacrements, deux ont pour but : l'un de *donner,* l'autre de *rendre* la vie surnaturelle à ceux qui en sont privés ou l'ont perdue par le péché : le *baptême,* remède contre le péché originel; la *pénitence,* remède contre les péchés personnels commis après la régénération du baptême. On les appelle *sacrements des morts,* puis qu'ils donnent ou rendent la vie. *Deux* autres répondent à des nécessités spirituelles communes à tous les chrétiens : la *confirmation,* qui affermit et perfectionne la vie surnaturelle communiquée à l'âme par le baptême; l'*eucharistie,* qui entretient cette vie et l'augmente dans la proportion des bonnes dispositions de l'âme, et de l'usage fréquent et saint qu'elle en fait. Enfin les *trois derniers* sont *spéciaux à trois catégories de fidèles :* aux malades en danger de mort, on donne l'*extrême-onction;* à ceux que Dieu s'est choisis pour remplir les fonctions sacerdotales, on confère l'*ordre;* ceux qui s'engagent dans l'union conjugale reçoivent le sacrement de *mariage.*

Dans l'ordre ordinaire des sacrements, on place la pénitence après l'eucharistie, bien que, dans la pratique, l'un précède l'autre le plus ordinairement; la pénitence n'est nécessaire (en principe), avant la communion, que dans le cas où l'âme est en état de péché grave, de mort spirituelle.

(1) Les protestants, en supprimant tout ce qui se rapporte à l'intervention de l'Église, ont supprimé les sacrements (moins le baptême et la cène). Selon eux, la communication de la vérité religieuse se fait directement, de l'Esprit saint à chaque âme, par une illumination individuelle (autant d'illuminations différentes que d'individus, par conséquent); de même, aucun intermédiaire actif du ministère ecclésiastique n'est nécessaire pour la communication de la grâce. Les ministres protestants sont donc inconséquents avec eux-mêmes quand ils prêchent, moralisent et instruisent leurs coréligionnaires.

Trois des sept sacrements ne peuvent être *reçus qu'une fois*, parce qu'ils impriment à l'âme un *caractère ineffaçable* : le *baptême*, qui nous fait membres de J.-C., enfants de Dieu et de l'Église à toujours; la *confirmation*, qui nous fait soldats de J.-C.; l'*ordre*, qui marque au sceau divin les prêtres de J.-C. (1).

Deux autres sacrements ne peuvent être reçus que *dans certaines conditions* : l'*extrême-onction* ne se renouvelle pas dans le cours non interrompu d'une même maladie ; mais elle se répète dans une rechute à distance, et dans diverses autres maladies où l'on serait en danger de mort. Le *mariage* s'administre autant de fois que l'un des deux conjoints contracte une nouvelle union, après la mort de l'autre.

L'*eucharistie* et la *pénitence* répondent à des besoins qui, se renouvelant sans cesse, nous invitent à y recourir fréquemment.

Le *sacrement du baptême*, sans lequel il n'est pas de salut, même pour les enfants d'un jour, a cela de particulier qu'*il peut être administré*, dans un cas de nécessité ab-olue, *par toute personne*, sans distinction d'âge, de sexe, de croyance même ; un danger immédiat de mort, pour un enfant ou pour un infidèle adulte, et l'impossibilité de recourir à un prêtre, assez vite, ou d'en trouver un à proximité, constituent ce cas de nécessité absolue; le baptême, donné dans cette circonstance, est valide et licite, mais seulement à la condition que le baptisant, quel qu'il soit (hérétique, schismatique, païen), accomplisse le rite prescrit, *avec l'intention de faire ce que fait l'Église*. Le rite prescrit est celui-ci : *on verse de l'eau naturelle* (eau salée de la mer ou eau douce de fleuve,

(1) Fussions-nous mauvais chrétiens, mauvais soldats, mauvais prêtres de J.-C., nous resterions chrétiens, soldats, prêtres de J.-C., damnés pour l'éternité.

de rivière, de fontaine, de ruisseau, de puits, etc...) *sur la tête* de la personne qu'on baptise, *en disant, en même temps que l'eau tombe et mouille la tête :* « JE TE BAPTISE, AU NOM DU PÈRE, ET DU FILS, ET DU SAINT-ESPRIT (1). »

Sur les cérémonies qui accompagnent la célébration du saint sacrifice et l'administration des sacrements.

RESSOUVENEZ-VOUS DE CECI : On distingue, dans le saint sacrifice et dans les sacrements, *l'essence* et *l'accessoire.*

L'essence du saint sacrifice de la messe sont les paroles sacramentelles : *Ceci est mon corps... ceci est mon sang.... et la communion* au corps et au sang par le prêtre.

Le sacrement est conféré par un signe qui se compose de la *matière* et de la *forme :* c'est l'essence même du sacrement : *dans leur essence, les sept sacrements sont d'institution divine.*

Mais *l'Église* a voulu encadrer, pour ainsi dire, le signe qui contient la vertu divine dans certaines cérémonies destinées à exciter et à soutenir l'attention des fidèles.

Ces *cérémonies symboliques,* appelées *rites* ou *liturgie,* qui précèdent, accompagnent et suivent le saint sacrifice et les sacrements, en eux-mêmes ont toutes été *instituées par l'Église,* et entrent dans le domaine du *culte extérieur.*

(1) Si l'enfant, ou l'adulte, ne meurt pas, on doit le présenter, à l'église, au prêtre, qui supplée alors aux cérémonies qui accompagnent le sacrement, et que n'a pu accomplir le baptisant laïque.

Sur le baptême, prédit, figuré et réalisé.

RESSOUVENEZ-VOUS DE CECI: Le *baptême est le premier des sacrements qui doive être conféré à quiconque veut être régénéré en J.-C.* Il nous fait enfants de Dieu et de l'Église, nous revêt de J.-C., nous applique la vertu de sa mort, efface tous les péchés dans un adulte, et ne fait qu'un seul corps de tous les baptisés, lesquels deviennent frères de J -C. et ses cohéritiers de la vie éternelle.

Les autres sacrements ne peuvent être conférés qu'à des enfants de l'Église : ils *seraient nuls* si, par suite de quelque erreur, ils étaient donnés à un non baptisé, à un non chrétien, par conséquent (1). Le *baptême de Jean* n'était qu'une *figure*, et lui-même a établi la distinction entre son baptême et celui de la loi nouvelle : « Moi, je vous baptise dans l'eau; mais celui qui doit venir après moi est plus puissant que moi. Lui-même vous baptisera, non dans l'eau seule, mais aussi dans l'Esprit saint, etc. » (Matth., III, 11.)

Le baptême a été prescrit par N.-S. J.-C. comme nécessaire au salut, *administré* par les apôtres et *conféré aux enfants comme aux adultes.*

PRESCRIT PAR N.-S « En vérité, en vérité, je vous le dis : si quelqu'un ne renaît de l'eau et de l'Esprit saint, il ne peut entrer dans le royaume de Dieu. » (N.-S. en S. Jean, III, 5.)

---

(1) C'est pourquoi l'Église donne le baptême sous condition, quand il y a doute sur le fait même ou sur les conditions voulues pour que le baptême soit valide. Un hérétique reçoit le baptême sous condition quand il rentre dans le sein de l'Église; il reçoit le sacrement de pénitence en vertu de ce même doute.

« Allez, enseignez les nations, les baptisant au nom du Père, etc. »

ADMINISTRÉ PAR LES APOTRES. « Que ferons-nous? Et Pierre leur répondit : Faites pénitence. et *que chacun de vous soit baptisé* au nom de J.-C. en rémission de vos péchés. Ceux donc qui reçurent sa parole furent baptisés. et il y eut d'adjointes, en ce jour-là, environ trois mille âmes. » (Actes, ii, 38. 42.)

« De quel baptême avez-vous donc été baptisés? Ils répondirent : Du baptême de saint Jean Alors Paul répliqua : Jean a baptisé le peuple du baptême de la pénitence, en disant de croire en celui qui devait venir après lui, c'est-à-dire en Jésus. Ces paroles entendues, *ils furent baptisés* au nom du Seigneur Jésus. » (Actes, xix, 3, 4, 5)

CONFÉRÉ AUX ENFANTS COMME AUX ADULTES. « Que chacun de vous soit baptisé, dit saint Pierre ; car la promesse vous regarde, *vous, vos enfants,* et tous ceux qui sont éloignés, autant que le Seigneur en appellera. » (Actes, ii, 39.)

« Et le geôlier fut baptisé, lui et toute sa maison, aussitôt après. » (Actes, xvi, 33.

Sur la confirmation, prédite et réalisée.

RESSOUVENEZ-VOUS DE CECI : LA CONFIRMATION nous rend *parfaits chrétiens* et nous donne le Saint-Esprit avec l'abondance de ses dons.

Les dons du Saint-Esprit sont : la *sagesse* et l'*intelligence,* le *conseil* et la *force,* la *science* et la *piété,* la *crainte du Seigneur* (1).

(1) C'est dans cet ordre que l'évêque invoque les sept dons en imposant les mains sur les confirmés. C'est l'ordre même de la prédiction d'Isaïe concernant le Messie.

La confirmation a été administrée par les apôtres comme d'institution divine. Saint Paul, dans son épître aux Hébreux, place *l'imposition des mains* au nombre des vérités qui constituent l'enseignement élémentaire.

« C'est pourquoi, laissant l'enseignement élémentaire sur le Christ, passons à ce qui est plus parfait, sans poser de nouveau le fondement de la pénitence, etc., de la doctrine du baptême, comme aussi de l'imposition des mains, etc. » (Héb., vi, 1, 2.)

« Ils leur envoyèrent *Pierre* et *Jean* qui, étant venus, prièrent pour eux afin qu'ils reçussent le Saint-Esprit; car il n'était encore descendu sur aucun d'eux; mais ils avaient été seulement baptisés au nom du Seigneur Jésus Or, *ils leur imposaient les mains, et ils recevaient le Saint-Esprit.* » (Actes, viii, 14-16.)

« Et après que *Paul* leur eut imposé les mains, l'Esprit saint descendit sur eux, » (Actes, xix, 6.)

« Ne contristez pas l'*Esprit saint dont vous avez reçu le sceau,* pour le jour de la rédemption. » (Éph., iv, 30.)

L'action du Saint-Esprit, dans les âmes, a été prédite par les prophètes; elle est la même pour les fidèles et pour les pasteurs, sous les formes et dans la mesure de leurs besoins divers : il *enseigne, éclaire, vivifie* les âmes qui se conservent, par la grâce sanctifiante, pures de tout péché mortel.

« Et je leur donnerai un même cœur, et je mettrai en eux *un Esprit nouveau,* afin qu'ils marchent dans mes préceptes, et qu'ils gardent mes ordonnances, et qu'ils les exécutent, etc. » (Ézéch., vi, 19, 20.)

« Et il leur arrivera, après cela, que *je répandrai mon Esprit sur toute chair,* etc. Je répandrai mon Esprit sur mes serviteurs et sur mes servantes, en ce jour-là. » (Joel, ii, 28. 29.)

N. B. Saint Pierre, dans sa première prédication, proclame l'accomplissement de cette prophétie de Joël, dans

l'effusion du Saint-Esprit sur les apôtres et sur les dis
ciples de J.-C. (Actes, ii, 16.)

Sur l'eucharistie.

RESSOUVENEZ-VOUS DE CECI : L'EUCHARISTIE, *dont le but
est de nourrir la vie* que nous avons reçue par le baptême et qu'a développée la confirmation, *contient réelle-
ment et substantiellement* le *corps*, le *sang*, l'*âme* et la *divinité de N.-S. J.-C.* sous les espèces ou apparences du
pain et du vin.

La présence réelle du corps et du sang de N.-S. J.-C.
et la *transubstantiation* sont *prouvées* par le récit des quatre
évangélistes, *confirmées* par saint Paul dans un grand
nombre de ses épîtres, *professées* invariablement dans
l'Église catholique, depuis les temps apostoliques.

« Or, pendant qu'ils soupaient, *Jésus* prit le pain, le
bénit, le rompit et le donna à ses disciples, et dit : *Prenez
et mangez, ceci est mon corps.* Et prenant le calice, il rendit grâce et le leur donna, disant : *Buvez-en tous, car ceci
est mon sang.* » (N.-S. en S. Matthieu, xxvi, 26, 27, 28) (1).

Sur la communion, figurée, prédite et réalisée.

RESSOUVENEZ-VOUS DE CECI : FIGURÉE ET PRÉDITE. La
sainte Eucharistie, comme nourriture spirituelle de l'âme,
et aussi *comme action de grâce,* a été *figurée* par la *manne,*
selon la parole même de J.-C., et *prédite* par *David* et
Isaïe, sous la figure d'un pain et d'un vin tout spirituels.

« Nos pères ont mangé de la manne dans le désert

(1) Voir S. Marc, xiv, 22, 23, 24 ; S. Luc, xxii, 19, 20 ; S. Paul,
I Cor., xi, 23 ; S. Jean, vi, 2ᵉ partie.

comme il est écrit : Il leur a donné du pain du ciel à manger. En vérité, je vous le dis, Moïse ne vous a pas donné le pain du ciel ; mais *c'est mon Père qui vous a donné le vrai pain du ciel;* car le pain de Dieu est celui qui descend du ciel et donne la vie au monde. » (N.-S. en S. Jean. VI, 31, 32, 33.)

PRÉDITE. « Vous avez, ô Dieu, préparé, par un effet de votre douceur, une nourriture aux pauvres. » (Ps. LXVII, 10.)

« Le Seigneur miséricordieux a consacré la mémoire de ses merveilles. *Il a donné une nourriture* à ceux qui le craignent. » (Ps. CX, 4, 5.)

« Seigneur, vous avez préparé devant moi une table ; et mon calice enivrant, combien il est admirable ! » (Ps. XXII, 5.)

« Que rendrai-je au Seigneur pour tous les biens qu'il m'a faits? Je prendrai le calice du salut, et j'invoquerai le nom du Seigneur. » (Ps. CXV, 12, 13.)

« *Et son pain ne défaudra jamais* (ne fera jamais défaut). » (Isaïe, LI, 14.)

« Vous tous qui avez soif, venez aux eaux.... venez acheter, sans argent, du vin et du lait. *Mangez une bonne nourriture, et votre âme se délectera.* » (Isaïe, LV, 1, 2.)

RÉALISÉE. *La communion* se relie donc intimement à l'eucharistie, comme l'eucharistie est inhérente au saint sacrifice de la messe. Dans un seul et même acte, le Sauveur a changé le pain et le vin en son corps et en son sang; s'est constitué victime à perpétuité, au moyen de cette transubstantiation, et s'est donné en nourriture aux apôtres, en les communiant de sa main divine et, par eux, à tous les chrétiens, sous les espèces sacramentelles du pain et du vin, en leur disant : FAITES CECI EN MÉMOIRE DE MOI. *N.-S. a fait* lui-même, *de cette communion à son corps et à son sang, une condition de salut pour tous.*

« En vérité, en vérité, je vous le dis : *si vous ne mangez*

*la chair du Fils de l'homme, et ne buvez point son sang,
vous n'aurez point la vie en vous.* Celui qui mange ma
chair et boit mon sang a la vie éternelle. » (N.-S. en
S. Jean, VI, 54 ,55.)

« *C'est moi qui suis le pain de la vie,* le pain qui descend
du ciel Je suis le pain vivant : si quelqu'un mange de ce
pain, il vivra éternellement; et le pain que je donnerai,
c'est *ma chair,* pour la vie du monde, etc. » (Ibid., 48, 52.)

Sur la communion sous une seule espèce.

RESSOUVENEZ-VOUS DE CECI : Le corps et le sang de
N.-S. J.-C., séparés dans sa mort, sont maintenant inséparables : il est vivant tout entier, sous chacune des deux
espèces. La séparation qui se fait des espèces au saint
sacrifice de la messe est la reproduction, non sanglante,
du sacrifice sanglant de la croix.

« Le Christ ressuscité d'entre les morts ne meurt plus;
car s'il est mort pour le péché, il est mort une seule
fois. » (Rom., VI, 9, 10.)

La communion sous une seule espèce a été donnée par
le Sauveur lui-même aux disciples d'Emmaüs, qui le reconnurent à la fraction du pain, laquelle eut la vertu de
leur ouvrir les yeux. « Or il arriva que, pendant qu'il
était à table avec eux, il prit le pain, le bénit, le rompit,
et il le leur présenta (1). Alors leurs yeux s'ouvrirent,
et ils le reconnurent. Et ils racontèrent aux onze, et à
ceux qui étaient avec eux, ce qui leur était arrivé en
chemin, et comment ils avaient reconnu le Seigneur à la
fraction du pain. » (Luc, XXIV, 30-35.)

(1) Mêmes expressions, même manière de procéder que dans
l'institution de l'eucharistie lors de la cène. Seulement ici il
n'est question que du pain.

Les premiers chrétiens aussi communiaient sous la seule espèce du pain, et communiaient tous les jours.

« *Et tous persévéraient* dans la doctrine des apôtres, *dans la communion de la fraction du pain* et dans la prière.

« *Tous les jours* aussi, persévérant unanimement dans le temple, et *rompant le pain* de maison en maison, ils prenaient leur nourriture avec allégresse et simplicité de cœur, louant Dieu, etc. » (Actes, II, 42, 46, 47.)

« Le premier jour de la semaine, les disciples étaient assemblés pour rompre le pain. Paul, etc. » (Actes, XX, 7.)

« Quoique en grand nombre, nous sommes un seul corps, *nous tous qui participons à un seul pain.* » (I Cor., X, 17.)

Sur la pénitence en général.

RESSOUVENEZ-VOUS DE CECI : *Le mot pénitence a trois acceptions;* il designe :

1° *Le sentiment* qui ramène l'homme pécheur à Dieu; dans ce sens, la pénitence a sa date dans la sentence qui a suivi le péché originel; elle n'appartient pas en propre à la loi chrétienne; elle est devenue une *loi de la vie* pour tous les descendants d'Adam, et a produit des pénitents en tous temps et en tous lieux.

2° *Le sacrement* par lequel la rémission des péchés est accordée à l'âme coupable et repentante qui s'en approche.

3° *Les œuvres expiatoires* prescrites au pénitent, comme condition essentielle à la remise des peines dues à ses péchés.

Sous ces trois aspects, la pénitence est de nécessité de salut : « *Si vous ne faites pénitence, vous périrez tous.* » (N.-S. en S. Luc, XIII, 3.)

« Depuis ce temps-là (après sa retraite au désert), *Jésus* commença à prêcher et à dire : « *Faites pénitence, car le royaume des cieux approche.* » (N.-S. en S. Matthieu, IV, 17.)

Sur la pénitence avant l'ère chrétienne.

RESSOUVENEZ-VOUS DE CECI : Nous voyons, dans les saintes Écritures, que Dieu, par la bouche de ses envoyés, excitait les hommes à la pénitence, et qu'il promettait le *pardon des châtiments temporels* à ceux qui auraient répondu à cet appel, non seulement parmi les Juifs, mais aussi parmi les gentils. (Jonas chez les Ninivites.)

La pénitence, quand elle est sincère, ne se borne pas au repentir, ni même à la correction de la vie ; elle s'empare de l'homme tout entier, le pousse à l'aveu de ses fautes et le sollicite aux œuvres de la réparation et de l'expiation ; elle devient donc, comme d'elle-même, *pénitence des lèvres* et *pénitence des œuvres*, après s'être établie dans le cœur.

C'est ainsi : que *les Ninivites* repentants et pénitents se couvrent de *cilices* et s'astreignent au *jeûne* le plus sévère ; que les *Juifs* contemporains de saint Jean-Baptiste *confessent leurs fautes*, demandent à être lavés, en signe de purification, dans les eaux du Jourdain, et disent au précurseur, apôtre de la pénitence : *Que ferons-nous ?* que les *philosophes païens* eux-mêmes recommandent la *confession* et les *pratiques expiatoires*, etc.

Sur la pénitence comme sacrement.

RESSOUVENEZ-VOUS DE CECI : *La pénitence proprement dite se distingue donc essentiellement du sacrement de pénitence.*

Sous la loi de grâce, à cette pénitence des hommes repentants devait correspondre un acte extérieur et officiel de la toute-puissance divine, qui leur accordât authentiquement le pardon. Les actes principaux de tout pénitent, entrant ainsi dans une *institution divine,* sont devenus la matière du sacrement par lequel la réconciliation du coupable se trouve miséricordieusement facilitée.

Les trois actes du pénitent ont reçu, dans le langage catholique, des noms consacrés par la tradition : *la pénitence du cœur s'appelle contrition,* à laquelle se rattache la *réparation; celle des lèvres, confession; celle des œuvres, satisfaction.* Parmi les fautes que tous peuvent commettre, les unes se trouvent complètement consommées après avoir été commises; le repentir les efface. Les autres se prolongent en quelque sorte par leurs conséquences (vols, médisances, calomnies, etc.); ici *le seul repentir ne suffit pas :* il doit être suivi d'une *restitution,* d'une *réparation* au prochain, que la faute a laissé dépouillé ou de son bien, ou de sa réputation, ou de son honneur; cette réparation est le complément nécessaire de la contrition.

Sur la contrition ou pénitence du cœur.

RESSOUVENEZ-VOUS DE CECI : *La contrition ou conversion du cœur* est, sous la loi de grâce, comme elle a été sous la loi de crainte et sous le paganisme, *l'élément premier* de la pénitence. Elle entre donc, comme condition indispensable, dans les trois actes constitutifs du sacrement. Dans certains cas, la *contrition seule,* pourvu qu'elle soit *parfaite,* efface le péché et justifie le pécheur aux yeux du souverain juge (article de la mort, impossibilité quelconque de se confesser à un prêtre catholique, etc.).

Sur la confession ou pénitence des lèvres.

RESSOUVENEZ-VOUS DE CECI : *La confession sacramentelle est une conséquence rigoureuse du pouvoir judiciaire* confié, dans la personne des apôtres, à tous les pasteurs de l'Église de J.-C., *de lier et de délier*, de *remettre ou de retenir les péchés :* « Recevez le Saint-Esprit. *Les péchés seront remis à ceux à qui vous les remettrez, et ils seront retenus à ceux à qui vous les retiendrez.* » (N.-S. en S. Jean, XX, 22, 23.)

Or, pour que le prêtre puisse remettre ou retenir les péchés, il lui faut les connaître par l'aveu du pécheur.

La confession secrète ou auriculaire a été en usage dès l'origine du christianisme (1). « *Beaucoup* d'entre les croyants *venaient, confessant et déclarant ce qu'ils avaient fait.* » (Actes, XIX, 18.)

Tous les prêtres n'ont pas mission pour absoudre tous les fidèles. Chacun d'eux ne peut exercer ce ministère que sur ceux que l'Église leur désigne : un évêque ne confesse que ses diocésains ; un curé et ses collaborateurs, leurs paroissiens, etc. C'est un principe de juridiction réglant le pouvoir sacerdotal.

En dehors de cette juridiction respective, les Évêques et les prêtres doivent recevoir l'autorisation d'absoudre de l'évêque du lieu où ils se trouvent momentanément ; mais dans des circonstances suprêmes (article de la mort), *tout évêque et tout prêtre peuvent absoudre tout pécheur de tout péché*, même des cas réservés au pape ou à ses délégués.

(1) On a trouvé dans les catacombes des siéges de pierre, disposés d'une façon appropriée à la confession auriculaire, et auxquels on ne saurait donner une autre destination.

Sur la satisfaction ou la pénitence des œuvres.

Ressouvenez-vous de ceci : *Les œuvres expiatoires* en usage dans les temps les plus reculés, et au sein même du paganisme, sont restées, sous la loi de la grâce, *partie intégrante du sacrement de pénitence* et condition de salut.

L'âme qui, par l'absolution sacramentelle, reçoit le pardon de ses péchés par l'application des mérites infinis du Sauveur, doit s'unir, par quelques essais de satisfaction personnelle, à Jésus satisfaisant pour elle. Le prêtre qui absout est donc tenu à imposer des prières ou des œuvres satisfactoires, strictement obligatoires pour le pénitent. Cette satisfaction, dite *pénitence sacramentelle,* si légère et si souvent insuffisante, laisse au pécheur l'initia ive personnelle d'autres œuvres ou pénitence plus proportionnées à ses dettes envers la justice divine.

Les pénitents sous la loi mosaïque.

La pénitence, avec ses trois caractères constitutifs, a été en vigueur chez les Juifs : leur histoire nous offre un grand nombre d'exemples qui nous font toucher au doigt les conditions de la *vraie pénitence,* comme aussi les caractères de la *fausse conversion.*

La contrition. « Lorsque, après le péché, tu chercheras le Seigneur ton Dieu, tu le trouveras, *si cependant c'est de tout cœur* que tu le cherches, *et dans toute l'affliction de ton âme.* » (Deut., iv, 29)

« Lorsque, conduit par *le repentir de ton cœur,* tu seras revenu à lui et que tu obéiras à ses ordres en tout ton cœur et en toute ton âme, le Seigneur ton Dieu aura pitié de toi. » (Deut., xxx, 1–3.)

« *Parce que ton cœur a été attendri*, que tu t'es *humilié* en la présence de ton Dieu, que tu as *pleuré* devant moi-même, *je t'ai exaucé*, dit le Seigneur. » (II Par., XXXIV, 27.)

LA CONFESSION *des péchés* était pratiquée par les Juifs, d'abord *comme aveu*, signe sensible de la contrition et condition du pardon, et aussi *comme figure* du sacrement de la loi chrétienne.

« Ils seront affligés jusqu'à ce qu'*ils confessent leurs iniquités.* » (Lévit, XXVI, 39, 40.)

Josué dit à Achan : « Mon fils, *confesse, et déclare-moi ce que tu as fait*; ne le cache pas. » (Josué, VII, 19.)

« Mon fils, il y a une confusion qui amène le péché, et il y a une confusion qui amène la gloire et la grâce; *ne rougis pas de confesser tes péchés.* » (Eccli., IV, 25, 31.)

« *Celui qui cache ses crimes* ne sera pas dirigé; mais *celui qui les confesse et les abandonne* obtiendra miséricorde. » (Prov., XXVIII, 13.)

LA SATISFACTION, complément nécessaire de la contrition et de la confession. « Dis aux enfants d'Israël : Un homme ou une femme, lorsqu'ils auront commis quelque péché, et que, par négligence, ils auront trangressé le commandement du Seigneur (lois touchant la restitution) et auront failli, *confesseront leurs péchés et rendront la somme* même, et la cinquième partie par dessus, *à celui contre lequel ils auront péché.* » (Nomb., V, 6, 7.)

« Et *Moïse* dit au Seigneur : Remettez, je vous conjure, le péché de ce peuple selon la grandeur de votre miséricorde.... Et le Seigneur reprit : *Je l'ai remis* selon la parole; *mais cependant*, tous les hommes qui n'ont pas obéi à ma voix ne verront pas la terre promise. » (Nomb., XIV, 19, 23.)

« Et *David* dit à *Nathan :* J'ai péché contre le Seigneur! Et Nathan répondit à David : *Le Seigneur* aussi *a pardonné ton péché* ... *Cependant*..... le fils qui t'est né mourra de mort. » (Rois, XII, 13, 14.)

Beaucoup d'autres passages nous révèlent que, même sous la loi mosaïque, le *pardon accordé à la coulpe ne dispensait pas le pécheur de la peine temporelle due à ses péchés.*

LES VRAIS PÉNITENTS. Le saint roi *David* nous offre le type *des pénitents et de la pénitence personnelle sous ces trois aspects. Dans ses psaumes,* il a varié à l'infini l'expression de ses *aveux,* de son *repentir,* de sa *douleur,* de ses *angoisses.* Tout pécheur repentant, quels que soient le nombre, la nature et la mesure de ses iniquités, peut y trouver l'écho ému de ses propres sentiments, et les faire *siens* en les répétant, après lui, devant Dieu et devant sa propre conscience. (Voir en particulier les sept psaumes de la pénitence.)

Après lui il faut citer : *Manassé, les Ninivites, le peuple de Béthulie,* etc., *la Madeleine, saint Pierre, l'enfant prodigue, le bon larron,* etc.

On trouve LE TYPE DE LA FAUSSE PÉNITENCE dans : *Caïn* (manque de confiance, désespoir). « Elle est trop grande, mon iniquité, pour que je mérite le pardon ! » *Ésaü* (regrets feints, sentiments coupables), *Pharaon* (regrets intéressés), *Achan* (confession en partie mensongère), *Saül* (contrition feinte envers Samuel, persécutions réitérées contre David, suivies chacune d'un semblant de regrets), *Jéroboam* (regrets feints et intéressés), *Antiochus* (hypocrisie), *Judas* (désespoir), *Simon le magicien* (orgueil, secrète ambition), etc.

Sur le péché, matière de la pénitence.

RESSOUVENEZ-VOUS DE CECI : *Toute infraction aux lois divines* (lois religieuses et morales, commandements de Dieu et de l'Église) *constitue le péché* et devient *matière à contrition, à confession, à satisfaction,* autrement dit à réparation, à pénitence, à expiation.

Le péché a inscrit sa date sur l'arbre du fruit défendu, avec celle de la première désobéissance de la créature à la loi de son créateur. *Les effets immédiats du péché d'Adam* ont été d'opérer en lui *toute concupiscence*, et cette même concupiscence originelle se retrouve, dans tous ses descendants, comme source de tout péché actuel. « Les sentiments et les pensées du cœur de l'homme sont inclinés au mal dès sa jeunesse. » (Gen., VIII, 21.)

« La chair convoite contre l'esprit, et l'esprit contre la chair. En effet, ils sont opposés l'un à l'autre. Or, on connaît aisément *les œuvres de la chair*, qui sont : l'*impureté*, la *luxure*, les *empoisonnements*, les *inimitiés*, les *contestations*, les *jalousies*, les *colères*, les *rixes*, les *dissensions*, les *sectes*, les *envies*, les *homicides*, les *ivrogneries*, les *débauches de table* et *d'autres semblables*. Au contraire, les *fruits de l'esprit* sont : la *charité*, la *joie*, la *paix*, la *patience*, la *douceur*, la *bonté*, la *longanimité*, la *mansuétude*, la *foi*, la *modestie*, la *continence*, la *chasteté*. » (Gal., V, 17-19, 24.)

L'*Ancien* et le *Nouveau testament* nous offrent des textes innombrables sur *le péché*, son *origine* et *ses effets* ; nous y voyons :

1º Que, parmi tous les péchés que commettent les hommes, héritiers du premier péché dont s'est rendu coupable le père de l'humanité, *il en est qui crient vengeance ici-bas :* tels sont les *fratricides* dans celui de Caïn. « Le sang de ton frère crie de la terre jusqu'à moi ; maintenant donc *maudit tu seras sur la terre* qui a reçu, de ta main, le sang de ton frère. » (Gen., IV, 10, 11.)

Les péchés envers les parents, dans la conduite irrespectueuse de *Cham envers Noé*, son père. « Noé dit : *Maudit Chanaam :* il sera l'esclave des esclaves de ses frères. » (Gen., IX, 25.)

Les torts faits à la veuve et à l'orphelin, au pauvre et à l'ouvrier : « Ne nuisez point à la veuve et à l'orphelin. Si vous les offensez, ils crieront fortement vers moi, et j'entendrai leurs clameurs; et, ma fureur s'indignera, puis je vous frapperai du glaive, et vos femmes seront veuves et vos enfants orphelins. » (Exode, xxii, 22, 24.)

« Est-ce que *les larmes de la veuve* ne descendent pas sur la joue, et son cri sur celui qui les fait couler? car, de la joue, elles montent jusqu'au ciel. » (Eccli., xxxv, 18, 19.)

« Le Seigneur ne fera pas acception de personne contre *le pauvre*, et il exaucera la prière de l'offensé. » (Ibid., 16.)

« Voilà que le *salaire des ouvriers* qui ont moissonné vos champs, et dont vous les avez frustrés, élève la voix, et leur clameur a pénétré jusqu'aux oreilles du Seigneur. » (Jacques, v, 4.)

2° Que, en vertu du *principe de la solidarité, plusieurs sont punis, en ce monde, pour le péché d'un seul, comme aussi plusieurs sont épargnés par la vertu ou les prières d'un seul.* C'est ainsi que tous sont punis *comme membres de l'humanité* coupable en Adam, et portent toutes les peines de la faute originelle (maladies, souffrances, mort, etc.). Tous sont punis *comme membres d'une nation* coupable et châtiée (calamités temporelles, guerre, famine, fléaux de toutes sortes). Tous sont punis *comme appartenant* ou *à une société,* ou *à une famille* coupable en quelques-uns de ses membres (adversités de différentes natures).

Le péché perd le juste dans l'éternité, comme il perd les nations dans le temps. La pénitence, au contraire, justifie le pécheur au dernier jour, comme elle relève dans le temps les nations coupables, mais repentantes.

« Le commencement de l'orgueil de l'homme est d'apostasier Dieu. C'est pour cela que le Seigneur a déshonoré les assemblées des méchants, et il les a détruites à jamais. Dieu a renversé les trônes des chefs superbes, et il a fait asseoir à leur place les hommes doux.

« Dieu a fait sécher les racines des nations, et il les a perdues jusqu'au fondement. Il a fait sécher quelques-unes d'entre elles, et il les a perdues entièrement, et il a effacé leur mémoire de la terre. » (Eccli., x, 14-20.)

Ces divers châtiments temporels atteignant les innocents et les coupables, sont dans l'ordre de la justice divine, en ce que, au dernier jour, il n'y aura plus de châtiments, ni pour l'humanité tout entière, ni pour les nations, ni pour les familles, ni pour aucune société : *chacun sera alors jugé selon ses œuvres personnelles; les coupables seuls seront punis, et les justes seuls seront récompensés :*

« L'âme qui a péché mourra elle-même; un fils ne portera pas l'iniquité de son père, et un père ne portera pas l'iniquité de son fils : la justice du juste sera sur lui, et l'iniquité de l'impie sera sur lui. » (Ézéch., xviii, 20.)

3° QUE LES PÉCHÉS D'IGNORANCE, bien que distincts des péchés commis sciemment et par malice, *ne nous justifient pas complètement devant Dieu*, et ont besoin d'une expiation. C'était une des pratiques obligatoires de la loi mosaïque, pour chaque individu, d'offrir des sacrifices pour ces sortes de péchés. Après l'énumération de tous les cas d'omissions, d'infractions par ignorance, le texte ajoute : « Et le prêtre priera pour toute la multitude, et *il leur sera pardonné, parce qu'ils n'ont pas péché volontairement; cependant,* offrant un holocauste au Seigneur, pour eux-mêmes, pour leur péché et leur erreur. Que si une personne en particulier pèche, ne le sachant, elle offrira une chèvre d'un an pour son péché, et le prêtre priera pour elle, parce que c'est sans le savoir qu'elle a péché devant le Seigneur, et il lui obtiendra grâce, et il lui sera pardonné. » (Nomb., xv, 15, 27, 28)

« Seigneur, disait le saint roi *David*, ne vous souvenez

pas des fautes de ma jeunesse et de *mes ignorances.* » (Ps. xxiv, 7.)

Ce genre d'ignorance répond évidemment à ce que nous appelons *inadvertance, oubli, irréflexion, inexpérience, maladresse* (synonyme du mot impéritie, employé dans la sainte Écriture); ces fautes pourraient être évitées.

L'ignorance proprement dite *est vincible* ou *invincible* (1). Dans le premier cas, elle rend l'homme responsable devant sa conscience et devant Dieu, coupable par conséquent à des degrés divers. Dans le deuxième cas, elle justifie pleinement le coupable.

Les *péchés commis par malice* et sciemment (astuce, mensonge, hypocrisie), ont été châtiés plus rigoureusement par Dieu, sous l'ancienne loi. Sous la loi nouvelle, ils acquièrent aussi un plus haut degré de culpabilité et demandent, même après le pardon, l'expiation dans une mesure plus grande : « Mais celui qui aura fait quelque chose par orgueil, parce que c'est contre le Seigneur qu'il a été rebelle, périra du milieu de son peuple. » (Nomb., xv, 30.)

« Parce que le commencement de tout péché est l'orgueil, celui qui s'y tiendra attaché sera chargé de malédictions, et l'orgueil le renversera. » (Eccli., x, 15.)

Sur les indulgences.

RESSOUVENEZ-VOUS DE CECI : *Aux œuvres satisfactoires se rattachent les indulgences,* qui font partie des trésors spirituels dont l'Église est la dispensatrice. *Dans les pre-*

____

(1) Vincible, qui peut être dissipée par l'étude, la recherche des moyens de s'instruire sur les questions obscures; invincible, si tout moyen de sortir de l'ignorance manque absolument.

miers siècles de l'ère *chrétienne,* l'Église intervenait, avec
toute la plénitude de son autorité divine, dans les œuvres
satisfactoires. Elle avait dressé, sous le nom de *canon pé-
nitentiaire,* une loi qui déterminait la matière et la mesure
de l'expiation propre à chaque péché, et quand le pécheur public était soumis à la pénitence publique, il la
subissait sous la surveillance officielle des évêques ou
des prêtres. *Plus tard,* en laissant à chaque confesseur le
soin de régler les conditions de la pénitence satisfactoire,
et aux pécheurs celui d'accomplir, sous l'œil de Dieu, les
œuvres qui leur sont enjointes, l'Église n'a perdu aucun
de ses droits sur les pénitents. A titre de dépositaire et
de dispensatrice des faveurs divines, il lui appartiendra
toujours de déterminer la valeur respective des œuvres
satisfactoires ; de rehausser devant la justice divine certaines œuvres, certaines prières et certaines pratiques,
en reportant sur elles, *au nom de la communion des saints,*
quelque chose du trésor de mérites que lui a légué le
Sauveur; d'accorder au pécheur une rémission, soit partielle, soit entière (ou plénière), des peines dues à ses
péchés; enfin de demander à Dieu d'accepter ces œuvres
avec la valeur qu'elle veut surajouter, dans la mesure de
la bonne volonté et des efforts des pénitents pour s'en
rendre dignes.

Dans les conditions de la discipline actuelle de l'Église, au
point de vue de la pénitence satisfactoire, *les concessions d'indulgences* ont conservé un rapport avec la discipline des
premiers siècles, en ce sens que le Souverain-Pontife, de
qui elles émanent, en détermine la mesure d'après les
usages de la pénitence primitive. Ainsi, en même temps
qu'il surajoute au mérite ordinaire de telle ou telle pratique de piété, il déclare qu'il attache à cette pratique
une *indulgence de quarante ou cent jours, ou même de
sept ans,* c'est-à-dire qu'il demande à Dieu d'attacher à
l'accomplissement de cette œuvre le même prix que si

le pénitent avait fait quarante ou cent jours, ou sept ans de pénitence canonique : c'est l'*indulgence partielle*. D'autres fois, il demande à Dieu d'attacher à telles œuvres pleine et entière rémission des peines temporelles : c'est l'*indulgence plénière* ; telles sont les indulgences du *jubilé*.

En concédant ces indulgences, l'Église a pour but de venir en aide à la bonne volonté des pénitents contrits et généreux, et non pas d'encourager la lâcheté des tièdes. Entre deux âmes chrétiennes qui se sont mises en devoir de gagner la même indulgence, il sera accordé plus de rémission à celles dont les dispositions auront été plus parfaites dans l'accomplissement des conditions auxquelles est accordée l'indulgence.

L'Église agit, en cela, comme une bienfaitrice qui offrirait à un indigent endetté une somme suffisante pour le libérer de toutes ses dettes : si, pouvant puiser à pleine main dans ce trésor ouvert devant lui et mis à sa disposition, il n'en prend qu'une partie, il ne pourra, par sa faute, se libérer qu'en partie.

Toute l'histoire de l'Église, et en particulier celle des papes, *est une attestation authentique* de l'origine apostolique de la concession des indulgences, c'est-à-dire de la remise, en tout ou en partie, des peines temporelles qui restent à subir après la coulpe, ou en cette vie ou en l'autre.

Sur l'excommunication.

RESSOUVENEZ-VOUS DE CECI : Au droit d'accorder des indulgences aux pécheurs contrits et humiliés est intimement lié celui d'excommunier les pécheurs obstinés : l'un et l'autre sont la conséquence logique du pouvoir de lier et de délier, de remettre ou de retenir les péchés.

L'excommunication, sous quelque forme qu'elle dût atteindre les grands coupables, a été en usage dans l'Église catholique, dès sa formation. *Le Sauveur* lui-même semble avoir indiqué la marche à suivre dans ces tristes nécessités : avertissement charitable, correction fraternelle, enfin retranchement du corps du membre malade.

« *Si ton frère* (1) a *péché* contre toi, va, et reprends-le entre toi et lui seul; s'il t'écoute, tu auras gagné ton frère; s'il ne t'écoute point, prends encore avec toi une ou deux personnes, afin que, sur la parole de deux ou trois témoins, tout soit avéré. Que s'il ne les écoute point, *dis-le à l'Église ; et s'il n'écoute point l'Église, qu'il te soit comme un païen et un publicain* (2). » (N.-S. en S. Matth., xviii, 15. 16, 17.)

Les épîtres de saint Paul nous offrent plusieurs exemples d'excommunication : le même pécheur de Corinthe, auquel il a appliqué une indulgence, c'est-à-dire la rémission d'une partie de sa peine, était sous le poids d'une excommunication : « Pour moi, *absent de corps,* il est vrai, mais présent d'esprit, *j'ai déjà jugé que celui qui a commis un tel attentat, vous et mon esprit étant réunis au nom de N.-S. J.-C., soit, par la puissance de N.-S. J.-C., livré à Satan.* » (1 Cor., v, 2, 3.)

« Voici la recommandation que je te fais, mon fils Timothée : c'est que tu combattes le bon combat. Conserve la foi et la bonne conscience que quelques-uns ont repoussée, et ils ont fait naufrage dans la foi. De ce nombre sont : *Myménée et Alexandre que j'ai livrés à Satan* (excommuniés), pour qu'ils apprennent à ne point blasphémer. » (1 Tim., i, 18, 20.)

(1) Les membres de la grande famille chrétienne sont tous frères en N.-S. J.-C.

(2) C'est-à-dire comme un étranger, comme un membre retranché du corps, après en avoir fait partie.

En dehors de la grande société catholique, l'excommunication, c'est-à-dire la mise en dehors de la communication, le retranchement d'un ou de plusieurs membres d'une société quelconque, dans l'ordre temporel comme dans l'ordre spirituel, a été partout et de tout temps pratiquée comme un droit incontestable. *Dans la société domestique* elle-même, l'expulsion d'un membre de la famille n'est pas autre chose qu'une excommunication, et ce *droit* de retranchement, de séparation, d'eloignement, est regardé comme *inhérent à l'autorité paternelle.*

Sur l'extrême-onction.

RESSOUVENEZ-VOUS DE CECI : Ce sacrement est ainsi appelé, parce qu'il marque d'une *dernière onction* le chrétien qui touche à la fin de son existence terrestre. Le prêtre applique cette onction sur les *organes principaux de nos sens,* comme ayant été les *principaux instruments de nos fautes.*

L'importance et la *nécessité* de ce sacrement, pour un chrétien mourant est dans la mesure directe de l'importance et de la solennité du moment de la mort qui fixe, pour l'âme, les conditions de son éternité. Il apporte au malade qui le reçoit une *rémission* plus complète des péchés mortels déjà effacés par le sacrement de pénitence; une *remise* des fautes vénielles ou actuelles; des *forces* toutes spéciales pour les dernières luttes de la vie contre la mort, de l'âme contre l'ennemi tentateur; un *apaisement* intérieur ; un *soulagement* dans les souffrances du corps, et quelquefois même la *guérison* de la maladie.

Ce sacrement demande l'état de grâce sanctifiante; il doit donc être régulièrement précédé du sacrement de pénitence.

L'extrême-onction n'opérerait la justification de l'âme, par la rémission des péchés mortels, que dans le cas où un malade, sincèrement repentant de ses fautes, n'aurait pas, par suite d'une erreur, reçu l'absolution.

Pour recevoir ou pour procurer à d'autres ce sacrement, destiné à secourir les malades aux approches de la mort, *on ne doit pas attendre que le péril soit immédiat,* et que le malade ne soit plus en état d'en recueillir les effets surnaturels et salutaires.

En dehors de la maladie, le danger de mort (un soldat avant la bataille, un condamné à mort avant l'exécution, un péril quelconque inévitable, etc.) ne donne pas lieu à l'administration de ce sacrement, institué spécialement pour les malades; on ne le donne pas à un enfant mourant avant l'âge de discrétion, bien qu'il soit prudent et souvent salutaire de solliciter, pour les enfants, la confession et l'absolution.

Beaucoup, bien que très-jeunes, savent déjà discerner le bien du mal, et ont souvent conscience de leurs actes.

Ce sacrement, d'institution divine comme les autres, *était administré par les apôtres, du vivant même du Sauveur :* « Or, il appela les douze et commença à les envoyer deux à deux. Étant donc partis, *ils* prêchaient qu'on fît pénitence, chassaient beaucoup de demons, *oignaient d'huile beaucoup de malades,* et les guérissaient. » (Marc, vi, 7, 12, 13.)

Le texte suivant de *saint Jacques en complète le but,* la *forme,* les *circonstances* et les *conditions : « Quelqu'un parmi vous est-il malade? Qu'il appelle les prêtres de l'Église, et qu'ils prient sur lui, l'oignant d'huile au nom du Seigneur. Et la prière de la foi sauvera le malade ; et le Seigneur le soulagera ; et s'il a des péchés, ils lui seront remis. Confessez donc vos péchés l'un* (le malade) *à l'autre* (au prêtre). » (Jacques, v, 13-16.)

Sur l'ordre.

RESSOUVENEZ-VOUS DE CECI : *Ce sacrement, propre aux pasteurs des fidèles, les sépare de la masse, en fait une tribu choisie, une portion sainte des ministres du Seigneur ; leur communique le pouvoir d'exercer les fonctions sacrées,* et leur apporte en même temps des *secours particuliers* pour s'en acquitter dignement.

Contrairement aux autres sacrements, celui de l'ordre n'est pas donné en vertu d'un seul acte accompli. Le pouvoir suprême et merveilleux, communiqué une seule fois et pour toujours aux prêtres, d'opérer la transsubstantiation du pain et du vin au corps et au sang de N.-S J.-C., de faire descendre du ciel l'humanité sainte du Fils de Dieu, ne devait pas être conféré sans une sainte circonspection.

Les hommes qui y sont appelés n'y sont donc élevés que par degrés, et à chacun des pas qui les en approchent correspondent des droits nouveaux et une fonction nouvelle. Or ces *degrés*, au nombre de *sept*, constituent autant *d'ordres distincts et échelonnés* qui appartiennent tous au sacrement de l'ordre, et qui sont *conférés par l'évêque, dans la cérémonie de l'ordination. Les quatre premiers* sont appelés *mineurs* (moindres) ; *les trois autres, majeurs ou sacrés,* dont le plus élevé est le sacerdoce, divisé lui-même en *sacerdoce incomplet* (dans les prêtres) et en *sacerdoce complet* (dans les évêques).

Ces sept ministères différents sont : ceux de *portier*, de *lecteur*, d'*exorciste*, d'*accolyte* (ordres mineurs), de *sous-diacre*, de *diacre*, de *prêtre* ou d'*évêque* (ordres majeurs).

Il faut distinguer dans l'évêque et dans le prêtre : 1° *la puissance sacrée* conférée par le sacrement, et *qui le marque d'un signe indélébile*, que nulle puissance (pas même celle du pape) ne peut lui enlever : *celle d'accomplir le miracle eucharistique du saint sacrifice de la messe, et de plus, pour l'évêque, celle de conférer le sacrement de l'ordre et celui de la confirmation.*

2º *L'autorité* dans le gouvernement de l'Église ou la *juridiction sur les fidèles :* ce dernier genre de pouvoir se relie à l'administration ecclésiastique; il est communiqué par la nomination à une magistrature spirituelle : c'est une *mission,* une *délégation* confiée par des supérieurs.

Ainsi un prêtre appelé, par le pape, à la dignité épiscopale reçoit la *consécration* qui lui communique la plénitude du sacerdoce et lui en donne tous les pouvoirs. Un prêtre reçoit de son évêque la juridiction de curé, de vicaire, d'aumônier, etc.

Or, *la même autorité supérieure qui donne la juridiction a le pouvoir aussi de l'étendre ou de la restreindre, de la suspendre ou de l'interdire tout à fait,* pour des causes dont elle est juge responsable. *Les fidèles ont le devoir de s'y soumettre,* et ne doivent s'adresser qu'à des prêtres approuvés et autorisés dans les différents ministères qui ont pour objet le culte public, l'administration des sacrements, le service des âmes (1).

Les saints ordres institués par N.-S. J.-C. et conférés par lui aux apôtres ont été communiqués ensuite par les apôtres à leurs successeurs, à leurs collaborateurs, et transmis ainsi de siècle en siècle, jusqu'à nous. Les Actes des apôtres et les épîtres de saint Paul renferment de nombreux exemples de la transmission du saint ministère par l'imposition des mains.

(1) Tout prêtre attaché officiellement à *une paroisse* quelconque est, sans aucun doute, approuvé pour l'exercice du saint ministère. Mais on doit se refuser à tout acte du ministère d'un prêtre apostat et excommunié, qui l'exerce en dehors des églises paroissiales et autorisées.

Notre-Seigneur : « Faites ceci en mémoire de moi, c'est-à-dire : Changez, vous aussi, comme je viens de le faire, et en mémoire de moi, le pain en mon corps et le vin en mon sang (c'est la puissance sacrée). Comme mon Père m'a envoyé, aussi *je vous envoie*. Lorsqu'il eut dit ces mots, il souffla sur eux et leur dit : Recevez le Saint-Esprit. Ceux à qui vous remettrez les péchés, ils leur seront remis, etc. (c'est l'autorité spirituelle, la mission).

Ordination des sept diacres par les apôtres : « Cherchez parmi vous sept hommes de bon témoignage, pleins de l'Esprit saint et de sagesse, que nous puissions préparer à cette œuvre (1). Ils élurent *Étienne*, etc. Et ils les présentèrent aux *apôtres, et ceux-ci, priant, leur imposèrent les mains.* » (Actes, VI, 3, 6.)

Mission spéciale de Paul et Barnabé. Il y avait dans l'Église d'Antioche des prophètes et docteurs, parmi lesquels *Barnabé*, Simon, Lucien, etc., et *Paul.* « Or, pendant qu'ils offraient au Seigneur les saints mystères (2) et qu'ils jeûnaient, l'Esprit saint leur dit : *Préparez-moi Paul et Barnabé pour l'œuvre à laquelle je les ai appelés. Alors, ayant jeûné et prié, ils leur imposèrent les mains et les firent partir. Et eux, étant ainsi envoyés par l'Esprit, allèrent à Séleucie, etc.* » (Actes, XIII, 1-4.)

« Si je t'ai laissé en Crète, c'est pour que tu établisses les choses qui manquent et que *tu constitues des prêtres* dans chaque ville, ainsi que je te l'ai prescrit. » (Tite, 1, 5.)

« *N'impose pas les mains légèrement à personne.* » (I Tim., V, 22.)

Le sacerdoce catholique a été figuré dans le sacerdoce judaïque ; on y trouve : les *caractères* et les *privilèges* de la tribu sainte, l'*onction de la consécration, l'ordre hiérar-*

---

(1) Le soin des pauvres, des veuves, des orphelins, etc.
(2) C'est-à-dire le saint sacrifice des autels.

chique, le *souverain pontificat*, le *sacerdoce* avec les *degrés inférieurs* et les *fonctions diverses* propres à chacun de ces degrés ; les nombreuses *prescriptions* à garder dans l'offrande des divers sacrifices et dans les cérémonies du culte ; *les vêtements distinctifs* des *pontifes*, des *prêtres*, des *lévites ;* la *richesse* de ces *vêtements pour la gloire et l'ornement du sanctuaire*, etc. (1).

Les pontifes de l'ancienne loi étaient la figure du pontife par excellence, N.-S. J.-C., *comme ceux de la nouvelle loi sont ses représentants et ses ministres :* les uns et les autres ont été ainsi caractérisés par saint Paul : « Et ayant donc un *grand pontife qui a traversé les cieux, Jésus, Fils de Dieu,* retenons fermement ce que nous confessons ; car nous n'avons point un pontife qui ne puisse compatir à nos infirmités, ayant éprouvé comme nous toutes sortes de tentations, hors le péché. » (Héb., IV, 14, 15.)

« Car *tout pontife pris d'entre les hommes est établi pour les hommes ;* en ce qui regarde Dieu, *afin qu'il offre des dons et des sacrifices* pour les péchés, *et qu'il puisse compatir à ceux qui sont dans l'ignorance et dans l'erreur, étant lui-même environné de faiblesse ;* et c'est pourquoi il doit offrir pour lui-même, aussi bien que pour le peuple, des sacrifices en expiation des péchés. Or, *nul ne s'attribue à lui-même cet honneur, sinon celui qui est appelé de Dieu comme Aaron.* » (Héb., V, 1-4.)

Sur le mariage.

- RESSOUVENEZ-VOUS DE CECI : *Le sacrement de mariage, d'institution divine, consacre et sanctifie l'union conjugale,*

(1) L'élection ou alliance du Seigneur avec la tribu de Lévi : Mal., II, 5, 7 ; *Nomb.*, III, 12. La consécration des pontifes, des prêtres : *Exode*, XXIX, 1, 4, 9 ; *Nomb.*, III, 6-10 ; VI, 23, 27 ; *Deut.*, XXI, 5.

qui crée la famille et donne aux époux, unis devant Dieu et devant l'Église, *des grâces surnaturelles, pour en remplir les devoirs.*

« Le mariage n'est pas une institution humaine, abandonnée au libre arbitre des législateurs. C'est *Dieu* lui-même qui, en créant l'homme et la femme, *a institué le lien indissoluble* qui les unit : Croissez et multipliez, a dit le Seigneur à nos premiers parents; et il donna à leur union cette bénédiction féconde que le péché originel et les prévarications subséquentes n'ont pas fait révoquer. *Aussi tous les peuples se sont accordés pour reconnaître le caractère essentiellement religieux du mariage.* Il appartenait à *N.-S. J.-C.,* le Rédempteur du monde, d'ajouter une dignité nouvelle à l'institution primitive : venu non pour détruire la loi ancienne, mais pour la perfectionner, il *éleva le mariage des chrétiens à la dignité de sacrement,* c'est-à-dire qu'il accorda à l'union conjugale un secours surnaturel, pour aider les époux à se sanctifier et à élever des enfants qui fussent dignes de l'héritage céleste. *Il rendit aussi au mariage son caractère primordial, en consacrant de nouveau l'unité et l'indissolubilité de l'union conjugale.* Aussi l'*Église,* fidèle gardienne de l'enseignement du Sauveur, a-t-elle *toujours cru et enseigné que, pour les chrétiens, le mariage légitime et le sacrement sont inséparables,* ou plutôt *ne sont qu'une même chose sacrée.* L'union des personnes qui ne sont mariées que civilement n'est pas légitime devant Dieu, puisqu'elle est contractée en dehors des lois de l'Église. *Pour que le mariage soit valide,* il faut que les parties ne soient liées par aucun des empêchements qui annulent le mariage devant Dieu et devant l'Église, et qu'il soit contracté devant le pasteur légitime (évêque, curé ou prêtre délégué), et en présence de témoins. Que les chrétiens qui s'unissent se souviennent avant tout que *le mariage est une chose sainte,* et que, en regard des intérêts de la vie présente, ils mettent toujours les considérations de la foi et les pensées de l'éternité. Il faut que la parole de l'apôtre soit vraie dans les familles chrétiennes :

« *Ce sacrement est* GRAND. *Je dis dans le Christ et dans l'Église.* » (Éph., v, 32.)

« Grand, *par la préparation sérieuse* que les époux doivent y apporter; grand, *par la sainteté des dispositions* dans lesquelles ils sont appelés à le recevoir; grand enfin *par la direction chrétienne* qu'il doit imprimer à tout le cours de leur vie (1). »

Le mariage chrétien ne doit être dissous que par la mort, ainsi que l'attestent les paroles mêmes du *Sauveur,* recueillies par les trois premiers évangélistes dans les mêmes termes, avec les mêmes insistances et par les mêmes répétitions (2).

Saint Paul, interprète autorisé des préceptes divins, traite le même sujet, au même point de vue de l'indissolubilité, dans plusieurs de ses épîtres (3) *Il assimile l'union conjugale à l'union indissoluble de J.-C. et de son Église* qui est son épouse par excellence, en retraçant les devoirs réciproques des époux chrétiens (4).

Pour recevoir le sacrement de mariage, il faut être en état de grâce. La confession est donc une *préparation rigoureuse* pour ceux qui se marient. Il convient même que, à cette occasion, ils s'approchent du *sacrement de la sainte eucharistie* à l'un des jours qui précèdent.

(1) Extrait de la lettre pastorale de Son Ém. le cardinal Guibert, archevêque de Paris, pour le carême de 1877.

(2) Voir Matth , xix, 3-10; Marc, x, 2-13; Luc, xvi, 18.

(3) Voir Rom., vii, 1-3; II Cor., vii, 1-11, 39.

(4) V. Éph., v, 22-33.

Sur la virginité.

RESSOUVENEZ-VOUS DE CECI : Si l'état du mariage est saint, *l'état du célibat,* embrassé par un motif de religion, est plus saint encore. *N.-S. l'a préconisé* dans sa personne humaine et dans ses paroles divines, comme une perfection évangélique. *Saint Jean* a vu (dans l'Apocalypse) *les vierges* dont le privilége est de suivre l'agneau sans tache.

Le divin Sauveur venait de parler des devoirs des époux et de l'indissolubilité du mariage; ses disciples lui dirent alors : « Si telle est la condition de l'homme à l'égard de la femme, il n'est pas bon de se marier. *Jésus leur dit : Tous ne comprennent point cette parole, mais celui à qui il a été donné* (1). » (Matth., xix, 11.)

L'Église, qui a compris cette parole du divin Maître, et qui a reçu de son chef *ce don par excellence,* l'impose à ceux que Dieu appelle au ministère sacré comme coopérateurs du Christ, dans l'œuvre sainte de la redemption des âmes. *Saint Paul,* dans sa première épître aux Corinthiens, a proclamé la supériorité de la virginité et aussi de la viduité sur le mariage (vii).

Marie, mère de Jésus, a été *immaculée* dans sa conception, dans sa maternité, dans sa vie et dans sa mort. *A son exemple, et sur ses traces,* ont surgi de siècle en siècle des *milliers et milliers de vierges des deux sexes* que l'Église marque elle-même au *signe extérieur* qui les distingue de ceux qui fraient la voie commune.

Ces légions d'hommes et de femmes voués à la chasteté ont formé cette admirable *diversité de sociétés religieuses*

---

(1) C'est-à-dire qui a reçu *le don* de comprendre le prix de la virginité.

qui embrassent dans leur dévoûment, pour les soulager, toutes les misères intellectuelles, morales et physiques.

Isaïe semble avoir salué, sous la figure d'une Sion nouvelle, les phalanges saintes nées avec le christianisme, et qui, sous les titres d'*anachorètes*, de *solitaires*, de *moines*, etc., ont peuplé les solitudes, défriché les terres et transformé des déserts en autant de *jardins du Seigneur*.

« Elle se réjouira, la terre qui était déserte et sans voie, et elle exultera la solitude, et elle fleurira comme les lys; germant, elle germera (1), et elle exultera toute joyeuse et chantant des louanges. » (Isaïe, xxxv, 1, 2.)

« Ainsi le Seigneur consolera Sion, et il en rendra les déserts comme un lieu de délices, et sa solitude comme un jardin du Seigneur; on y trouvera la joie et l'allégresse, l'action de grâce et la voix de la louange. » (Isaïe, li, 3.)

Zacharie a vu dans la sainte eucharistie la source féconde de la virginité : « Et le Seigneur leur Dieu les sauvera en ce jour, comme le troupeau de son peuple, parce que des prières saintes s'élèveront sur la terre. Car *qu'est-ce que le Seigneur a de bon et de beau, sinon le froment des élus et le vin qui fait germer les vierges?* » (Zach., ix, 16, 17.)

Sur la viduité.

RESSOUVENEZ-VOUS DE CECI : Après l'état de virginité, celui de *la viduité* a été *honoré* sous la loi ancienne et *préconisé* sous la loi nouvelle.

LES VEUVES, SOUS LA LOI JUDAÏQUE : La loi les protége tout particulièrement, et spécifie les devoirs à accomplir

----

(1) Hébraïsme qui veut dire : elle germera beaucoup.

envers elles; nous avons vu plus haut que leurs larmes sont toutes-puissantes devant Dieu contre ceux qui les ont fait couler. L'*histoire de Judith* nous montre en elle le *type des veuves de profession.* « Judith était restée veuve depuis déjà trois ans et six mois. Et, dans le haut de sa maison, elle s'était fait une chambre secrète dans laquelle elle demeurait enfermée avec ses servantes; et, ayant un cilice sur les reins, elle jeûnait tous les jours de sa vie, excepté les sabbats et les fêtes de la maison d'Israël. Or, elle était d'une grande beauté, et son mari lui avait laissé de grandes richesses, et elle avait une famille nombreuse. Elle était très-renommée parmi tout le monde, parce qu'elle craignait beaucoup le Seigneur, et il n'y avait personne qui dît d'elle une parole mauvaise. » (Judith, VIII, 4-8.)

« Et après ces jours (1), Judith devint grande devant Béthulie, et elle était la plus illustre dans toute la terre d'Israël, car la chasteté était jointe à sa vertu. » (Judith, XVI, 25, 26.)

Les habitants de Béthulie, dans leur chant d'action de grâce en l'honneur de Judith, ont particulièrement exalté sa chasteté. Ils la bénirent tous d'une seule voix, disant : « *Vous êtes la gloire de Jérusalem, vous êtes la joie d'Israël, vous êtes l'honneur de notre peuple :* car vous avez agi virilement, et *votre cœur a été affermi, parce que vous avez aimé la chasteté.....* C'est pour cela que vous serez bénie éternellement. » (Judith, XV, 10, 11.)

N. B. Cet éloge magnifique a été appliqué par l'Église à la Mère immaculée du Sauveur, à la Vierge par excellence. Il se retrouve sur les lèvres de tous les catholiques, pour acclamer dans leurs chants celle qui est, dans toute la rigueur de l'expression, *la gloire* de la nouvelle Jérusa-

(1) D'action de grâces de la victoire de Judith sur Holopherne.

lem, *la joie* d'un autre Israël, *l'honneur* du peuple nouveau, du peuple chrétien (1).

Sous le christianisme, les veuves ont été, dès l'origine, l'objet d'une protection et d'une assistance particulière, et aussi d'un honneur spécial. Elles avaient, comme les vierges, leurs places séparées du commun des fidèles, dans les basiliques chrétiennes. « Malheur à vous, scribes et pharisiens hypocrites, parce que, sous le prétexte de vos longues prières, vous dévorez les maisons des veuves. C'est pour cela que vous subirez un jugement plus rigoureux. » (N.-S. en S. Matthieu, xxiii, 14.)

« *Honore les veuves qui sont vraiment veuves.* Que celle qui est vraiment veuve et délaissée espère en Dieu, et persiste jour et nuit dans les supplications et les prières; et ordonne-leur cela, afin qu'elles soient irréprochables. » (I Tim., v, 3, 5.)

Les veuves âgées et éprouvées formaient une sorte de corps auxiliaire des apôtres, dans les soins multiples de leur ministère.

« Que la veuve que l'on choisira n'ait pas moins de soixante ans; qu'on puisse rendre témoignage de ses bonnes œuvres. » (I Tim., v, 9, 10.)

Sur la communion des saints.

RESSOUVENEZ-VOUS DE CECI : *Sous ce nom de* SAINTS ou de JUSTES sont compris : 1° tous ceux qui sont *membres de l'Église catholique,* qui est sainte, forme les saints et recèle en elle-même tous les moyens de sanctification dont *la source et l'exemplaire divin est* N.-S. J.-C.

Le titre de saints donné aux premiers chrétiens se

(1) *Tu gloria Jerusalem, tu lætitia Israel, tu honorificentia populi nostri.*

retrouve souvent sous la plume de saint Paul dans ses épîtres.

2° Tous ceux qui, après s'être sanctifiés ici-bas, vont faire partie dans l'autre vie des *saints*, des *élus*, des *bienheureux*, lesquels, avec les légions angéliques, forment la cour céleste, la Jérusalem d'en haut. *Toute sainteté humaine vient de Dieu; il est seul le saint* par excellence, *le trois fois saint*, c'est-à-dire le *saint d'une sainteté absolue*, dans son unité et dans sa trinité.

Les hommes ne peuvent être saints que d'une *sainteté relative*, et dans la mesure que le comporte leur état de créatures, d'êtres incomplets et limités; c'est pourquoi il reste toujours pour les plus saints des degrés de sainteté à acquérir.

« C'est moi qui suis le Seigneur votre Dieu; soyez saints, parce que moi je suis saint. » (Lév., xi, 44.)

« Soyez parfaits comme votre Père céleste est parfait. » (N.-S. en S. Matthieu, v, 48.)

« La volonté de Dieu, c'est votre sanctification. » (I Thess., iv, 3.)

« Comme celui qui vous a appelés au christianisme est saint, vous aussi soyez saints dans toute votre conduite. » (I Pierre, i, 15.)

« *Que celui qui est juste devienne plus juste encore, et que celui qui est saint se sanctifie encore.* » (Apoc., xxii, 11.)

Toute justice (dans le sens de justification personnelle), comme *toute sainteté, vient de Dieu*, et c'est en vertu de la justification que N.-S., le juste par excellence, est venu apporter à la terre, qu'un assez grand nombre d'hommes de l'ancienne loi ont pu être appelés justes.

« Voici que des jours viennent, dit le Seigneur; et je susciterai à David un germe juste..... Et voici le nom dont ils l'appelleront : *le Seigneur notre juste.* » (Jér., xxiii, 5, 6.)

« *La justice humaine,* comme la sainteté, ne peut être que *relative :* est-ce qu'un mortel, comparé à Dieu, sera trouvé juste? » (Job., iv, 17.)

« Nul n'est juste par lui-même, et nul auprès de vous, Seigneur, n'est innocent par lui-même. » (Exode, xxxiv, 7.)

« *Ne crains pas de devenir, jusqu'à ta mort, de plus en plus juste.* » (Eccli, xviii, 22.)

« Le juste tombera sept fois et se relèvera. » (Prov., xxiv, 16.)

« La mémoire du juste sera accompagnée de louanges. C'est une source de vie que la bouche du juste. La bénédiction du Seigneur est sur la tête du juste. L'attente des justes, c'est la joie. » (Prov., x, 7, 11, 28.)

« La race des justes sera sauvée. Dans une abondante justice est une très-grande vertu. » (Prov., xv, 5.)

L'accroissement de cette première justification par le Christ devant venir est, *chez les chrétiens,* disciples du Sauveur venu, le fruit de la foi, des vertus et des œuvres fécondées par l'application des mérites du Rédempteur.

Sur les saints et les justes du christianisme.

RESSOUVENEZ-VOUS DE CECI : *Les saints et les justes de la nouvelle loi,* par là même qu'ils forment *une société constituée, éclairée, guidée, vivifiée par le Sauveur, un corps dont J.-C. lui-même est le chef,* ne doivent pas se considérer comme des individus isolés, mais comme des membres ayant des rapports intimes entre eux, et exerçant les uns sur les autres une influence réciproque. Ainsi les mérites des uns, rayonnant en quelque sorte sur les autres, ajoutent à la noblesse et à la gloire du corps dont ils font partie, et attirent les complaisances de Dieu sur tous.

Pour les justes qui quittent cette vie, les conditions de leur union au chef sont modifiées ; mais ils demeurent toujours ses membres, font toujours partie de son corps, appartiennent toujours à l'Église.

Les pécheurs, tant qu'ils demeurent sur la terre, tiennent encore à l'Église par des liens extérieurs qui peuvent servir à leur résurrection spirituelle ; mais s'ils meurent dans cet état de mort spirituelle, ces liens se rompent, et ils sont à jamais séparés de la société chrétienne. *Les membres de l'Église forment donc* TROIS CATÉGORIES SE TROUVANT DANS TROIS ÉTATS DIFFÉRENTS, *tout en ne cessant pas de former un seul corps en J.-C. leur chef. Les uns* poursuivent *sur la terre* leur vie d'épreuves, de luttes, de combats contre les ennemis de leur salut : c'est L'ÉGLISE MILITANTE. *Les autres,* trouvés *justes* au sortir de cette vie, *mais non encore acquittés* envers la justice divine, achèvent leur purification dans le purgatoire : c'est L'ÉGLISE SOUFFRANTE. *D'autres* enfin, *justes et saints, purifiés et acquittés,* entrent en possession d'un bonheur sans mesure et sans fin : c'est L'ÉGLISE TRIOMPHANTE.

Sur la communion des trois Églises ou des trois catégories des saints et des justes.

RESSOUVENEZ-VOUS DE CECI : Entre tous les membres de l'Église, placés dans ces trois différents états, il existe des *relations régulières. Nous qui luttons* dans la carrière, nous honorons ceux qui nous ont précédés glorieusement ; nous nous inspirons de leurs vertus et de leurs exemples. Nous les prions d'intercéder pour nous auprès du Dieu tout-puissant, dont ils sont les amis : *c'est la communion de l'Église militante avec l'Église triomphante ;* c'est le secours demandé par ceux qui sont encore dans la mêlée à ceux de leurs frères qui ont livré les mêmes combats, triomphé des mêmes ennemis et ont conquis la couronne des vainqueurs; et ce que nous leur demandons, ils nous l'obtiendront.

D'autre part, *nous qui sommes encore dans le travail de notre sanctification,* accomplissant des œuvres méritoires, pouvant puiser, à pleines mains, dans les trésors de l'Eglise, nous assistons nos frères souffrants, en demandant à Dieu d'appliquer, à leur purification, les prières, les indulgences, les œuvres satisfactoires dont nous avons la pleine jouissance dans notre état de combattants : *c'est la communion de l'Église militante avec l'Église souffrante;* c'est le secours donné par ceux qui possèdent et peuvent quelque chose à ceux de leurs frères qui ne possèdent et ne peuvent plus rien.

Enfin, *tous les membres de l'Église militante sont en communion entre eux* par les fruits que tous recueillent, dans une mesure proportionnée à leur fidélité, des vertus et des œuvres de chacun : *c'est la mise en commun,* pour le profit de tous, *des trésors spirituels* de chaque membre. Le juste prie pour le pécheur et lui obtient des grâces de conversion et de salut; le fort soutient le faible par ses conseils et ses exemples; le savant instruit l'ignorant; le riche vient au secours du pauvre, etc.

Le dogme de la communion des saints, comme tous les autres dogmes de notre foi, *a ses racines dans l'Écriture sainte et dans la tradition.* Nous y voyons : que Dieu pardonne aux pécheurs en faveur des justes; que les vrais serviteurs de Dieu ont, par leurs prières, un grand pouvoir sur lui en faveur de leurs frères, de leur ville, de leur nation; que les prières et les sacrifices des vivants soulagent et affranchissent les morts des peines de l'autre vie; que les saints sont avec J.-C. dans le ciel, avant la résurrection générale; que nous sommes en union avec eux; qu'ils savent ce qui se passe parmi nous;

qu'ils ont pouvoir sur les nations, et qu'ils nous secourent par leur intercession.

« Mais *Moïse* priait le Seigneur son Dieu.... Et le Seigneur s'apaisa. » (Exode, xxxii, 11, 14) (1).

« Mais *Abraham* se tenait encore devant le Seigneur, et s'approchant, il dit : Est-ce que vous perdrez le juste avec l'impie ? S'il se trouve *cinquante justes* dans la ville, périront-ils avec les autres ? et ne pardonnerez-vous pas à ce lieu, à cause de ces cinquantes justes, s'ils s'y trouvent ? Le Seigneur lui répondit : Si je trouve à Sodome cinquante justes dans l'enceinte de la ville, je pardonnerai à tout ce lieu, à cause d'eux.

« *Abraham*, renouvelant sa prière, réduisit le nombre des justes de cinquante à *quarante-cinq*, puis de quarante-cinq à *quarante*, puis encore de quarante à *trente*, de trente à *vingt*, et enfin de vingt à *dix*. Et le Seigneur dit : « *Je ne la détruirai pas à cause de ces dix justes.* » (Gen., xviii, 23-33.)

« Et ils dirent à *Samuel* : Ne cessez pas de crier pour nous vers le Seigneur notre Dieu, afin qu'il nous sauve de la main des Philistins. Samuel prit donc un agneau, et l'offrit tout entier en holocauste au Seigneur, et Samuel cria vers le Seigneur pour Israël, et le Seigneur l'exauça. » (I Rois, vii, 8, 9.)

Les *amis de Job* ne durent leur pardon qu'à l'intercession de celui-ci.

Toute l'histoire du peuple de Dieu est pleine de ces effets, sur tous, de la prière d'un seul.

Le Nouveau testament confirme aussi à chaque pas le pouvoir de la prière mutuelle, et cette confiance dans la

---

(1) Moïse détourna ainsi les effets de la justice divine dans beaucoup d'autres circonstances : contre les serpents, les adorateurs du veau d'or, la lèpre de sa sœur Marie, le combat contre les Amalécites, etc., etc.

charitable et efficace intercession des chrétiens les uns pour les autres auprès de Dieu, non seulement pour obtenir des grâces surnaturelles, mais aussi des grâces temporelles.

« Je vous conjure donc, mes frères, par N.-S. J.-C. et par la charité du Saint-Esprit, de m'aider par les prières que vous ferez à Dieu pour moi. » (Rom., xv, 30.)

« Soyez donc ferme, *priant* en esprit en tout temps, *par toutes sortes de prières et de supplications*, et dans le même esprit, pour tous les saints, pour tous les fidèles et pour moi. » (Éph., vi, 18, 19.)

« *Priez pour nous*, et je vous demande avec une nouvelle instance de le faire, afin que je vous sois plus tôt rendu. » (Héb., xiii, 18.)

« *Priez les uns pour les autres*, afin que vous soyez exaucés ; car la prière assidue du juste peut beaucoup. » (Jacq., v, 16.)

POUR LES MORTS : « Et une collecte ayant été faite, *Judas Machabée* envoya à Jérusalem douze mille dragmes d'argent, afin qu'*un sacrifice fût offert pour les péchés des morts*.

« Parce qu'il considérait que ceux qui s'étaient endormis dans la piété recevraient une très-grande grâce réservée pour eux.

« *Elle est donc sainte et salutaire la pensée de prier pour les morts, afin qu'ils soient délivrés de leurs péchés.* » (II Mach., xii, 43, 45, 46.)

LES SAINTS DU CIEL : « Moi je vous dis : *Faites-vous des amis* avec les richesses injustes (ou vaines), *afin* que, lorsque vous viendrez à manquer, *ils vous reçoivent dans les tabernacles éternels.* » (N.-S. en S. Luc, xvi, 9.)

« *Je vis une grande troupe, que personne ne pouvait compter*, de toutes les *nations*, de toutes les *tribus*, de tous les *peuples* et de toutes les *langues*. Et ils criaient d'une voix forte : Salut à notre Dieu, etc. » (Apoc., vii, 9.)

Sur l'intercession des saints en général, et de certains saints en particulier.

RESSOUVENEZ-VOUS DE CECI : Le grand pouvoir qu'ont, auprès de Dieu, les prières de ses serviteurs qui sont encore sur la terre, nous autorise, à plus forte raison, à invoquer les saints qui sont au ciel et à réclamer leurs prières. Mais les effets de leur intercession ne sont pas également répartis, et la Providence a permis, pour exciter notre foi et affermir notre confiance, que nous eussions, selon les circonstances diverses où nous nous trouvons, à espérer davantage de tel ou tel de ces bienheureux. Chaque groupe de fidèles et même chaque chrétien est en droit de se choisir auprès de Dieu quelques *protecteurs particuliers*. Nous savons que les saints se sont toujours montrés particulièrement propices à ceux qui passent par les épreuves qu'eux-mêmes ont rencontrées. Nous croyons aussi qu'ils portent une spéciale attention à ceux qui se réunissent, pour les invoquer, dans des *lieux où leur culte est le plus en honneur*.

« Louons les hommes glorieux dans leur génération, et qui sont nos pères. » (Eccli., XLIV, 1.)

Tout ce chapitre du livre de l'*Ecclésiastique* et les six qui suivent sont consacrés à l'*éloge des patriarches*, des *prophètes*, des *grands rois*, des *grands hommes* de la nation des *Hébreux*. *Grotius*, savant protestant, dit que c'était la coutume, parmi les Juifs, de faire mémoire de leurs grands hommes dans le temple de Jérusalem, et même dans les synagogues des autres villes; et l'Ecclésiastique donne, dans tous ces chapitres, des formules de la manière dont on pouvait faire leur éloge dans ces assemblées solennelles.

L'Église de Jésus-Christ, dans la célébration des saints

mystères, n'aurait-elle donc pas le droit de faire mémoire de ses apôtres, de ses martyrs, de ses confesseurs, de ses vierges, de tous ses saints ?

Sur les reliques miraculeuses et sur les images des saints.

RESSOUVENEZ-VOUS DE CECI : *Au dogme de la communion des saints se relie nécessairement le culte dû à leur mémoire, à leurs reliques, à leurs images ; comme au culte de Notre-Seigneur, de la Sainte-Vierge et des anges se rattachent tous les signes extérieurs de notre foi et de notre amour.* Cette vénération pour les restes des saints, ces souvenirs, par la représentation sensible de leur personne ou de leurs vertus, ont leurs racines, comme le dogme lui-même, dans la *sainte Écriture* et dans la *tradition apostolique.* Ils ont aussi leur analogie dans les mœurs et coutumes des différents peuples. Qui, en effet, ne conserve pas des objets, même matériels, ayant appartenu à un père, à une mère, à un enfant? Qui ne paie à leurs images conservées ou reproduites, le tribut du souvenir? *Qui ne leur rend pas le culte du cœur ?*

LES RELIQUES MIRACULEUSES. Il est certain que Dieu attache une vertu miraculeuse aux reliques et même aux vêtements des saints, et qu'il opère, par leur moyen, des effets surnaturels : comme par le *manteau d'Élie,* les os *d'Élisée,* la *frange des vêtements de Notre-Seigneur,* les *mouchoirs de saint Paul,* l'ombre même de saint Pierre, etc.

« Et *Élisée ramassa le manteau d'Élie* qui était tombé pour lui, et, revenu, il s'arrête sur la rive du Jourdain. Et avec le manteau d'Élie il *frappa les eaux, et elles se partagèrent* d'un côté et de l'autre, et Élisée passa. » (IV ROIS, II, 13, 14.)

« Or, quelques hommes enterrant un mort, virent les voleurs et jetèrent le cadavre dans le *sépulcre d'Élisée.*

Lorsque le cadavre eut touché les os d'Élisée, l'homme res-suscita et se tint sur ses pieds. » (IX Rois, xiii, 21.)

« *Élisée* n'a redouté aucun prince, et personne, par sa puissance, ne l'a vaincu ; et, même mort, *son corps a prophétisé.* Pendant sa vie, il a fait des prodiges extraordinaires, et à sa mort des choses merveilleuses. » (Éloge d'Élisée, Eccli., xlviii, 13, 14, 15.)

« Et voilà qu'*une femme* s'approcha de Jésus par derrière, et *toucha la frange de son vêtement ;* car elle disait en elle-même : Si je touche seulement son vêtement, je serai guérie..... *Et cette femme fut guérie* à l'heure même. » (Matth., ix, 20, 21, 22.)

« Et ils lui demandaient de toucher seulement la frange de ses vêtements ; et tous ceux qui la touchèrent furent guéris. » (Matth., xiv, 36.)

« Et Dieu faisait, *par la main de Paul,* des *miracles extraordinaires,* au point même que l'on mettait sur les malades *des mouchoirs et des tabliers* qui avaient touché son corps, et *ils étaient guéris* de leurs maladies, et les esprits mauvais sortaient. » (Actes, xix, 11, 12.)

« Ils apportaient les malades dans les places publiques, et les posaient sur des lits et sur des grabats, *afin que Pierre venant à passer, son ombre couvrit quelqu'un d'eux, et qu'ils fussent délivrés de leurs maladies,* et tous étaient guéris. » (Actes, v, 15.)

Les images. Elles ont été recommandées par Dieu lui-même : « *Tu feras deux chérubins d'or.....* qu'ils couvrent les deux côtés du propitiatoire, étendant leurs ailes, et qu'ils se regardent l'un l'autre, le visage tourné vers le propitiatoire. » (Exode, xxv, 18, 20.)

« Et le Seigneur dit à Moïse : *Fais un serpent d'airain, et expose-le comme un signe* (1). Celui qui, en ayant été blessé, le regardera, vivra. » (Nombr., xxi, 8.)

____

(1) Le serpent d'airain était la figure du Sauveur qui, en

« *Celui qui*, en effet, *se tournait vers ce signe était guéri, non par ce qu'il voyait, mais par vous, le Sauveur de tous.* » (Sag., XVI, 7.)

« C'est par la foi que *Jacob mourant* bénit chacun des fils de Joseph en particulier, et *s'inclina profondément devant le sommet de son sceptre.* » (Héb., XI, 21.)

Jacob s'inclina envisageant, par la foi, dans le sceptre de son fils, la puissance souveraine du Messie, dont Joseph était la figure.

« Afin qu'AU NOM DE JÉSUS *tout genou fléchisse*, dans le ciel, sur la terre et dans les enfers. » (Phil., II, 10.)

Ce n'est donc ni à l'image, ni au signe, ni au nom, que sont rendus les honneurs, mais à celui qu'ils représentent.

Sur les miracles, visions, révélations, etc.

RESSOUVENEZ-VOUS DE CECI : *Les effets surnaturels, souvent dus à l'intercession des justes de la terre et à celle des bienheureux du ciel, se rattachent naturellement au dogme de la communion des saints et au culte dont ils sont l'objet dans l'Église catholique.*

Au-dessus de tous les thaumaturges de l'Église triomphante, il faut placer LA VIERGE IMMACULÉE, MÈRE DU SAUVEUR, et après elle LES ANGES, dont elle est la reine, puis LES SAINTS de tout âge, de tout sexe et de toute catégorie.

LES JUSTES DE L'ANCIENNE LOI *ont fait de nombreux miracles* AU NOM DU SEIGNEUR.

LE SAUVEUR *a opéré des prodiges de toute nature, et il a prédit qu'après lui et en son nom, ses apôtres et ses disciples en feraient de plus grands que lui-même.* Cette

mourant sur la croix, guérissait les hommes de la morsure de l'ancien serpent.

prédiction s'est réalisée, et tous les siècles chrétiens en ont éprouvé les effets, soit dans l'ordre temporel, soit dans l'ordre spirituel. Ces derniers miracles échappent nécessairement à toute démonstration humaine, par leur nature même et par leur nombre inappréciable. Les premiers sont sensibles, *visibles, palpables* en quelque sorte, et le nombre en est incalculable.

Répétez donc ici, du plus profond de votre foi et de votre cœur, le neuvième article du Symbole, qui contient implicitement tant de grandes, de belles, de saintes choses : « JE CROIS LA SAINTE ÉGLISE CATHOLIQUE, LA COMMUNION DES SAINTS !..... »

Sur la rémission des péchés.

RESSOUVENEZ-VOUS DE CECI : *Nous avons tous péché contre Dieu, juge suprême et rémunérateur de nos œuvres...* Devons-nous le trouver inexorable ? ou avons-nous quelque moyen de fléchir sa justice ? Question pleine d'angoisses, question de vie ou de mort ! Les articles précédents du Symbole de notre foi nous ont appris que nous avons un Rédempteur, et que les fruits de cette rédemption nous sont appliqués au sein de l'Église catholique. Celui-ci nous impose la croyance en la rémission de nos péchés, rémission s'étendant et à la souillure originelle et à toutes celles que nous contractons par notre propre volonté.

Cette rémission n'a ni borne ni mesure : elle est accordée à tout pécheur qui remplit les conditions nécessaires, et cela malgré les rechutes multipliées : *cette vérité,* comme toutes les autres, *est appuyée sur un grand nombre de textes de l'Ancien et du Nouveau testament.*

Nous y voyons : que *Dieu remet directement les péchés ;* que *le Sauveur,* avant l'immolation qui l'a constitué le

Rédempteur du genre humain, *a remis les péchés; que les pasteurs légitimes de l'Église catholique remettent les péchés* en vertu du pouvoir divin qui leur a été confié; enfin *que tout péché n'a été, n'est et ne sera jamais remis que par l'application des mérites infinis du Sauveur.* « Ceci *est mon sang qui sera répandu en rémission des péchés.* » (Matth., XXVI, 28.)

« *C'est moi, c'est moi-même,* dit le Seigneur, *qui efface les iniquités,* et je ne me souviendrai pas de tes péchés. » (Isaïe, XLIII, 25.)

« *J'ai effacé* comme un nuage *tes iniquités,* et comme une vapeur tes péchés. » (Id., XLIV, 23.)

« *Dieu est compatissant et miséricordieux,* et, au jour de la tribulation, il te remettra tes péchés. » (Eccli., II, 13.)

« Seigneur, détournez votre face de mes péchés, et effacez toutes mes iniquités. » (Ps. L, 9.)

N. B. Il est de foi que, sous la loi chrétienne encore, Dieu remet les péchés directement à la contrition parfaite, à défaut du sacrement, signe sensible du pardon, et c'est là la suprême consolation que donne l'Église à ceux qui ont vu une personne chère mourir *sans pouvoir* recevoir les secours de la religion.

LE SAUVEUR : « Jean-Baptiste vit *Jésus* venant à lui, et il dit : *Voici l'agneau de Dieu, voici celui qui efface les péchés du monde.* » (Jean, I, 29.)

« Or, *Jésus* voyant leur foi, dit à ce paralytique : Mon fils, aie confiance, *tes péchés te sont remis.*

« *Or, afin que vous sachiez que le Fils de l'homme a, sur la terre, le pouvoir de remettre les péchés :* Lève-toi, dit-il au paralytique, prends ton lit, et retourne en ta maison. » (N.-S. en S. Matth., IV, 2-6.)

« *Beaucoup de péchés lui sont remis, parce qu'elle a beaucoup aimé.* Alors il dit à cette femme (la Madeleine) : *Vos péchés vous sont remis..... Allez en paix.* » (N.-S. en S. Luc, VII, 47, 51.)

N. B. Le prêtre, après avoir absous le pécheur au nom de J.-C., ajoute ces mêmes paroles : *Allez en paix.*

LES PASTEURS *en son nom :* « Et *Jésus* leur dit : *C'est ainsi qu'il fallait que le Christ souffrît et qu'il ressuscitât* d'entre les morts le troisième jour, *et qu'on prêchât en son nom la pénitence et la rémission des péchés* à toutes les nations. » (N.-S. en S. Luc, XXIV, 46, 47.)

« *Qu'il soit donc connu de vous, mes frères, que c'est par le Sauveur Jésus que la rémission des péchés est annoncée.* » (Pierre, Actes, XIII, 38.)

PAR SES MÉRITES. « Mes petits enfants, je vous écris ceci pour que vous ne péchiez point. Cependant *si quelqu'un pèche, nous avons pour avocat auprès du Père J.-C. le juste,* et il est lui-même *propitiation pour nos péchés,* non seulement pour les nôtres, mais aussi *pour ceux de tout le monde.* Je vous écris, petits enfants, parce que *vos péchés vous sont remis en son nom.* » (I Jean, II, 1, 2, 12.)

Répétez donc, avec foi et amour, ce dixième article du Symbole : « JE CROIS LA RÉMISSION DES PÉCHÉS. »

Sur la résurrection de la chair et sur la vie éternelle.

RESSOUVENEZ-VOUS DE CECI : *L'homme* créé par Dieu, à son image et à sa ressemblance, n'a pas été destiné à vivre toujours sur la terre. *Son existence temporaire a un but,* comme elle a *un principe,* comme elle a une fin. Or, son principe, c'est DIEU. Son but est la GLOIRE DE DIEU. Sa fin, c'est une EXISTENCE IMMORTELLE dans les régions de l'éternité.

*Les deux derniers articles du Symbole catholique (ré-*surrection de la chair, vie éternelle) *s'imposent donc à nous comme une révélation et une affirmation* DES FINS DER-NIÈRES *de notre existence terrestre.*

LA MORT *est la première de ces fins dernières.*

L'homme doit mourir dans la partie matérielle et périssable de son être humain, *et il doit survivre* à son corps dans la partie immatérielle, qui ne peut périr par décomposition, comme périssent les corps.

La mort opère donc la séparation de ces deux éléments distincts, mais unis pendant la vie.

LE CORPS, séparé de l'âme, *se décompose, se corrompt* et *redevient poussière* jusqu'au jour de la résurrection de la chair.

L'AME, affranchie du corps, *paraît* seule, et immédiatement, *devant son Créateur, son Sauveur devenu son juge,* pour être jugée selon ses œuvres, bonnes ou mauvaises.

Après ce JUGEMENT PRIVÉ *ou* PARTICULIER qui est *la deuxième des fins dernières* de l'homme, *l'âme en état de grâce,* et ayant pleinement satisfait à la justice divine, va *au ciel* ou *au paradis,* lieu du rafraîchissement, de la lumière et de la paix, où elle jouit d'un bonheur parfait et sans fin, dans la pleine possession du souverain bien.

L'âme en etat de péché mortel va en *enfer,* lieu du feu, des ténèbres, des tourments éternels, créé pour Satan, et où elle souffre avec les démons des supplices sans mesure et sans fin.

Le CIEL *ou* L'ENFER, voilà donc *la troisième des fins dernières* de l'homme.

L'âme en état de grâce, mais *encore redevable à la justice divine,* va en *purgatoire,* lieu mixte et de souffrances, où elle achève l'œuvre de sa purification ou de sa justification.

Outre le jugement particulier, tous les hommes doivent, à la fin des temps, comparaître au JUGEMENT GÉNÉRAL, public et solennel, dans lequel seront manifestés, au grand jour, les vertus lumineuses des bons et les crimes ténébreux des méchants, pour la gloire des uns, pour la confusion des autres et pour le triomphe de la toute-puissance, de la toute justice, de la toute sainteté, de la toute bonté de N.-S. et Sauveur J.-C.

Lors de ce jugement général, qui sera la fin des temps, *le corps de chaque homme ressuscitera,* c'est-à-dire qu'il reprendra ses formes et sa vie, afin que chacun soit ré-compensé ou puni dans sa personnalité tout entière, puisque le corps et l'âme, au temps de leur union sur la terre, ont participé aux mêmes œuvres, bonnes ou mau-vaises; *ce sera la résurrection de la chair et la vie éternelle,* c'est-à-dire *la vie éternellement heureuse ou éternellement malheureuse,* car alors le lieu mixte de l'expiation tem-porelle n'aura plus sa raison d'être, puisque le temps aura cessé.

Chacune de ces vérités, d'un intérêt suprême pour l'hu-manité coupable, rachetée, mortelle, *a,* comme tous les autres dogmes de notre foi, ses *racines* et ses *affirmations* dans *les saintes Écritures* et dans *la tradition.*

Quant à la mort en particulier, elle est en permanence sous nos yeux et à nos côtés; elle s'attache à tout instant, à la vie..... à notre vie.

Sur la mort.

RESSOUVENEZ-VOUS DE CECI : *Elle est la peine du péché en Adam, qui l'a encourue volontairement, sciemment, puis-qu'elle était la sanction divine du commandement divin.*

Avant le péché : « *Ne mange pas de ce fruit, car au jour où tu en mangeras,* TU MOURRAS DE MORT. »

Après la désobéissance : « C'est à la sueur de ton front que tu te nourriras de pain, jusqu'à ce que tu retournes à la terre d'où tu as été tiré; puisque *tu es poussière, tu retourneras à la poussière.* (Gen.). »

LA MORT *atteint toute l'humanité :* « Comme le péché est entré dans le monde par un seul homme, et la mort par le péché, ainsi la mort a passé dans tous les hommes par celui en qui tous ont péché. » (Rom., v, 12.)

« Voici que moi, aujourd'hui, j'entre dans la voie (1) de toute la terre. » (Jos., xxiii, 14.)

« Quel est l'homme qui vivra..... et ne verra pas la mort? » (Ps. lxxxviii, 48.)

« Il n'est pas au pouvoir de l'homme de retenir le souffle de la vie.... et il n'a pas de pouvoir au jour de la mort. » (Eccli., viii, 8.)

« *Souviens-toi de ton Créateur, avant que la poussière retourne à la terre d'où elle était sortie, et que l'esprit revienne à Dieu qui l'a donné.* » (Eccli., xii, 6, 7.)

« Souviens-toi que la mort ne tarde point et que l'arrêt touchant l'autre vie t'a été montré, car le testament de ce monde, *l'arrêt porté contre le monde, est qu'il mourra de mort.* » (Eccli., xiv, 12.)

L'heure en est incertaine pour chacun, « L'homme ne connaît pas sa fin, et comme les poissons sont pris à l'hameçon, et comme les oiseaux sont retenus par les lacs, ainsi sont pris les hommes par un temps mauvais, lorsque tout à coup il leur survient. » (Eccli., ix, 12.)

« *Tenez-vous prêts, car vous ignorez l'heure à laquelle le Fils de l'homme doit venir.* » (N.-S. en S. Matth., xxiv, 44.)

« Vous dites : *Aujourd'hui ou demain nous irons dans cette ville ; nous y demeurerons un an ; nous trafiquerons, et nous gagnerons beaucoup, vous qui ne savez pas même ce qui sera demain.* Car qu'est-ce que votre vie? C'est une vapeur qui paraît pour un peu de temps et qui ensuite sera dissipée. Au lieu de dire : *Si le Seigneur le veut, et si nous vivons, nous ferons ceci, cela.* » (Jacq., iv, 13, 14, 15.)

« La mort du juste est appelée un sommeil. « *David*

______

(1) La voie que tout le monde prend, où tous les hommes sont obligés d'entrer, *la voie de la mort.* (Glaire.)

dormit avec ses pères, et il fut enterré dans la cité de David » (III Rois, II, 10.)

« Retirez-vous, car *la jeune fille* n'est pas morte, mais elle *dort.* » (N.-S. en S. Matth., IX, 24.)

« *Lazare,* notre ami, dort; mais je vais le tirer de son sommeil. *Jésus avait parlé de la mort;* mais eux crurent qu'il avait parlé de l'assoupissement du sommeil. Alors Jésus leur dit clairement : Lazare est mort. » (N.-S. en S. Jean, XI, 11, 13, 14.)

« Et ils lapidaient Étienne, qui priait et disait : « Seigneur Jésus, recevez mon esprit...... Et lorsqu'il eut dit cela, *il s'endormit dans le Seigneur.* » (Actes, VII, 58, 59.)

LA MORT A ÉTÉ VAINCUE *par la mort et la résurrection de N.-S. J.-C.:* « Je précipiterai la mort pour jamais. » (Isaïe, XXV, 8.)

« Je les délivrerai de la mort.... *Je les rachèterai de la mort. Je serai ta mort, ô mort.* » (Osée, XIII, 14.)

La mort a été absorbée dans sa victoire : « O mort, où est ta victoire? ô mort, où est ton aiguillon? » Or, l'aiguillon de la mort, c'est le péché.

« Grâce donc à Dieu, qui vous a donné la victoire par N.-S. J.-C. » (I Cor., XV, 54, 57.)

« *Le Seigneur lui-même a participé à la chair et au sang, afin de détruire, par sa mort, celui qui avait l'empire de la mort:* le diable. » (Héb., II, 14.)

Sur la résurrection, prédite et crue, sous l'ancienne loi.

RESSOUVENEZ-VOUS DE CECI : Le Sauveur, en détruisant l'œuvre du péché et, par conséquent, la mort, s'est remis en possession de cette immortalité corporelle qui devait être l'apanage de l'homme innocent. *Le nouvel Adam* nous a communiqué cette immortalité par sa propre mort, et nous en a donné un gage dans *sa résurrection d'entre les morts.*

Les textes affirmant la résurrection sont en très-grand nombre dans la sainte Écriture :

« Quand l'homme sera endormi, *il ne ressuscitera pas ; jusqu'à ce que le ciel soit broyé, il ne s'éveillera pas de son sommeil.* » (Job, xiv, 12.)

« *Je sais que mon Rédempteur est vivant, et qu'au dernier jour je ressusciterai de la terre,* et que, de nouveau, je serai environné de ma peau, *et que, dans ma chair, je verrai mon Dieu.* Je dois le voir moi-même, et non un autre (1), et mes yeux doivent le contempler ; *c'est là mon espérance ; elle repose dans mon sein.* » (Job, xix, 25, 26, 27)

« Ils verront *vos morts ;* ceux qui ont été tués ressusciteront. » (Isaïe, xxvi, 19.)

« Beaucoup (2) de ceux qui dorment dans la poussière s'éveilleront : *les uns pour la vie éternelle, les autres pour l'opprobre.* » (Daniel, xii, 2.)

« A la vérité, vous, le plus criminel des hommes, vous nous détruisez dans la vie présente ; mais le *roi du monde nous ressuscitera à la résurrection de la vie éternelle,* nous, morts pour les lois. » (II Mach., vii, 9.)

« *Viendra l'heure où tous ceux qui sont dans les sépulcres entendront la voix du Fils de Dieu et en sortiront :* ceux qui auront fait le bien, pour ressusciter à la vie, mais ceux qui auront fait le mal, pour ressusciter à leur condamnation. » (N.-S. en S. Jean, v, 28, 29.)

(1) Ces expressions indiquent clairement que chacun se retrouvera, après la résurrection, avec les caractères moraux et les formes physiques qui constituent la *personnalité, l'individualité de chacun.*

(2) Beaucoup est pris dans le sens de la totalité, dans le style biblique.

« Jésus répondit à Marthe : *Votre frère ressuscitera.*
Marthe lui dit : *Je sais qu'il ressuscitera à la résurrection,
au dernier jour.* Jésus lui dit : C'est moi qui suis la résurrection et la vie, etc. » (N.-S. en S. Jean, XI, 23, 24,
25.)

« Si l'on prêche que *le Christ est ressuscité d'entre les
morts,* comment quelques-uns disent-ils, parmi vous, qu'il
n'y a point de résurrection des morts? Or, *s'il n'y a point
de résurrection des morts, le Christ n'est point ressuscité;*
notre prédication est donc vaine, et vaine aussi est notre
foi..... Mais très-certainement le Christ est ressuscité
d'entre les morts comme prémice de ceux qui dorment,
car *par un homme est venue la mort, et par un homme la
résurrection des morts;* et comme tous meurent en
Adam, tous revivront dans le Christ. » (I Cor., XV, 12, 14,
20, 22.)

« Nous ne voulons pas, mes frères, que vous soyez
dans l'ignorance touchant ceux qui dorment, afin que
vous ne vous attristiez pas, comme font tous les autres
qui n'ont pas d'espérance. Car si nous croyons que Jésus
est mort et ressuscité, Dieu amènera de même, avec
Jésus, ceux qui se sont endormis en lui. » (I Thess., IV,
12, 13.)

Sur l'état des corps ressuscités.

RESSOUVENEZ-VOUS DE CECI : « Le corps, dit *saint Paul,*
*est semé dans la corruption; il ressuscitera dans l'incorrup-
tibilité.* Il est semé dans l'*abjection;* il ressuscitera dans la
gloire. Il est semé dans la *faiblesse;* il ressuscitera dans la
force. Il est semé *corps animal;* il ressuscitera *corps spirituel.* Nous ressusciterons bien tous ; mais nous ne serons

pas tous changés (1). En un moment, en un clin d'œil, au son de la trompette, car la trompette sonnera, les morts ressusciteront incorruptibles, et *nous, nous serons changés*, puisqu'il faut que ce corps corruptible revête l'incorruptibilité, et que ce corps mortel revête l'immortalité. Et quand ce corps mortel aura revêtu l'immortalité, alors sera accomplie cette parole qui est écrite (2) : La mort a été absorbée dans sa victoire. » (I Cor., xv, 42-55.)

Sur les derniers jours.

RESSOUVENEZ-VOUS DE CECI : *Les derniers jours et le jugement dernier, appelé aussi le jour du Seigneur, ont été prédits* et *figurés* dans l'Ancien testament, et *décrits* par *N.-S. J.-C.* lui-même.

« Voici que le jour du Seigneur viendra, cruel et plein d'indignation, et de colère, et de fureur, pour réduire la terre en solitude et exterminer les pécheurs. Les étoiles du ciel et leur splendeur ne répandront pas leur lumière, et le soleil sera couvert de ténèbres à son lever, et la lune ne luira pas dans sa lumière. Et je visiterai les crimes de l'univers ainsi que l'iniquité des impies, et je ferai cesser l'orgueil des infidèles; et l'arrogance des forts, je l'humilierai. De plus, *j'ébranlerai le ciel, et la terre sortira de son lieu*, etc. » (Isaïe, xiii, 9-13.)

« Et il arrivera que celui qui aura fui à la voix de

______

(1) En effet, les corps des réprouvés, loin de recevoir la transformation qui fera la gloire de ceux des saints, resteront comme ils étaient, un objet d'horreur et de dégoût, en même temps qu'un sujet de toutes sortes de douleurs pour les âmes auxquelles ils seront attachés de nouveau. (Glaire.)

(2) La parole d'Isaïe, citée plus haut.

l'effroi tombera dans la fosse, et que celui qui se sera dégagé de la fosse, tombera dans le lac (lacet), parce que les cataractes des cieux se sont ouvertes et que *les fondements de la terre seront ébranlés.* Par le déchirement sera déchirée la terre ; par le brisement sera brisée la terre ; par l'ébranlement sera ébranlée la terre ; par le chancellement chancellera la terre, et *elle sera enlevée comme une tente* dressée pour une seule nuit ; et son iniquité l'accablera, et elle tombera et ne se relèvera plus. » (Isaïe, xxiv, 18, 19, 20.)

« Malheur! car grand est ce jour, et il n'en est pas de semblable. » (Jér., xxx, 7.)

« Il est proche le grand jour du Seigneur; il est proche et extrêmement prompt : la voix du jour du Seigneur est amère; *jour de colère,* ce jour-là; jour *de tribulations* et *d'angoisses;* jour *de calamités* et *de misères;* jour *de ténèbres* et *d'obscurité,* de *nuage* et de *tempêtes.* Jour de la *trompe* et du *bruit retentissant* sur les cités fortifiées et sur les angles élevés. » (Soph., 1, 14, 15, 16.)

« Voici que viendra *un jour embrasé* comme la fournaise, et tous les superbes et tous ceux qui commettent l'iniquité seront de la paille, et le jour qui viendra les enflammera, et il ne leur laissera ni racine, ni germe. Et il se lèvera pour vous, qui craignez mon nom, *un soleil de justice;* la guérison sera sous ses ailes.... Et vous foulerez aux pieds les impies, etc. » (Mal., iv, 1, 2, 3.)

Les prédictions du Sauveur lui-même sont plus explicites encore; au chapitre xxiv de saint Mathieu, il s'agit à la fois de la ruine de Jérusalem qui devait se réaliser avant la fin du siècle, et du dernier avènement de J.-C. dont la date est inconnue. Nous ne citerons ici qu'une partie des textes qui paraissent se rapporter plus exclusivement à la fin des temps (1).

(1) Lire dans S. Matthieu, chap. xxiv; dans S. Luc, chap. xvi

« Et comme *Jésus* était assis sur le mont des Oliviers, *ses disciples* s'approchant de lui en particulier, disant : *Dites-nous quand ces choses arriveront. Et quel sera le signe de votre avènement* et de la consommation des siècles? Et Jésus, répondant, leur dit : Cet évangile du royaume sera prêché dans le monde entier, en témoignage à toutes les nations; et alors viendra la fin. Comme l'éclair part de l'orient et apparaît jusqu'à l'occident, ainsi sera l'avènement du Fils de l'homme. Aussitôt après la tribulation de ces jours, *le soleil s'obscurcira, et la lune ne donnera plus sa lumière; les étoiles du ciel tomberont, et les vertus des cieux seront ébranlées. Alors apparaîtra le signe du Fils de l'homme* (1); alors pleureront toutes les tribus de la terre, et *elles verront le Fils de l'homme venant dans les nuées du ciel, avec une grande puissance et une grande majesté.* » (N.-S. en S. Matth., xxiv, 14, 27, 29, 30.)

« Le jour du Seigneur viendra, et alors, *avec un grand fracas, les cieux passeront.* Les éléments embrasés seront dissous; *la terre* et tout ce qui est en elle *sera consumé par le feu.* » (II Pierre, iii, 10.)

Le jour du Seigneur est inconnu aux anges comme aux hommes : « Mais pour ce jour et cette heure, *personne ne le sait, pas même les anges du ciel.* Il n'y a que le Père. » (N.-S. en S. Matth., xxiv, 36.)

N.-S. a répété, dans maintes circonstances, *cet inconnu du jour et de l'heure de son avènement,* en se comparant au voleur de nuit, au maître qui arrive sans être attendu, à celui qui fait rendre compte à ses serviteurs de leur administration, des talents confiés à leur fidélité, etc.

(ou simplement l'évangile du 1er dimanche de l'Avent et celui du XXIVe dimanche après la Pentecôte).

(1) Le signe, c'est-à-dire la *croix*, qui est comme l'étendard du Sauveur. (Glaire.)

Sur la scène du jugement dernier.

RESSOUVENEZ-VOUS DE CECI : *Notre-Seigneur* a lui-même décrit, en ces termes, la scène redoutable du jugement dernier :

« Or, le Fils de l'homme viendra dans sa majesté, et tous les anges avec lui; alors il s'assiéra sur le trône de sa majesté, et toutes les nations seront assemblées (les hommes de toutes les nations) devant lui, et il les séparera les uns des autres, comme le pasteur sépare les brebis d'avec les boucs. Et il placera les brebis à sa droite et les boucs à sa gauche (1).

« Alors le roi dira à ceux qui sont à sa droite : *Venez, les bénis de mon Père, possédez le royaume préparé pour vous* depuis la fondation du monde : car j'ai eu faim, et vous m'avez donné à manger; j'ai eu soif, et vous m'avez donné à boire; j'étais sans asile, et vous m'avez recueilli ; nu, et vous m'avez vêtu; malade, et vous m'avez visité; en prison, et vous êtes venu à moi.

« Alors les justes lui répondront : Seigneur, quand est-ce que nous vous avons vu ayant faim, et que nous vous avons rassasié? ayant soif, et que nous vous avons donné à boire? Quand est-ce que nous vous avons vu sans asile, et que nous vous avons recueilli, ou nu et que nous vous avons vêtu? Ou quand est-ce que nous vous avons vu malade ou en prison, et que nous sommes venus à vous? Et le roi répondra, disant : En vérité, je vous le dis, chaque fois que vous l'avez fait à l'un de ces plus petits d'entre mes frères (2), c'est à moi que vous l'avez fait.

(1) Brebis et boucs figurent les innocents et les coupables.
(2) Par le Rédempteur, nous sommes devenus frères du Sau-

« Alors il dira aussi à ceux qui seront à sa gauche : *Allez loin de moi, maudits, au feu éternel, qui a été préparé au diable et à ses anges ;* car j'ai eu faim, et vous ne m'avez pas donné à manger, etc. (la suite des mêmes œuvres à la négative et les mêmes réponses des damnés :) Quand est-ce que nous vous avons vu ayant faim, et que nous ne vous avons pas donné à manger? etc. Alors il leur répondra, disant : En vérité, je vous le dis, chaque fois que vous ne l'avez point fait à l'un de ces petits, à moi non plus vous ne l'avez point fait. *Et ceux-ci s'en iront à l'éternel supplice, et les justes, dans la vie éternelle.* » (N.-S. en S. Matth., xv, 31-46.)

N. B. Ces œuvres de miséricorde, accomplies ou omises, ne seront pas seules la matière du jugement privé ou solennel ; des textes nombreux de la sainte Écriture et du saint Évangile, en particulier, nous révèlent les autres péchés sur lesquels s'exercera le jugement, et qui seront autant de sujets de condamnation ou de récompense (1).

Isaïe a vu cette récompense céleste, fruit des mérites du Sauveur : « Voici que le Seigneur Dieu viendra dans sa puissance. Voici que sa récompense est avec lui, et que son œuvre est devant lui. » (Isaïe, xl, 10.)

Saint Jean a vu aussi cette résurrection des morts et l'appareil du jugement général :

« La mer rendit les morts qui étaient en elle.

« La mort et l'enfer rendirent aussi les morts qui étaient en eux.

« Je vis un grand trône blanc et quelqu'un assis dessus, et devant la face duquel la terre et le ciel (2) s'en-

veur et ses cohéritiers de la vie éternelle. Ces plus petits, c'est-à-dire ces moindres selon le monde.

(1) Le détail en est dans la deuxième partie.
(2) Le ciel est pris ici dans le sens de firmament.

fuirent, et leur place ne se trouva plus. *Et je vis les morts*, grands et petits, debout devant le trône ; des livres furent ouverts, et un autre livre fut encore ouvert : c'est *le livre de vie*, et les morts furent jugés sur ce qui était dans les livres, selon leurs œuvres. » (Apoc., XX, 11-12.)

Sur l'enfer.

RESSOUVENEZ-VOUS DE CECI : *L'homme ne peut vivre que de vérité et de bien ;* il se leurre, hélas! par des apparences, et il se jette sur des ombres et les fantômes que le monde des corps et les illusions des passions peuvent lui offrir. Mais, à la clarté de la justice divine, tout cela se dissipera, et l'âme coupable demeurera en proie à une faim et à une soif dévorantes, sans aliments pour les assouvir. Le Dieu vers lequel les justes seront entraînés par le plus doux et le plus puissant attrait causera aux pécheurs qui l'ont méprisé, et se sont volontairement séparés de lui, une invincible terreur. Indignés qu'ils seront du contact de sa sainteté, lorsqu'ils entendront la redoutable sentence : « Retirez-vous, maudits! » ils fuiront loin de lui comme les ténèbres devant la lumière. *Cet abandon à soi-même, cette séparation de Dieu constitue la première et la principale peine des damnés.*

D'autre part, si le bien moral se change naturellement en bonheur, et si la possession de Dieu est, pour les justes, la source d'incomparables joies, le pécheur livré à la damnation du mal y trouvera nécessairement d'*inexprimables tortures.* Souvent, dès cette vie même, les passions allument dans les âmes qui s'y livrent un feu qui les consume, et le remords aussi étreint et détruit les coupables : que sera-ce dans l'éternité, où toutes les causes morales auront leurs pleins et entiers effets?

Les saintes Écritures, pour peindre les châtiments des

damnés, emploient les expressions les plus redoutables : des *supplices éternels,* un *ver* qui les rongera sans jamais mourir, des *flammes* qui les consumeront sans jamais s'éteindre, un *feu* qui, pour les brûler, pénétrera comme le sel au plus intime de leur chair : flammes qui n'éclairent pas, feu qui ne réchauffe pas, *tourments* enfin *sans compensation, sans adoucissements, sans espérance!*

Le saint Évangile nous apprend, en outre, que ce châtiment sera commun aux anges pervers et aux hommes coupables, et qu'il réunira les instigateurs du péché et ceux qui auront écouté leurs suggestions.

« C'est un amas d'étoupes que l'assemblée des pécheurs; leur fin sera une flamme de feu; à leur fin sont les enfers, les ténèbres, les tourments. » (Eccli., XXI, 10, 11.)

« Leur ver ne mourra pas, et leur feu ne s'éteindra pas. » (Isaïe, LXVI, 24.)

« Qui de vous pourra habiter avec un feu dévorant? Qui de vous habitera les flammes éternelles? » (Isaïe, XXXIII, 14.)

« *Terre de misères et de ténèbres, où règnera l'ombre de la mort et où il n'y aura aucun ordre, mais où habitera une éternelle horreur.* » (Job, X, 22.)

Notre-Seigneur, en parlant de l'enfer, l'appelle aussi de ces différents noms : « Là où est le *feu* qui ne peut s'éteindre; là où leur *ver* ne meurt pas, et leur feu ne s'éteint pas; *ténèbres extérieures* où seront les *pleurs* et les *grincements de dents,* etc. (1). Si quelqu'un adore la bête et son image, il sera tourmenté par le feu et le soufre. Et la fumée de leurs tourments montera dans les siècles des siècles. » (Apoc., XIV, 9, 10, 11.)

Les peines des damnés sont proportionnées à leurs pé-

____

(1) Voir en S. Marc, IX, 42-48; Matth., VIII, 11, 12; Luc, XIII, 27, 28.

chés : « Parce que, quelques-uns, dans leur égarement, adoraient des serpents muets et des bêtes mutilées, vous avez envoyé contre eux, Seigneur, une multitude d'animaux muets en signe de vengeance, *afin qu'ils sussent que, par où quelqu'un a péché, c'est par là qu'il est tourmenté.* » (Sag, XI, 16, 17.)

« Mon fils, souviens-toi que, pendant la vie, tu as reçu les biens, de même que Lazare les maux (1). Or, *maintenant il est consolé, et toi tu es tourmenté.* De plus, entre vous et nous, il y a un grand abîme, de sorte que ceux qui voudraient passer d'ici à vous, et de là venir ici, ne le peuvent pas. » (N.-S. en S. Luc, XVI, 25, 26.)

« *Le bonheur des justes sera un surcroît de tourments pour les damnés,* dont les regrets tardifs seront éternels.

« *Le pécheur verra, et il sera irrité ; il grincera des dents et se consumera.* » (Ps. CXI, 10.)

« Alors les *justes s'élèveront,* etc..... *et les méchants seront troublés par une crainte horrible,* et ils s'étonneront de ce salut soudain, disant en eux-mêmes, se repentant et gémissant dans l'angoisse de leur esprit : *Voici ceux que nous avons eus autrefois en dérision,* en proverbes outrageants. *Nous, insensés,* nous estimions leur vie une folie, et leur fin sans honneur. Et voilà qu'ils sont comptés parmi les enfants de Dieu et que leur sort est au milieu des saints. Nous avons donc erré hors de la voie de la vérité, et la lumière de la justice n'a pas lui pour nous. Nous nous sommes lassés dans la voie de l'iniquité et de la perdition, et nous avons marché dans les voies difficiles (2); mais la voie du Seigneur, nous l'avons ignorée (3). A quoi

(1) Parabole du mauvais riche et du pauvre craignant Dieu.

(2) Les voies de la perdition sont difficiles et fécondes en peine de tout genre.

(3) D'une ignorance volontaire, coupable, par conséquent, aux yeux de Dieu.

nous a servi l'orgueil? Que nous a rapporté l'ostentation des richesses? Toutes ces choses ont passé comme une ombre, etc. Ainsi nous sommes nés, et aussitôt nous avons cessé d'être, et nous n'avons certainement pu montrer aucun signe de vertu; mais *c'est par notre méchanceté que nous avons été consumés.* Telles sont les choses qu'ont dites, dans l'enfer, ceux qui avaient péché. » (Sag., v, 1, 9, 13, 14.)

Sur le purgatoire.

ENFANTS CATHOLIQUES, RESSOUVENEZ-VOUS DE CECI : *L'existence de ce lieu mixte, temporaire, est prouvée comme tous les autres articles de notre Symbole, par l'Écriture sainte et par la tradition.*

Après le récit de la collecte faite par ordre de *Judas Machabée,* et envoyée à Jérusalem afin qu'un sacrifice fût offert pour les péchés des morts, l'auteur ajoute : « *C'est parce qu'il considérait que ceux qui s'étaient endormis dans la piété recevraient une très-grande* GRACE *réservée pour eux.* Elle est donc sainte et salutaire la pensée de prier pour les morts, afin qu'ils soient délivrés de leurs péchés. » (Mach., XII, 45, 46.)

« Accorde-toi, au plus tôt, avec ton adversaire, pendant que tu chemines avec lui, de peur que ton adversaire ne te livre au juge, et que le juge ne te livre au ministre (exécuteur de la justice), et que tu ne sois jeté en prison. En vérité, je te le dis, *tu ne sortiras pas de là que tu n'aies payé jusqu'au dernier quart d'un as* (1). » (N.-S. en S. Matth., v, 25, 26.)

« Tout péché et tout blasphème seront remis aux hommes; mais le blasphème contre l'Esprit ne sera point

____

(1) L'as valait à peu près un sou de notre monnaie.

remis. Et quiconque aura parlé contre le Fils de l'homme, il lui sera remis ; mais si quelqu'un a parlé contre l'Esprit saint, *il ne lui sera remis, ni en ce siècle, ni dans le siècle à venir* (1). » (N.-S. en S. Matth., xii, 31, 32.)

Saint Paul, après avoir dit que les œuvres de chacun seront manifestées, mises en lumière ; que le feu éprouvera l'œuvre ; que les unes recevront leur salaire, et que d'autres seront jugées nulles et anéanties, ajoute : « *Cependant celui-là sera sauvé, mais comme par le feu.* » (I Cor., iii, 13, 15.)

Sur la nature des souffrances du purgatoire.

ENFANTS CATHOLIQUES, RESSOUVENEZ-VOUS DE CECI : *L'Église* n'a jamais formulé de dogme à cet égard ; mais elle nous révèle clairement sa pensée dans la prière canonique, insérée par elle dans celles du saint sacrifice de la messe : *elle demande* pour ces âmes, par la voix de chacun de ses ministres, et autant de fois que se renouvelle l'immolation perpétuée de la sainte victime, *le lieu du rafraîchissement, de la lumière et de la paix.*

Elles souffrent donc du *feu*, de l'*obscurité*, du *trouble*, dans ce lieu que le Sauveur a appelé *une prison*, et saint Paul *un feu purificateur*.

Il faut donc conclure que, si les péchés graves allument les flammes éternelles de l'enfer, les fautes vénielles, les dettes satisfactoires arriérées, après la tache effacée, allument, de leur côte, les flammes du purgatoire.

(1) Il y a donc des péchés qui sont remis, après expiation, dans le siècle à venir, après la mort.

Sur le ciel.

Ressouvenez-vous de ceci, enfants catholiques : *Le ciel est pour les élus à la béatitude éternelle.* Or, les *conditions*, l'*essence* et la *mesure* de cette béatitude sont des mystères qui dépassent tout ce que nous pouvons prévoir et attendre ; et après avoir appris du *psalmiste* que nous serons comme inondés et comme enivrés des joies pures de la maison du Seigneur, il nous faut répéter avec *Isaïe :*

« L'œil n'a pas vu, ô Dieu, hors de vous, ce que vous avez préparé à ceux qui vous attendent ! » (Isaïe, LXIV, 4.)

Et avec *saint Paul*, ravi au troisième ciel : « L'œil n'a jamais rien pu voir ; l'oreille, rien entendre ; le cœur de l'homme, rien ressentir de ce que Dieu a préparé à ceux qui l'aiment ! » (I Cor., II, 9.)

Le ciel est tour à tour désigné dans la sainte Écriture, et par le Sauveur lui-même, sous les noms de : le *royaume des cieux*, la *vie éternelle*, la *gloire céleste*, la *Jérusalem d'en haut*, la *nouvelle Jérusalem*, les *nouveaux cieux* et la *nouvelle terre*.

Les habitants du ciel sont désignés tour à tour, dans les mêmes Écritures, sous les noms : d'*élus*, de *bienheureux*, de *justes*, de *vainqueurs*, de *rachetés*, de *sauvés*, etc.

Leur nombre est *incalculable.* « Je vis une grande troupe que personne ne pouvait compter. » (Apoc.)

Leur hiérarchie. La hiérarchie, essence de tout ordre et de toute harmonie, se retrouve nécessairement au ciel, parmi les saints comme parmi les anges. *Après Dieu*, la *sainte humanité du Sauveur* occupe la première place ; la *vierge immaculée*, mère du Christ, est la première au-dessus de la hiérarchie angélique et de la hiérarchie humaine, comme *reine des anges* et *reine de tous les saints.*

Viennent ensuite les *patriarches* et les *prophètes*, les *apôtres*, les *martyrs*, les *confesseurs*, les *vierges* et les *saintes femmes.*

L'Église, dans les *litanies des saints*, a consacré l'ordre de dignité parmi les bienheureux.

Leur béatitude correspond, quant à la *nature* et à la *mesure*, à la nature et au degré de leurs mérites ; sa *durée* est celle de l'*éternité.*

Le bonheur des élus est appelé tour à tour dans les saintes Écritures : une *récompense*, un *héritage*, une *paix*, une *joie*, une *allégresse*, une *exultation*, une *lumière*, une *gloire*, un *diadème d'honneur*, une *couronne de vie* et *d'immortalité*, un *vêtement de salut*, etc.

Les conditions *pour faire un jour partie des sauvés.* Le ciel est donc la grande fin, le but suprême de la vie du temps.

Dans ses enseignements directs ou indirects, *notre divin Maître* s'est appliqué à reporter sans cesse la pensée et le cœur de ceux qui l'écoutaient vers le ciel qu'il est venu rouvrir à l'humanité, vers le ciel où est notre Père, où sont toutes nos espérances.

Dans son premier *sermon*, appelé *de la montagne*, il nous parle, tout d'abord, de nos titres à la béatitude céleste : « *Bienheureux les pauvres d'esprit* (1), parce que à eux appartient le royaume des cieux (en échange des biens périssables dont ils se sont tenus affranchis d'esprit et de cœur).

« *Bienheureux* ceux qui sont *doux*, parce qu'ils posséderont la terre (la terre des vivants, la nouvelle terre).

(1) Des riches de fait peuvent être pauvres d'esprit et d'affection, tandis que les pauvres de fait peuvent être riches d'esprit, c'est-à-dire en désir.

« *Bienheureux ceux qui pleurent,* parce qu'ils seront consolés (là où il n'y aura plus ni pleurs, ni cris, etc.).

« *Bienheureux* ceux qui ont *faim et soif de la justice* (justification, sainteté, etc.), parce qu'ils seront rassasiés (dans le royaume où règne le juste par excellence).

« *Bienheureux les miséricordieux,* car ils obtiendront un jour miséricorde.

« *Bienheureux* ceux qui ont le *cœur pur,* parce qu'ils verront Dieu.

« *Bienheureux* les *pacifiques,* parce qu'ils seront appelés enfants de Dieu (du Dieu de paix).

« *Bienheureux ceux qui souffrent persécution pour la justice,* parce que à eux appartient le royaume des cieux. » (N.-S. en S. Matth., v, 3-10.)

Les *paraboles* du Sauveur renferment toutes une comparaison avec le royaume des cieux. Telles sont celles : du *semeur,* du *trésor caché,* des *perles précieuses,* du *filet* jeté dans la mer (Matth., xiii), de la *brebis égarée,* du *créancier* et du *débiteur* (ibid., xviii), des *ouvriers envoyés à la vigne* aux différentes parties du jour (ibid., xx), des *deux fils envoyés à la vigne* (ibid., 21), des *conviés au festin des noces* (ibid., xxii), des *dix vierges,* des *talents,* (ibid., xxv), du *Samaritain* (Luc, x), du *fort armé* (ibid., xi), du *figuier stérile,* du *grain de sénevé,* du *levain dans la pâte* (ibid., xiii), de la *dragme perdue et retrouvée,* de l'*enfant prodigue* (ibid., xv), de l'*économe infidèle,* du *mauvais riche* (ibid., xvi), de la *veuve importune,* du *pharisien* et du *publicain* (1) (ibid., xviii).

Le prophète *Ézéchiel* avait, sous l'ancienne loi, résumé

(1) Les évangélistes ont enseigné *9 circonstances* dans lesquelles N.-S. a parlé de la *mort* et du *jugement, 10* où il a parlé de l'*enfer* dans le sens de la damnation éternelle, *108* où il a parlé du *ciel, 25* où il *l'a promis* nommément à ses apôtres.

en ces termes les conditions de salut éternel : « Si un homme est juste, et qu'il pratique l'équité et la justice, qu'il ne mange pas sur les montagnes (1), et qu'il ne lève point les yeux vers les idoles de la maison d'Israël, et qu'il ne contriste personne ; qu'il rende le gage à son débiteur ; que, par violence il ne ravisse rien ; qu'il donne de son pain à celui qui a faim, et qu'il couvre d'un vêtement celui qui est nu ; qu'il ne prête point à usure ; qu'il détourne sa main de l'iniquité, et qu'il rende un jugement équitable entre un homme et un homme ; qu'il marche dans mes préceptes et garde mes ordonnances, afin d'accomplir la vérité : *celui-là est juste, et vivra de la vie,* dit le Seigneur Dieu.

« Mais s'il engendre un fils voleur, répandant le sang, et qui commette l'une de ces choses, quand il ne les commettrait pas toutes *(suit ici la violation de chacune des vertus qui constituent le juste),* est-ce qu'il vivra ? Non, il ne vivra point ; *lorsqu'il aura fait toutes ces choses détestables, il mourra de mort* (2) : *son sang sera sur lui-même.* » (Ézéchiel, xviii, 5-11, 13.)

Puisque les conditions du salut sont toutes renfermées dans l'observation des préceptes divers, les moyens sûrs d'atteindre ce but suprême sont la pratique du bien et la fuite du mal.

Sur le souvenir pratique des fins dernières.

Ressouvenez-vous de ceci : Que rien n'est plus propre à nous faire atteindre sûrement le but de notre existence

(1) Les sacrifices offerts aux idoles sur les hauteurs étaient toujours accompagnés de festins.
(2) Il s'agit, dans ces textes, *de vie* ou *de mort éternelle.*

sur la terre, que le souvenir fréquent et pratique de nos fins dernières.

Les épîtres de *saint Paul,* et celles des *apôtres* qui ont écrit, renferment de nombreux passages dans lesquels ils rappellent aux chrétiens leurs fins dernières et les conséquences pratiques de ces importantes vérités, rappelées aussi par les prophètes et les autres écrivains sacrés de l'ancienne loi : *Souviens-toi de ta fin dernière. Ne l'oublie point,* car il n'y a pas de retour (de la mort à la vie). Souviens-toi de mon jugement (1), car le tien viendra de même : *à moi hier, et à toi aujourd'hui.* » (Eccli., xxxviii 21, 22, 23.)

« *Avant ta mort, pratique la justice,* car ce n'est pas aux enfers que tu trouveras la nourriture. Toute œuvre corruptible disparaîtra à la fin, et celui qui l'a faite ira avec elle, et toute œuvre excellente sera justifiée (*imputée à justice*), et celui qui l'a faite sera honoré par elle. Bienheureux l'homme qui demeurera dans la sagesse et qui méditera sur sa justice, et en son esprit pensera au regard exterminateur de Dieu. » (Eccli., xiv, 17, 20-23.)

« Tout ce que ta main peut faire, fais-le promptement, car il n'y aura plus ni œuvre, ni raison, ni sagesse, ni science dans le tombeau où tu cours. » (Eccli., ix, 10.)

« Mon fils, souviens-toi que la mort ne tardera point, et que l'arrêt du tombeau, qui a été prononcé contre toi, est irrévocable. » (Eccli., xiv, 12).

« *Avant le jugement,* interroge-toi toi-même ; et devant Dieu tu trouveras propitiation. » (Ibid., xviii, 20.)

« Puis donc que toutes ces choses (le ciel et la terre) doivent être détruites, quels ne devez-vous pas être en *sainteté de conduite* et *en piété ?* C'est pourquoi, mes bien-

(1) Il s'agit ici, au jour du Seigneur, du jugement qui peut venir chaque jour pour chacun, qui vient des milliers de fois par jour. *C'est un mort qui parle à un vivant.*

aimés, attendant ces choses, mettez tous vos soins à ce qu'il vous trouve en paix, purs et sans aucune tache. » (II Pierre, III, 11, 14.)

« *Souvenez-vous* que le Seigneur sait délivrer les justes de la tentation, et réserver les méchants au jour du jugement pour être tourmentés, et surtout ceux qui suivent la chair dans sa convoitise d'impureté, qui méprisent les puissances, sont audacieux, épris d'eux-mêmes, et ne craignent point d'introduire des sectes en blasphémant. » (II Pierre, II. 9, 10.)

« *Celui qui vaincra possèdera ces choses* (ces biens célestes). Mais pour les *timides*, les *incrédules*, les *abominables*, les *homicides*, les *fornicateurs*, les *empoisonneurs*, les *idolâtres* et tous les *menteurs*, leur part sera dans l'étang brûlant de feu et de soufre. » (Apoc., XXI, 7, 8.)

« *Répétez-vous donc souvent, du fond de votre esprit et de votre cœur, le onzième et le douzième article du Symbole de notre foi catholique* : « JE CROIS LA RÉSURRECTION DE LA CHAIR. JE CROIS LA VIE ÉTERNELLE (heureuse ou malheureuse). Ainsi-soit-il. »

DEUXIÈME PARTIE

LA MORALE CHRÉTIENNE

Résumé de tout ce qu'un chrétien doit pratiquer
pour être sauvé.

PRÉLIMINAIRES

SUR LES ŒUVRES INSÉPARABLES DE LA FOI

ENFANT DE L'ÉGLISE CATHOLIQUE, RESSOUVENEZ-VOUS DE CECI : *La foi* aux vérités dogmatiques, contenues dans le Symbole *n'est pas la seule condition du salut. Chacune de ces vérités s'impose au chrétien, avec des conséquences pratiques correspondantes,* auxquelles on ne saurait se soustraire impunément :

« *Que servira-t-il que quelqu'un dise qu'il a la foi, s'il n'a point les œuvres ? Est-ce que la foi pourra le sauver ? La foi sans les œuvres est une foi morte en elle-même.* C'est par les œuvres que l'homme est justifié, et non par la foi seulement. Car, comme le corps, sans l'esprit, est mort, aussi la foi elle-même, sans les œuvres, est morte. » (Jacq., II, 14, 17, 24, 26.)

« Apportez tous vos soins pour *joindre à votre foi la vertu* ; à la vertu, la *science* ; à la science, la *tempérance* ; à la tempérance, la *patience* ; à la patience, la *piété* ; à la piété, l'amour de vos frères ; à l'amour de vos frères, la *charité*. Appliquez-vous davantage à rendre certaines, par vos bonnes œuvres, votre vocation et votre élection (au christianisme) ; et par ce moyen, vous sera donnée largement l'entrée au royaume éternel de N.-S. J.-C. » (II Pierre, 1, 5, 6, 7, 10, 11.)

Les saintes Écritures (Ancien et Nouveau testament) sont toutes pleines de textes à l'appui de cette vérité si importante : elles proclament, de concert, que les œuvres unies à la foi, et animées par un principe surnaturel, sont agréables à Dieu, et qu'elles sont, devant lui, autant de titres au mérite personnel et à la récompense ; qu'il regarde comme fait à lui-même ce qui est fait au prochain, et qu'enfin il est permis de faire ses œuvres bonnes en vue de la récompense éternelle.

Les œuvres de la foi, très-diverses et en grand nombre, sont implicitement renfermées dans ces paroles du Sauveur : « *Ce ne sont pas tous ceux qui me disent : Seigneur, Seigneur, qui entreront dans le royaume des cieux ; mais* CELUI QUI FAIT LA VOLONTÉ DE MON PÈRE qui est aux cieux, CELUI-LA ENTRERA DANS LE ROYAUME DES CIEUX. » (En S. Matthieu, VII, 21.)

Sur la loi de Dieu, expression de sa volonté sainte.

RESSOUVENEZ-VOUS DE CECI : *Cette volonté de Dieu*, dont parle le Sauveur, *est exprimée dans la loi*, et *l'observance de la loi, de toute la loi*, est recommandée dans les saintes Écritures en termes exprès, comme condition de salut :

« Que le livre de cette loi ne s'éloigne pas de ta couche; tu le méditeras les jours et les nuits, afin que tu gardes et pratiques tout ce qui est écrit : alors tu dirigeras ta voie, et tu la comprendras. » (Jos., I, 8.)

« Déposez ces paroles que je vous dis dans vos cœurs et dans vos esprits. Apprenez-les à vos enfants, afin qu'ils les méditent. » (Deut., XI, 18, 19.)

« Mon fils, *n'oublie pas la loi, et que ton cœur garde mes préceptes*, car ils t'apporteront la longueur des jours, des années de vie, et la paix (1). » (Prov., III, 1, 2.)

Les *psaumes*, et en particulier le CXVIII, sont remplis de l'*éloge de la loi divine ;* ils proclament son excellence, son prix inestimable, ses avantages ; ils révèlent tout ce qu'elle est pour l'esprit, pour le cœur, pour la vie tout entière de ceux qui l'observent avec amour et fidélité.

Sous ce titre de loi du Seigneur *sont compris les commandements formant le décalogue* de la loi mosaïque, les *préceptes évangéliques* et les *commandements de l'Église.*

Le premier précepte que Dieu ait imposé à l'homme, sa créature, a été *violé par Adam,* devenu ainsi le père de tous les violateurs de la loi.

LE DÉCALOGUE donné à Moïse, et si souvent violé par le peuple de Dieu, est resté, dans son essence, le décalogue de la loi chrétienne.

LES PRÉCEPTES ÉVANGÉLIQUES embrassent la doctrine du Sauveur consignée dans le saint Évangile, et aussi toutes les ordonnances faites à ses apôtres, transmises par eux aux premiers chrétiens, et, par la tradition, aux fidèles de tous les siècles.

LES COMMANDEMENTS DE L'ÉGLISE, qui ont force de loi

____

(1) Chez les Juifs, l'idée de la récompense et du châtiment temporels (figurant ceux de l'autre vie) était toujours la conséquence de leur fidélité à la loi ou de leurs fautes contre la loi.

divine, renferment les préceptes complémentaires ou explicatifs des commandements de Dieu et des préceptes évangéliques.

La supériorité des préceptes évangéliques sur les commandements de la loi mosaïque, quant à la perfection pratique, *a été établie par le divin Maître* dans le célèbre sermon sur la montagne, lequel est comme l'essence de ses enseignements : « Ne pensez pas que je sois venu abolir la loi ou les prophètes : *je ne suis pas venu les abolir, mais les accomplir* (1). Car je vous dis que si votre justice n'est pas plus abondante que celle des scribes et des pharisiens (2), vous n'entrerez point dans le royaume des cieux. Soyez donc parfaits comme votre Père céleste est parfait. (En S. Matth., v, 17, 20, 48; lire ce sermon dans son entier, chap. v, vi, vii.)

L'ensemble des préceptes émanés de Dieu, de N.-S. J.-C. et de l'Église constitue donc LE CODE DIVIN DE LA MORALE CHRÉTIENNE, *c'est-à-dire des devoirs que tout chrétien est tenu de pratiquer pour être sauvé.*

Sur les commandements de Dieu.

RESSOUVENEZ-VOUS DE CECI : *Ils sont de deux sortes : les uns,* fondés sur l'essence même de Dieu, sont l'expression de ses attributs divins et ont un caractère de *nécessité.* Ainsi Dieu étant *justice,* ne peut pas ne pas vouloir que nous soyons justes. Étant *bonté,* il ne peut pas ne pas vouloir que nous fassions le bien. Étant *vérité,* il doit nécessairement réprouver le mensonge, etc. Ces LOIS IM-

---

(1) C'est-à-dire leur donner leur perfectionnement et les réaliser dans ce qu'ils avaient de figuratif.

(2) Réputés comme les plus scrupuleux observateurs de la loi ancienne.

MUABLES, ÉTERNELLES dans leur principe, ont été imprimées par Dieu dans l'âme humaine, comme le sceau du créateur sur sa créature : c'est la LOI NATURELLE *ou innée* (née en nous, avec nous), *obligatoire pour tout homme, en tout temps, en tous lieux et toujours.* Les autres ne sont devenus obligatoires qu'à partir du jour où Dieu les a imposés : ce sont LES LOIS POSITIVES, *écrites, variables* selon les temps et les circonstances ; telles sont, par exemple, certaines prescriptions faites aux Juifs, abolies par le Sauveur et remplacées, sous le christianisme, par d'autres prescriptions. Un étranger introduit chez le peuple juif, ou un païen chez un peuple chrétien, pourrait dire : « *J'ignorais telle prescription* de vos lois religieuses ; » mais il ne pourrait dire, en quelque lieu et en quelque temps que ce fût : « *J'ignorais qu'il fût défendu d'être méchant, voleur, menteur, ingrat, parjure, etc..* » Il peut ignorer la loi positive ; mais il ne peut pas ignorer les premiers principes de la loi naturelle, dès lors qu'il est homme : dans le premier cas, son ignorance l'innocente ; dans le deuxième cas, il est responsable et punissable.

Lorsque *Dieu* lui-même se fit, par l'organe de Moïse, le *législateur des Hébreux,* il commença par leur rappeler les principaux préceptes de la loi naturelle, qui s'imposent à tous, et il les formula *en dix commandements* qui constituent le décalogue. Cette loi était écrite sur deux tables de pierre : la première contenait les préceptes qui regardent Dieu, et la seconde les préceptes qui regardent le prochain.

Demander si Dieu, créateur, a le droit d'imposer des lois à ses créatures ; si Dieu, rémunérateur, a le droit de sanctionner ses lois par des promesses et des menaces de châtiments, c'est demander si un père a des droits sur ses enfants, un *auteur* sur ses ouvrages, un *artiste* sur les créations de son génie, un *ouvrier* sur l'œuvre de ses mains, un *maître* sur ses serviteurs, un *législateur* sur ceux qu'il régit, un *prince* sur ceux qu'il gouverne, etc.

Sur la morale pratique. Division des devoirs.

RESSOUVENEZ-VOUS DE CECI : La morale pratique est l'ensemble des devoirs qui s'imposent à tout homme, dans les diverses circonstances de sa vie ; elle prend différents noms, selon l'ordre des devoirs auxquels elle s'applique. DIEU EXISTE : il est le principe, la cause première de tous les êtres créés ; or, nous avons des rapports nécessaires, c'est-à-dire *des devoirs envers Dieu* à titre de créatures intelligentes et libres : C'EST LA MORALE RELIGIEUSE.

NOTRE NATURE HUMAINE *est composée d'une âme et d'un corps;* la distinction et l'union de ces deux substances constituent notre personnalité humaine. Or, nous avons des rapports nécessaires, c'est-à-dire *des devoirs envers notre âme et envers notre corps :* c'est LA MORALE INDIVIDUELLE. NOUS VIVONS, non pas isolés, mais au sein de l'humanité, EN SOCIÉTÉ ou en contact avec d'autres créatures nos semblables ; or nous avons des rapports nécessaires, c'est-à-dire *des devoirs envers nos semblables :* comme membres de l'humanite, d'une société civile, d'une famille, etc. : C'EST LA MORALE SOCIALE. Toutes les lois qui constituent la morale chrétienne ou évangélique peuvent se grouper sous quatre chefs principaux : devoirs envers Dieu, devoirs envers nous-mêmes, devoirs envers le prochain, devoirs d'état ou de position sociale. Ces différents devoirs, comme les différentes vérités dogmatiques de notre foi religieuse, ont leur consécration et leur sanction dans l'Écriture sainte et dans la tradition.

Sur les devoirs envers Dieu.

RESSOUVENEZ-VOUS DE CECI : A notre foi en l'existence d'un Dieu créateur, conservateur, juge et rémunérateur, correspondent différents devoirs envers lui. *L'ensemble de ces devoirs s'appelle* RELIGION (du latin *r. ligare*, relier), parce que ces devoirs relient l'homme à Dieu. Aussi, dans toutes les lois morales émanées des législateurs ou des philosophes de l'antiquité, les devoirs envers la divinité y figurent au premier rang. *Pour les peuples chrétiens, ces devoirs sont compris dans les trois premiers articles du décalogue et dans les quatre premiers commandements de l'Église.*

Sur le premier commandement de Dieu.

« *Je suis le Sei neur votre D eu.... Vous n'aurez point d'autres dieux devant moi.*

« *Un seul Dieu tu adoreras et aimeras parfaitement.* »

RESSOUVENEZ-VOUS DE CECI : L'ADORATION est la base comme elle est la conséquence de l'existence d'un être suprême; *la forme extérieure de l'adoration* est l'inclination ou la *prosternation* : c'est l'attitude que prend instinctivement l'humble et le petit devant une majesté de la terre.

« Dieu est esprit, et ceux qui l'adorent doivent l'adorer en esprit et en vérité. Ce sont de tels adorateurs que le Père cherche. » (N.-S. en S. Jean, iv, 23, 24.)

L'adoration suppose, à l'égard de l'être adoré, la FOI, l'ESPÉRANCE et l'AMOUR, et les actes de ce triple sentiment, souvent répétés, sont tout à la fois un hommage à Dieu, une expression de notre fidélité, une affirmation de notre titre de chrétien, et enfin une arme puissante contre les tentations contraires.

« Parce que tu m'as vu, Thomas, tu as cru. *Heureux ceux qui n'ont point vu, et qui ont cru.* » (N.-S. en S. Jean, XX, 29.)

« C'est en vous, Seigneur, que j'ai mis mon *espérance*. Que je ne sois pas confondu éternellement. » (Ps. LXX, 1.)

« Quand le Seigneur me tuerait, j'espérerais en lui. » (Job, XIII, 15.)

« *L'amour de Dieu*, c'est que nous gardions ses commandements, et ses commandements ne sont pas pénibles pour qui l'aime. » (I Jean, V, 3.)

« L'amour est fort comme la mort. » (Cant., VIII, 6.)

« *Qui donc vous séparera de l'amour du Christ?* Est-ce la *tribulation?* Est-ce l'*angoisse?* Est-ce la *faim?* Est-ce la *nudité?* Est-ce le *péril?* Est-ce la *persécution?* Est-ce le *glaive?* Je suis certain que ni la *mort*, ni la *vie*, ni les *choses présentes*, ni les *futures*, ni la *violence*, ni *aucune créature* ne pourra nous séparer de l'amour de Dieu qui est dans le Christ Jésus Notre-Seigneur (1). » (Rom., VIII, 35. 38, 39.)

Des trois vertus théologales naissent naturellement, et par voie de conséquence : le RESPECT, la CRAINTE tempérée par la CONFIANCE filiale, la SOUMISSION de l'esprit et du cœur aux volontés de Dieu, l'ABANDON aux dispositions toujours adorables, toujours justes et toujours paternelles de sa providence ; la PATIENCE, la RÉSIGNATION dans les épreuves, le COURAGE dans les luttes de la vie, etc.

(1) C'est l'amour de Dieu, par dessus toute personne et toute chose ; c'est la disposition du cœur à accomplir tout ce que Dieu commande, même au prix des plus déchirants sacrifices.

Sur le respect dû à Dieu.

LE RESPECT, essentiellement lié à l'adoration, s'applique particulièrement au SAINT NOM DE DIEU, comme forme sensible du créateur invisible, impalpable. De là la coutume, établie chez tous les peuples, de recourir, dans les circonstances solennelles, au *témoin* qui voit tout, qui sait tout, et de le rendre présent par l'invocation de son nom divin et sacré. C'est donc seulement pour affirmer la vérité, la sincérité de nos assertions ou de nos promesses, dans des cas graves et solennels, que nous pouvons ou que nous devons *appeler Dieu à témoin* : c'est *le seul jurement licite*. « J'appelle Dieu à témoin. Dieu m'est témoin. Je le jure devant Dieu, etc. » Quand le saint nom de Dieu a été sérieusement invoqué, comme garantie d'un vœu et d'une promesse, l'accomplissement fidèle de cet engagement se trouve ainsi placé sous la sauvegarde de Dieu.

En dehors de ce cas, affirmer par serment, C'EST PRENDRE LE NOM DU SEIGNEUR EN VAIN, c'est-à-dire en des choses vaines, légères, insignifiantes; c'est pécher CONTRE LE DEUXIÈME COMMANDEMENT, lequel défend le contraire de ce que le premier prescrit.

Donc, dans toutes les circonstances ordinaires de la vie qui demandent une affirmation ou une négation, appliquons le conseil de N.-S. J.-C :

« *Que votre langage soit : oui, oui, non, non,* car ce qui est de plus vient du mal. » (Matth., v, 37.)

Le respect de Dieu et de son saint nom s'étend à tout ce qui le touche ou émane de lui, comme le respect dû à un grand de la terre s'étend à tout ce qui lui appartient, l'environne ou le représente : ses *attributs divins,* ses *œuvres*, les *lieux*, les *personnes* et les *choses* qui lui sont dédiées, ou *consacrées* à son service.

« Vous avez entendu qu'il a été dit aux anciens : Vous ne vous parjurerez point, mais vous tiendrez au Seigneur vos serments. Et moi, je vous dis de *ne jurer en aucune façon* (1), *ni par le ciel*, parce que c'est le trône de Dieu; ni *par la terre*, parce que c'est l'escabeau de ses pieds; ni *par Jérusalem*, parce que c'est la ville du grand roi. Ne jure pas non plus *par ta tête*, parce que tu ne peux rendre aucun de tes cheveux blanc ou noir (2). » (N.-S. en S. Matth., v, 33-36.)

Sur la crainte de Dieu.

RESSOUVENEZ-VOUS DE CECI : *La crainte*, conséquence du respect à un certain degré, dans les rapports des hommes entre eux, est, à l'égard de Dieu, un *contre-poids à la confiance téméraire*, un *préservatif* contre le péché et un *aiguillon* puissant contre l'indifférence dans l'œuvre du salut. Dans le langage des saintes Écritures, elle est, le plus souvent, *synonyme de fidélité* dans l'accomplissement de la loi. Les écrivains sacrés en exaltent avec une telle insistance l'obligation, les avantages, les caractères, les effets, les récompenses, même temporelles, qu'ils semblent vouloir insinuer qu'elle resume en elle toutes les autres vertus; elle y est proclamée : le *principe de la foi, de l'espérance et de l'amour*, le *commencement de la sagesse*, une *source de vie*, la *gloire des riches, des puissants, des pauvres, des vieillards*, etc.

« Et maintenant, Israël, qu'est-ce que le Seigneur, ton

(1) Excepté dans les cas solennels susdits.
(2) Toutes ces choses sont autant de créatures du Seigneur-Dieu.

Dieu, demande de toi, si ce n'est que tu le craignes, que tu marches dans ses voies, que tu le serves en tout ton cœur et en toute ton âme? » (Deut., x, 12.)

« Le grand, le juste et le puissant sont en honneur (parmi les hommes); mais *il n'est pas de plus grand que celui qui craint Dieu.* » (Eccli., x, 27.)

Sur la confiance et l'abandon à la Providence.

RESSOUVENEZ-VOUS DE CECI : Le divin Sauveur a trouvé dans son cœur des expressions ineffaçables pour inspirer aux hommes cette confiance pleine d'abandon, qui caractérise les vrais enfants du Père céleste.

« Sion a dit : Le Seigneur m'a oubliée! *Est-ce qu'une mère peut oublier son enfant? Mais quand même elle l'oublierait, pour moi, je ne l'oublierai point!* » (Isaïe, XLIX, 14, 15.)

« *Ne vous inquiétez point, pour votre vie,* de ce que vous mangerez, ni, *pour votre corps,* de quoi vous vous vêtirez.

« *La vie* n'est-elle pas plus que la nourriture, et le corps plus que le vêtement? *Regardez les oiseaux du ciel,* ils ne sèment ni ne moissonnent, ni n'amassent dans les greniers, et votre Père céleste les nourrit. N'êtes-vous pas beaucoup plus qu'eux? Et *quant au vêtement,* pourquoi vous inquiétez-vous? *Voyez les lis des champs,* comme ils croissent : ils ne travaillent ni ne filent. Or, je vous dis que Salomon même, dans toute sa gloire, n'a jamais été vêtu comme l'un d'eux. Que si l'herbe des champs, qui est aujourd'hui et qui demain sera jetée au four, Dieu la vêtit ainsi, combien plus vous, hommes de peu de foi! Ne vous inquiétez donc point, disant : Que mangerons-nous? que boirons-nous? de quoi nous vêtirons-nous? car ce sont toutes choses que les païens recherchent;

mais *votre Père sait que vous en avez besoin*. Cherchez donc premièrement le royaume de Dieu et sa justice, et toutes ces choses vous seront données par surcroît. Ainsi ne soyez point inquiet pour le lendemain. Le jour de demain, en effet, sera inquiet pour lui-même : *à chaque jour suffit son mal*. » (N.-S. en S. Matth., VI, 25-34.)

Cet abandon, plein de confiance, *prend les noms de soumission*, de *patience*, de *résignation*, d'*amour parfait*, dans les exemples suivants :

« Si nous avons reçu les biens de la main de Dieu, pourquoi n'en recevrions-nous pas les maux? » (Job, II, 10.)

« Dieu m'a donné, Dieu m'a ôté; comme il a plu au Seigneur, ainsi il a été fait : que le nom du Seigneur soit béni! » (Job, I, 21.)

« Tobie ne s'attriste pas et ne murmure point contre Dieu de ce que cette plaie de cécité lui était venue; mais il demeure inébranlable dans la crainte du Seigneur, rendant grâce à Dieu tous les jours de sa vie. » (Tob., II, 13, 14.)

« Vous êtes juste, Seigneur, et tous vos jugements sont droits, et toutes vos voies sont miséricorde, vérité et justice. Et maintenant, Seigneur, faites-moi selon votre volonté. » (Tob., III, 2, 6.)

« Mon Père, s'il est possible, que ce calice passe loin de moi... Toutefois, non ma volonté, mais la vôtre ! Mon Père, si ce calice ne peut passer sans que je le boive, que votre volonté soit faite ! » (N.-S. en S. Matth., XXVI, 39, 42.)

« Or j'estime que les souffrances du temps présent ne sont pas dignes d'entrer en comparaison avec la gloire future qui sera révélée en nous. » (Rom., VIII, 18.)

Ces sentiments et ces vertus, sous des noms divers, sont tout-puissants sur le cœur de Dieu; ils ont opéré et opèrent chaque jour, dans l'ordre spirituel, et aussi dans l'ordre temporel, d'admirables et merveilleux effets. L'*Ancien* et le *Nouveau testament*, l'*histoire de l'Église*, celle *des peuples chrétiens*, celle *des familles* et celle *des âmes* sont remplies de ces prodiges.

Sur les effets pratiques de ces différentes vertus.

Ressouvenez-vous de ceci : *Ces vertus ou dispositions saintes* envers Dieu *ont besoin*, pour produire des fruits de salut, *d'être sans cesse alimentées par l'exercice* ou *la pratique*. L'épanchement devant Dieu, dans le silence de l'âme et dans l'intimité de la vie, de ces sentiments, constitue la *méditation* et la *prière mentale ;* leur expression formulée constitue la *prière vocale, privée* ou *publique ;* l'une et l'autre forme de la prière entretiennent et affermissent la piété.

Sur la prière en général.

Ressouvenez-vous de ceci : La prière, expression spontanée d'un sentiment inné, d'origine divine comme notre être, est si naturelle à l'homme que, dans ses relations avec ses semblables, elle s'échappe de son cœur comme l'eau de sa source. Les expressions : *Je vous en prie ! Je vous supplie ! Je vous conjure !* en sont la forme la plus ordinaire, que l'enfant même sait sans l'avoir apprise.

Or comment, dans un ordre de choses plus élevé, ce cri de l'âme, inspiré par le sentiment profond de notre faiblesse native, de nos besoins incessants, de notre impuissance à tout point de vue, ne s'adresserait-il pas, avant et au-dessus de tous, à Dieu, de qui seul nous vient, ou immédiatement ou médiatement, tout don, tout bien, toute force, toute consolation, tout secours, en un mot?

« *Invoque-moi* au jour de la tribulation ; je te délivrerai, et tu m'honoreras. » (Ps. XCIX, 15.)

« *Dans ma tribulation, j'ai invoqué le Seigneur et j'ai crié vers mon Dieu*, et il a exaucé ma voix, et mon cri, poussé en sa présence, est parvenu à ses oreilles. » (Ps. XVII, 6.)

« J'ai crié vers Dieu, et le Seigneur me sauvera. *Le soir* et *le matin, et à midi* (1), je raconterai et j'annoncerai ses miséricordes, et il exaucera ma voix. » (Ps. LIV, 16, 17.)

« *Le Seigneur est près de ceux qui l'invoquent* dans la vérité. Il fera la volonté de ceux qui le craignent, et il exaucera leur supplication, et il les sauvera. » (Ps. CXLIV, 18, 19.)

« *La supplication du pauvre* parviendra, de sa bouche, jusqu'aux oreilles de Dieu. » (Eccli., XXI, 6.)

« Que rien ne t'empêche de prier toujours. *Avant la prière, prépare ton âme*, et ne sois pas comme un homme qui tente Dieu. » (Eccli., XVIII, 22, 23.)

« *Demandez, et il vous sera donné* ; cherchez, et vous trouverez ; frappez, et il vous sera ouvert. » (N.-S. en S. Matth., VI, 7.)

« Et il leur proposait aussi cette parabole (2), sur ce qu'*il faut toujours prier et ne se lasser jamais.* » (Luc, XVIII, 1.)

« Et il dit à ses disciples : *Priez, de peur que vous n'entriez en tentation.* » (N.-S. en S. Luc, XXII, 40.)

« Soyez donc fermes..... *priant en esprit, en tout temps, par toutes sortes de prières et de supplications.* » (Eph., VI, 14, 18.)

(1) Chez les Hébreux, le jour commençait le soir, et ils priaient trois fois par jour. Le prophète Daniel observait scrupuleusement cette règle, même pendant la captivité.

(2) La veuve importune, à un mauvais juge qui ne cède qu'à son importunité pour lui faire justice.

« *Vous n'avez point, parce que vous ne demandez point.
Vous demandez, et vous ne recevez point, parce que vous
demandez mal.* » (Jacq., IV, 2, 3.)

« LES CHRÉTIENS DOIVENT PRIER AU NOM DE JÉSUS-
CHRIST. Quelque chose que vous demandiez à mon Père
en mon nom, je le ferai, afin que le Père soit glorifié par
le Fils. » (N.-S. en S. Jean, XIV, 13.)

« Et nous avons cette confiance au Fils de Dieu que,
*quelque chose que nous demandions selon sa volonté, il nous
écoute* » (I Jean, v, 14.)

N. B. Souvent il nous paraît que Dieu n'exauce pas
nos prières; mais c'est parce qu'elles ont pour objet
des choses qui ne sont pas selon sa volonté, c'est-à-dire
qui ne sont pas conformes à ses desseins sur nous.

Il nous exauce pourtant alors, non dans le sens de nos
désirs, mais dans le sens, meilleur pour nous, de ses
miséricordes, de son amour, de notre salut, en un
mot.

Sur la prière privée ou publique.

RESSOUVENEZ-VOUS DE CECI : LA PRIÈRE PRIVÉE (mentale ou vocale) est un *acte personnel,* quelle que soit d'ailleurs l'extension des vœux, des désirs, des supplications
devant Dieu de celui qui prie seul.

La PRIÈRE EN COMMUN, bien qu'elle entre dans le *domaine de la prière privée,* s'en distingue en ce que plusieurs personnes s'unissent pour exprimer, dans une
même formule, les mêmes vœux et les mêmes sentiments.
Ainsi en est-il des membres *d'une famille, d'une communauté religieuse, d'une école,* etc., faisant en commun les
prières du matin et du soir, ou autres exercices de
piété.

La PRIÈRE PUBLIQUE est la *prière de l'Église* tout en

tière, s'élevant vers Dieu comme un concert universel dont la prière privée n'est qu'une des parties. *Cette forme de la prière, inspirée par l'Esprit saint, consacrée par les siècles et constituée par les règles de la* LITURGIE, *est une partie intégrante* DU CULTE PUBLIC.

Les deux caractères de la prière privée ont été distingués par N.-S. lui-même, et consacrés par l'autorité de sa parole divine et de ses exemples. « Et *lorsque vous priez,* ne soyez pas comme les hypocrites qui aiment à prier, debout dans les synagogues et au coin des rues, afin d'être vus des hommes. En vérité, je vous le dis, ils ont reçu leur récompense. Mais toi, quand tu pries, entre dans ta chambre, et, la porte fermée, prie ton Père en secret, et ton Père, qui voit dans le secret, te le rendra. » (Matth., vi, 5, 6)

« Je vous le dis encore, que si deux d'entre vous s'accordent sur la terre, quelque chose qu'ils demandent, il leur sera fait par mon Père qui est dans les cieux. Car, *là où deux ou trois sont réunis en mon nom, je suis au milieu d'eux.* » (En S. Matth., xviii, 10, 20.)

« Or, *en priant, ne parlez pas beaucoup,* comme les païens ; ils s'imaginent qu'à force de paroles ils seront exaucés. Ne leur ressemblez donc pas, car *votre Père sait de quoi vous avez besoin, avant que vous le lui demandiez* (1). C'est ainsi que vous prierez : Notre-Père qui êtes dans les cieux, etc. »

(1) Ce qui ne nous dispense pas de le lui demander, puisque, immédiatement après, N.-S. dicte la formule admirable du *Pater.* Les paroles sont nécessaires pour reconnaître ce que nous demandons, et non pour apprendre à Dieu nos besoins et nos désirs.

Sur ce que nous devons demander à Dieu dans la prière.

RESSOUVENEZ-VOUS DE CECI : *Tout ce que nous devons demander à Dieu, et les dispositions avec lesquelles nous devons demander, sont contenus implicitement dans la prière que nous a dictée N.-S. J.-C.*, et qu'on a nommée, pour cette raison, *oraison dominicale* ou *prière du Seigneur*.

NOTRE-PÈRE : *Dieu est le Père de tous*, et nous le prions ici au nom de tous les hommes, comme en notre propre nom : donc sentiment de *confiance et d'amour*.

QUI ÊTES AUX CIEUX : Pour prier, il faut *élever notre pensée et notre cœur* vers les cieux, où réside dans sa gloire ce Père auquel nous nous adressons ; donc : *attention, recueillement, élévation de l'âme*.

QUE VOTRE NOM SOIT SANCTIFIÉ : Nous souhaitons, par ces mots, *que le saint nom de notre Dieu*, qui est aussi notre Père, soit *connu, béni, loué, exalté* par tous les hommes, comme étant le nom de celui qui est la sainteté même ; donc ces mêmes sentiments doivent nous animer en priant.

QUE VOTRE RÈGNE ARRIVE : Nous désirons ici que *Dieu*, auteur de tout ce qui existe, soit reconnu comme tel, qu'il *règne en Maître souverain sur toutes les autres créatures*, sans obstacle de leur part ; qu'il règne *sur notre esprit*, sur notre *cœur*, sur notre *vie*, sur notre *mort*, sur notre *éternité*.

QUE VOTRE VOLONTÉ SOIT FAITE SUR LA TERRE, COMME AUX CIEUX : Nous nous rappelons ici, devant Dieu, que ses *saintes et adorables volontés doivent s'accomplir sur nous*, que nous le voulions ou que nous ne le voulions pas ; par ces paroles donc, *nous mettons notre âme dans une dispo-*

sition d'*obéissance* et de *soumission* à tout ce que notre Dieu et notre Père fera et demandera de notre sujétion filiale; et pour nous y encourager, nous arrêtons notre pensée sur *les bienheureux du ciel* qui adhèrent à Dieu, au point de ne plus faire avec lui, pour une éternité, qu'un même esprit et qu'un même cœur, par un même vouloir.

DONNEZ-NOUS, AUJOURD'HUI, NOTRE PAIN DE CHAQUE JOUR : C'est-à-dire toutes les choses dont nous avons besoin pour la sustentation de notre être tout entier : les *besoins du corps* sont ici résumés dans le *pain*, qui fait le fond de sa nourriture (1), et les besoins de l'âme dans le *pain super-substantiel* (le pain eucharistique), qui fait le fond de sa nourriture, de sa vie propre, qui est la vie surnaturelle. Nous demandons ce double aliment *aujourd'hui* pour le jour présent, et nous l'appelons le *pain de chaque jour*, parce que chaque jour, en amenant les mêmes besoins, devra amener la *même demande pour chaque aujourd'hui;* donc *sentiment profond de nos besoins et de notre impuissance.*

PARDONNEZ-NOUS NOS OFFENSES COMME NOUS PARDONNONS A CEUX QUI NOUS ONT OFFENSÉS : Nous sommes avertis, par ces paroles, de la *condition de notre pardon : celle de pardonner* nous-mêmes aux autres; *de la mesure de notre pardon : celle de pardonner, comme Dieu nous pardonne ;* donc *pardon entier, oubli complet de l'offense : c'est la mesure et la manière de Dieu.*

NE NOUS LAISSEZ PAS SUCCOMBER A LA TENTATION ; C'est-à-dire *donnez-nous la grâce*, dans toute la mesure voulue; et la bonne volonté, dans toute la mesure de la grâce, pour résister à l'ennemi de notre salut : *pour surmonter toute tentation,* toute *épreuve,* toute *affliction;* en un mot tout ce qui s'attaque à notre foi, à notre espérance, à notre

---

(1) Dans le langage hébraïque, le mot *pain* s'employait pour désigner *tout aliment,* toute nourriture.

amour, à notre *vertu,* pour affaiblir notre âme, la livrer sans défense aux assauts du tentateur, et la faire tomber ainsi plus sûrement dans *le péché, but de toute tentation* de la part du *démon,* du *monde* et de la *chair.*

MAIS DÉLIVREZ-NOUS DU MAL : C'est-à-dire du vrai mal, du seul mal, qui est le *mal moral,* dont les tristes *effets* sont le *péché, l'endurcissement* dans le péché, la *mort spirituelle* dans le temps, et la *damnation éternelle* après la vie du temps,

Sur l'action de grâce.

RESSOUVENEZ-VOUS DE CECI : A la bonté infinie de Dieu, qui, par la puissance de la prière, s'épanche sur nous en bienfaits de toute nature, correspond nécessairement un *sentiment de gratitude,* lequel se traduit naturellement en *actions de grâces;* le *merci* en est l'expression la plus simple et la plus fréquente, dans l'ordinaire de la vie : comment l'oublier à l'égard de Dieu?

« Un d'eux (des dix lépreux guéris), se voyant purifié, revint sur ses pas, glorifiant Dieu à haute voix, Et il *tomba sur sa face aux pieds de Jésus, lui rendant grâces.* Alors *Jésus,* prenant la parole, dit : *Est-ce que les dix n'ont pas été guéris?* Et les neuf autres, où sont-ils? Il ne s'en est pas trouvé qui revînt et rendît gloire à Dieu, si ce n'est cet étranger. » (N.-S. en S. Luc, XVII, 15, 18.)

« *Rendez grâces, toujours et pour toutes choses, au nom de N.-S. J.-C., à Dieu le Père.* » (Éph., v, 20.)

« *Que, dans toutes vos prières et dans toutes vos supplications, ce soit avec des actions de grâces que vos demandes paraissent devant Dieu.* » (Phil., IV, 6.)

La *Bible* renferme de magnifiques monuments de la gratitude envers Dieu : tels sont les *sublimes cantiques d'actions de grâces de Moïse,* après le passage de la mer Rouge ; de *Débora,* après la victoire signalée remportée sur Jabin, roi de Chanaan ; d'*Anne,* mère de Samuel ; de *Tobie,* après le retour de son fils, et sa propre guérison ; de *Judith,* après la victoire des habitants de Béthulie sur les Assyriens, etc.

LA BÉNÉDICTION *des aliments avant le repas,* et L'ACTION DE GRACES *après,* ont été recommandées aux Hébreux par Dieu lui-même : « Afin que, *lorsque tu auras mangé* et que tu seras rassasié, *tu bénisses le Seigneur* ton Dieu, pour la terre excellente qu'il t'a donnée. » (Deut., VIII, 10.)

« Ceux qui amassent le blé *le mangeront et béniront le Seigneur.* » (Isaïe, LXII, 9.)

« *Dieu a créé les aliments pour être reçus en actions de grâces.* » (I Tim., IV, 3.)

Notre-Seigneur nous a donné l'exemple de cette bénédiction et de cette action de grâces dans plusieurs circonstances, entre autres dans la dernière cène qu'il fit avec ses disciples.

Sur le culte public dû à Dieu.

RESSOUVENEZ-VOUS DE CECI : *Du sanctuaire de l'âme et du foyer domestique,* centres de la prière et du culte privés, *le tribut d'hommage, d'adoration, de louange, d'action de grâces,* etc.... dû à Dieu, *doit passer dans notre vie extérieure et avoir son expression au dehors :* c'est là cette *confession, cette affirmation, ce courage chrétien, devant ses semblables, de la foi que tout baptisé doit confesser, même au péril de sa vie.*

« *Quiconque me confessera devant les hommes, moi aussi je le confesserai devant mon Père.* » (N.-S. en S. Matth., x, 32.) Voilà la récompense.

Le besoin inné, chez tous les hommes, de se rapprocher, de prier en commun, de se réunir pour offrir à Dieu comme un faisceau d'hommages, a donné naissance au CULTE.

Le LIEN de la foule, dans ces assemblées solennelles, ce sont les CÉRÉMONIES. C'est la pompe extérieure dont la religion environne la manifestation de la pensée.

Ces cérémonies sont, à l'égard de Dieu, ce que les marques de respect sont pour un père que ses enfants saluent, embrassent et servent avec empressement ; ou pour un roi qu'on harangue, qu'on met sur un trône, qu'on environne d'une certaine pompe, et devant qui on s'incline ou l'on se prosterne. Sentir la convenance d'une pompe extérieure pour une majesté visible quelconque, et ne pas reconnaître la convenance, la nécessité même d'une pompe, plus grande encore, dans le culte divin, rendu à une majesté invisible, c'est une inconséquence qui touche à l'absurde. Aussi voyons-nous que *tous les peuples* (qui tous ont adoré quelque divinité) *ont fixé leur culte à quelques démonstrations extérieures* ou cérémonies, et que tous aussi *ont fait choix de jours spécialement consacrés* à honorer leurs dieux par des hommages publics, et par une pompe plus grande dans les cérémonies du culte.

De plus, en réunissant une collection d'hommes de conditions différentes, dans le but commun de prier le Père suprême de tous, *le culte public contribue puissamment à entretenir les vertus sociales.* Les inégalités de rang et de fortune qui se rencontrent dans la société font naître la nécessité *d'un acte public, commun à tous, qui rappelle aux hommes qu'ils sont tous égaux d'origine, tous placés dans la même condition d'épreuve, tous sujets aux mêmes besoins et aux mêmes faiblesses, tous enfin également subordonnés, à titre de créatures responsables, au Maître suprême de l'univers.*

Tous les devoirs du culte extérieur et public sont contenus implicitement dans LE TROISIÈME ARTICLE DU DÉCALOGUE *et dans* LES QUATRE PREMIERS COMMANDEMENTS DE L'ÉGLISE : « SOUVENEZ-VOUS DE SANCTIFIER LE JOUR DU SABBAT. » (Décal.)

Sur la sanctification du septième jour sous l'ancienne loi.

RESSOUVENEZ-VOUS DE CECI : Dieu a voulu, dès l'origine du monde, et veut encore, et voudra jusqu'à la fin des temps, comme une chose essentiellement juste, qu'une portion de la vie qu'il a donnée aux hommes, avec la dignité d'êtres intelligents, lui fût consacrée ; que des *moments*, des *heures*, des *jours* fussent distraits des occupations communes, et réservés pour lui.

« *Pendant six jours, tu travailleras* et tu feras tous tes ouvrages ; *mais au septième jour* est le sabbat du Seigneur ton Dieu ; *tu ne feras aucun ouvrage* en ce jour, ni toi, ni ton fils et ta fille ; ton serviteur et ta servante, ta bête, et l'étranger qui est au-devant de tes portes.

« Car c'est en six jours que le Seigneur a fait le ciel et la terre, et la mer et tout ce qui est en eux, et il s'est reposé le septième jour, et l'a sanctifié. » (Exode, XX, 8-12.)

« Gardez mon sabbat, car il est saint pour vous. » (Ibid., XXXI, 14.)

L'interdiction des travaux ordinaires est donc, dans les termes du précepte et dans la pensée divine, un moyen de fixer le caractère de ce jour, qui devient tout à la fois un *jour de repos* et un *jour réservé, consacré, sanctifié*, un *jour saint*.

N. B. Ce précepte du sabbat, ainsi que les châtiments dont Dieu menace ses violateurs, revient avec une insistance extraordinaire dans de nombreux passages des *livres du Lévitique*, des *Nombres*, du *Deutéronome*. Cette répétition aussi multipliée du même précepte, et presque toujours dans les mêmes termes, révèle toute l'importance que le Seigneur attache à son observance : il en est peu sur lesquels il ait insisté autant (1).

Ce repos du septième jour, succédant à six jours d'un travail souvent pénible, pour l'âme comme pour le corps, est, pour nous, comme l'*image de la félicité éternelle succédant aux fatigues de la vie ;* il reporte ainsi nos espérances vers le ciel, et en réparant nos forces physiques, il ranime notre courage pour porter chrétiennement nos épreuves terrestres, jusqu'au jour où nous entrerons dans le vrai repos du Seigneur.

La division du temps en semaines de sept jours se retrouve chez tous les peuples de la terre : il faut donc en chercher l'origine au berceau commun du genre humain. Le jour fixé de cette sorte, chez les Hébreux, et appelé SABBAT (c'est-à-dire repos ou cessation de travail), correspond à notre *samedi.*

La sanctification du sabbat, en dehors de la cessation de tout travail, consistait dans la *prière*, la *lecture*, l'*audition* et la *méditation de la loi*, et dans les *sacrifices* prescrits par la même loi :

« Au jour du sabbat, vous offrirez deux agneaux d'un an, sans tache, et deux décimes de fleur de farine arrosée d'huile, pour le sacrifice et les libations qui, selon les rites, sont répandues à chaque sabbat, en holocauste perpétuel. » (Nomb., xxviii, 9, 10.)

« Bienheureux l'homme qui observe ceci (2), et le fils de l'homme qui s'y attachera, gardant le sabbat afin de ne

(1) Le violateur du sabbat était puni du même genre de mort que le blasphémateur : l'un et l'autre étaient lapidés.

(2) La *septième année* était le *sabbat de la terre*, comme le septième jour était le repos pour l'homme. La *cinquantième*

pas le profaner! Ceux qui gardent mes sabbats.... je leur donnerai, dans ma maison et dans mes murs, un lieu et un nom.... *un nom éternel* qui ne périra pas...» (Isaïe, LVI, 2, 5.)

La loi du sabbat a eu ses martyrs, aussi bien que la loi qui défendait de sacrifier aux idoles et de manger des viandes qui leur avaient été offertes; c'est ainsi que le roi *Antiochus,* ayant préparé, contre les Juifs, un combat pour le jour du sabbat, ceux-ci répondirent : » Nous ne sortirons pas, et nous n'exécuterons pas la parole du roi Antiochus, de manière que nous souillions le jour des sabbats. *Mourons tous* dans notre simplicité, et le ciel et la terre seront témoins pour nous... etc. Et ils furent tués, eux, et leurs femmes, et leurs fils, et leurs troupeaux, jusqu'à mille hommes. Et *Mathathias* le sut, ainsi que ses amis, et ils firent un grand deuil à leur sujet. » (I Mach., II, 33, 37, 39.)

Sur la sanctification du dimanche sous le christianisme.

RESSOUVENEZ-VOUS DE CECI : L'œuvre de la création de la nature humaine surtout, altérée par le péché, a été réparée par la *rédemption,* laquelle a été consommée par la *résurrection* du Sauveur. Ses fruits de sanctification ont été déposés au sein de l'Église, dont l'institution fut scellée par la descente du Saint-Esprit, au jour de la *Pentecôte.* Or, ces deux grands événements se sont accomplis *au premier jour de la semaine,* jour appelé depuis *dimanche,* altération des mots latins : *Dies Domini, le*

année, couronnant *sept semaines d'années,* était le *jubilé des années,* temps de *propitiation* et de *rémission* pour tous les habitants de la terre, en Israël.

jour du Seigneur. Il fut donc établi par les apôtres, instruits par J.-C, et inspirés par le Saint-Esprit, que ce jour remplacerait pour les chrétiens le samedi comme jour du repos, et *l'Église chrétienne naissante attesta,* par cette substitution du premier jour de la semaine au dernier, qu'*un ordre nouveau succédait à l'ordre primitif;* c'est pourquoi elle traduisit ainsi le troisième article du décalogue judaïque :

« *Les dimanches tu garderas en servant Dieu dévotement.* »

Ce commandement se compose donc de *trois éléments constitutifs :* 1° *la loi naturelle,* qui demande que l'homme, créature raisonnable, consacre au culte de son créateur une certaine portion de sa vie ; 2° *une loi positive de Dieu,* qui fixe la forme générale du précepte (repos et sanctification); 3° *l'autorité divine* aussi *de l'Église,* qui a fixé le mode de son exécution. *Pour les chrétiens* donc, *la garde du dimanche est aussi rigoureuse,* en principe, et comme précepte divin, *que pour les Juifs;* mais les *œuvres proscrites* sont en nombre plus restreint et ne le sont pas si absolument.

Sur les œuvres proscrites ou autorisées le dimanche.

Ressouvenez-vous de ceci : Travail : *sont interdits tous les ouvrages matériels, manuels, serviles,* qui s'exécutent plutôt par le corps ou par les mains que par l'esprit : tels sont les travaux propres aux esclaves (ou *servi*).

Sont permises toutes les œuvres libérales. Telles sont les œuvres intellectuelles dans lesquelles l'esprit, le talent, l'âme a plus de part que le corps, et propres surtout aux personnes appelées libres, par opposition à *servi.*

Ne tombent pas sous la loi certaines occupations communes à tous les hommes, libres ou esclaves, maîtres ou serviteurs, savants ou ignorants : *aller, venir, voyager* (1), *vaquer* aux soins de sa personne, de son ménage, de sa famille, au soulagement des malades, préparer les aliments nécessaires à la nourriture, etc. *Certains travaux urgents*, qu'on ne peut avancer ni reculer sans un très-notable préjudice pour soi ou pour les autres, sont couverts d'une exception nécessitée par la circonstance, comme, par exemple, et accidentellement, les travaux de la moisson, des vendanges, quand un jour de lacune compromettrait la récolte. En un mot, *tout travail commandé impérieusement par la nécessité ou par la charité est permis le dimanche.*

N. B. Dans les cas de doute raisonnable sur l'urgence d'un travail proscrit, on doit, comme pour toutes les autres prescriptions de l'Église, *consulter qui de droit.* Une jeune fille ou une mère chrétienne, se trouvant, par position, dans la nécessité d'un travail manuel de plusieurs heures (couture, raccommodages, etc.), doit en exposer les raisons à son curé ou à son confesseur, afin d'en obtenir la dispense du précepte, autant de fois et autant de temps que subsistera la difficulté ou l'obstacle.

Vente, achat. La garde du dimanche exclut non seulement le travail, mais encore la *vente* et l'*achat* dans les magasins publics, et tous les actes qui sont du ressort des *tribunaux* La vente et l'achat des choses nécessaires à la subsistance de la journée sont autorisés.; de plus, les habitants de la campagne, qui ne viennent à la ville que ce jour-là, peuvent y faire leurs provisions, mais non ostensiblement, et sans l'étalage ordinaire des magasins pour le marchand, autant du moins que cela se peut. *Ceux qui font travailler, vendre* ou *acheter* dans les cas où eux-

(1) Sans préjudice de l'audition de la messe, obligatoire les dimanches et fêtes.

mêmes ne pourraient pas le faire sans violer le précepte, *enfreignent le commandement* comme s'ils travaillaient, vendaient ou achetaient personnellement.

Sur la sanctification des fêtes sous la loi mosaïque.

RESSOUVENEZ-VOUS DE CECI : En dehors des sabbats, la loi mosaïque avait consacré plusieurs autres jours au souvenir des bienfaits les plus signalés dont le peuple hébreu avait été l'objet de la part de son Dieu. En ces jours, comme en ceux du sabbat, tout travail était proscrit.

Ces fêtes, au nombre *de cinq,* étaient : celle de *la Pâque* qui durait sept jours, celle *des prémices* qui durait sept semaines, celle *des trompettes* et celle *des expiations* qui duraient un seul jour, celle *des tabernacles* qui durait sept jours.

« *Voici les fêtes du Seigneur que vous appellerez saintes.* » Chacune de ces fêtes a ses prescriptions particulières, qui toutes se terminent par ces mots : « *Ce jour sera, pour vous, très-solennel et très-saint...*

« *Vous ne ferez aucune œuvre servile en ce jour...* »

Et le texte ajoute encore, après toutes les prescriptions particulières : « Ce sont là les fêtes du Seigneur que vous appellerez très-solennelles et très-saintes, *et vous y offrirez des oblations au Seigneur,* des *holocaustes,* des *libations,* selon le rite de chaque jour. » (Lévit., XXIII.)

Les sacrifices, comme on le voit, *formaient le fond des œuvres* par lesquelles les Hébreux sanctifiaient leurs sabbats et leurs fêtes.

Sur les fêtes des chrétiens.

RESSOUVENEZ-VOUS DE CECI : *L'Église,* elle aussi, *devait avoir des fêtes* ou solennités consacrées au souvenir des faveurs les plus signalées accordées par le Sauveur au peuple chrétien. *Parmi ces fêtes, cinq ont pour objet d'honorer,* en les rappelant, *les mystères de notre rédemption : Noël, l'Épiphanie, Pâques, l'Ascension* et la *Pentecôte; ces fêtes sont très-solennelles et très-saintes.* Les œuvres serviles sont proscrites, en ces jours, comme aux jours du dimanche.

« LES FÊTES TU SANCTIFIERAS, QUI TE SONT DE COMMANDEMENT. »

Sur les œuvres par lesquelles les chrétiens sanctifient leurs dimanches et fêtes.

RESSOUVENEZ-VOUS DE CECI : *Le saint sacrifice de la messe* ou l'immolation, non plus figurée, mais réelle et perpétuée, dans le temps, de la divine victime du calvaire, devait être et est en effet, dans les siècles chrétiens, *la partie intégrante de toutes les solennités publiques, comme la sainte eucharistie est le point central* vers lequel convergent toutes les cérémonies du culte extérieur de la foi catholique. Dans le but de mieux caractériser la sanctification des dimanches et des fêtes, l'*Église a,* en quelque sorte, *condensé tous les actes de la piété des fidèles,* en ces jours, *dans l'acte par excellence qui les résume tous : l'assistance au saint sacrifice de la messe, et elle en a fait un commandement* dont la violation, comme celle des commandements de Dieu, constitue un péché mortel :

« LES DIMANCHES LA MESSE OUÏRAS, ET LES FÊTES PA-
REILLEMENT. »

Sur les conditions voulues pour accomplir le précepte de l'assistance à la sainte messe.

RESSOUVENEZ-VOUS DE CECI : 1º On doit, autant que cela est possible, assister à la *grand'messe*, où l'oblation du saint sacrifice est entourée de *cérémonies instructives*, et où l'on entend un *commentaire* ou explication *de la parole de Dieu*. Néanmoins, on satisfait à la rigueur du précepte en assistant à une *messe basse*, dite dans une église ou cha-pelle, ou oratoire public.

On doit entendre une *messe tout entière :* n'être pas présente aux parties essentielles du saint sacrifice, ou même à une partie considérable des parties accessoires, c'est violer absolument le commandement. *Les parties essentielles* commencent avec l'offertoire et finissent après la communion des fidèles. *Les actes accessoires* sont ceux qui précèdent l'offertoire et ceux qui suivent la communion.

La première partie d'une messe et la deuxième partie d'une autre messe ne sauraient constituer une messe entière : ce serait encore la violation complète du précepte.

En entrant dans une église pour y entendre la messe, si elle est commencée, on peut à première vue, et à dis-tance, se rendre compte de la partie du saint sacrifice où en est le prêtre, soit par son *attitude à l'autel*, soit par l'endroit qu'il y occupe, soit aussi, ce qui est plus facile encore, *par la place du Missel* (1). On voit alors immédia-

---

(1) *Au commencement :* prêtre au bas de l'autel ; *à l'Introït*, au missel placé à sa droite ; *au Gloria*, prêtre au milieu de

tement si l'audition de la messe sera suffisante, ou s'il faut se diriger vers un autre autel, ou aller dans une autre église pour accomplir le commandement.

Les impossibilités absolues renferment intrinsèquement la dispense de l'obligation : une maladie qui retient au lit ou dans la chambre; les soins à donner à une personne malade, et qui ne pourrait rester seule sans inconvénient; de tout petits enfants à garder, qu'on ne pourrait quitter sans danger; l'éloignement d'une église, dans les endroits où l'on ne dit qu'une seule messe, etc. Une chrétienne qui attache toute l'importance voulue à ses devoirs religieux n'exploite pas facilement des difficultés qui ne sont souvent que des prétextes, lesquels ne sauraient suffire pour l'acquit de la conscience. *Il est plus sûr*, dans les cas qu'on a appelés des impossibilités, d'en faire juge le confesseur, en s'accusant d'avoir manqué la messe, et en lui donnant les raisons.

Sur la manière d'entendre la messe.

RESSOUVENEZ-VOUS DE CECI : Toute âme chrétienne doit assister à la sainte messe, dans une *attitude modeste, attentive* et *recueillie;* s'efforcer d'exciter en elle les sentiments dont elle serait animée si elle voyait, des yeux du corps, Notre-Seigneur Jésus-Christ renouvelant pour elle

l'autel ; *oraisons, épître, graduel,* prêtre au missel, toujours placé à sa droite ; *à l'évangile,* prêtre au missel placé à sa gauche, et toute l'assistance debout (c'est la dernière limite); *au Credo,* prêtre au milieu de l'autel; *à l'offertoire, et jusqu'à la communion,* prêtre au milieu de l'autel, le missel toujours à sa gauche, un peu tourné vers lui; *après la communion* (où l'on peut sortir à la rigueur), prêtre au missel, reporté à sa droite, comme au commencement.

les douleurs de sa passion et de sa mort, puisqu'il y a là, en effet, le *même sacrifice*, le *même sacrificateur* et la *même victime* offerte pour les mêmes fins (1). *La manière la plus fructueuse d'entendre la sainte messe est donc de s'unir, d'esprit et de cœur, aux quatre principales intentions de l'Église, correspondant aux quatre fins du sacrifice :* adorer *(adoration),* remercier *(action de grâce),* solliciter le pardon de ses péchés *en vertu des mérites infinis de la divine victime (l'expiation),* demander *(impétration),* enfin toutes les grâces spirituelles nécessaires au salut, et aussi les grâces temporelles comme moyens de salut (2).

On remplit ce devoir en suivant, dans un livre appelé *paroissien,* toutes les parties du saint sacrifice dites à haute voix ou mentalement par le prêtre, et répondues, par le servant, au nom des fidèles assistants.

Le paroissien contient : le commun ou l'ordinaire de la messe, le propre des dimanches et des fêtes mobiles, le propre des saints. On va ainsi de l'ordinaire au propre, lequel comprend : l'*Introït,* l'*oraison,* l'*épître,* le *graduel,* l'*évangile,* l'*offertoire,* la *secrète,* la *communion,* la *post-communion.*

Sur les autres moyens de sanctifier les dimanches et les fêtes.

L'assistance à la sainte messe est le seul acte de nécessité de salut que la sainte Église ait prescrit aux chrétiens.

(1) Relire ici ce qui est dit dans la première partie sur le saint sacrifice de la messe.

(2) Le saint sacrifice de la messe est offert spécialement pour les fidèles aux jours où ils sont dans l'obligation d'y assister, c'est-à-dire tous les dimanches et toutes les fêtes de garde, même celles qui ont été supprimées par le Concordat.

Mais le grand but de la sanctification des dimanches et des fêtes est *d'honorer Dieu,* de *reposer l'âme* aussi bien que le corps, de *la nourrir* des aliments surnaturels qui lui sont propres, de *raviver* en elle le sentiment de sa grandeur et le souvenir de ses immortelles destinées; ce but serait donc bien imparfaitement atteint, si l'on se contentait d'entendre la messe, surtout une messe basse.

Le moins, exigé sous peine de péché grave, *suppose le plus* chez les chrétiens de bonne volonté, qui ne bornent pas le tribut dû à leur Dieu, et la sustentation due à leur âme, à ce dont ils ne pourraient se dispenser sous peine de mort. Aussi, en dehors de sa loi impérative, l'Église a mis à la portée de tous ses fidèles enfants *plusieurs autres exercices religieux* qui sont comme autant de *moyens de sanctification et de persévérance finale;* te) sont : les *instructions* dogmatiques et morales (catéchisme), les *exhortations* ou *sermons,* autrement dit la *parole de Dieu* annoncée et expliquée par les pasteurs des âmes; les *honneurs publics et solennels rendus au très-saint sacrement,* c'est-à-dire au Sauveur habitant, sous les voiles eucharistiques, au milieu de nous *(saluts, processions, exposition);* les *associations* ou réunions pieuses *(confréries, patronages),* et enfin *les œuvres pies* de toute nature, principalement les œuvres appelées *de miséricorde spirituelles et temporelles.*

Sur la sainte communion.

Ressouvenez-vous de ceci : *Le moyen par excellence de sanctifier les jours réservés au Seigneur est celui de la communion* à la chair, au sang, à l'humanité et à la divinité de N.-S. et Sauveur J.-C. En nous unissant étroitement à lui, la sainte eucharistie entretient et augmente, en nous, la vie de la grâce et les forces surnaturelles de

notre âme; elle affaiblit, dans la même mesure, les ins-
tincts mauvais, les passions violentes de notre nature déchue; enfin, elle nous est un gage de la résurrection
glorieuse de notre chair mortelle, en même temps que
de la bienheureuse éternité pour notre âme immortelle.

« Je suis le pain vivant.... Si quelqu'un mange de ce
pain, il vivra éternellement. Qui mange ma chair et boit
mon sang a la vie éternelle (1). » L'eucharistie est pour
l'âme ce qu'était la manne pour le peuple de Dieu; ce
que dit le *livre de la Sagesse*, parlant de la figure, s'applique donc à la réalité :

« Seigneur, vous avez nourri votre peuple de la nourriture des anges; vous leur avez donné un pain venant
du ciel, préparé sans travail, renfermant en soi tout ce
qui plaît et ce qui est agréable à tous les goûts; car cette
nourriture, qui venait de vous, montrait votre douceur
que vous avez pour vos enfants, et, s'accommodant à la
volonté de chacun, elle se changeait en ce que chacun
voulait. » (Sag., xvi, 20, 21.)

L'eucharistie se change aussi selon la volonté, c'est-à-
dire selon les dispositions et les besoins de ceux qui la
reçoivent, en *force*, en *consolation*, en *lumière*, en *chaleur*,
en *douce rosée*, en *vie*, toujours et pour tous. Dans la
pensée de l'Église, écho fidèle de la pensée du Sauveur,
*la manducation du pain de vie doit être fréquente, quoti-
dienne* même, ainsi qu'il se pratiquait dans la primitive
Église; du moins faut-il que les âmes fidèles, qui comprennent les bienfaits de toute nature renfermés dans la
sainte eucharistie, s'en approchent souvent, mais *principalement aux principales fêtes de l'année.*

Si donc, par égard pour l'indifférence du plus grand
nombre de ses enfants, l'Église a, dans son commande-

---

(1) Revoir tout ce qui est dit du sacrement de l'eucharistie,
1re partie, p. 110 et suiv.

ment, restreint l'obligation de la communion à une fois l'an, elle en a fait, d'autre part, une condition de salut, ou plutôt elle a rappelé à tous que, selon les paroles du Sauveur, il n'est pas pour eux de vie éternelle s'ils ne se nourrissent de la chair du Fils de Dieu, et s'ils ne s'abreuvent de son sang.

Sur les dispositions nécessaires pour s'approcher de la table sainte.

RESSOUVENEZ-VOUS DE CECI : *La première disposition* est celle d'y apporter *une âme purifiée*, par la confession et l'absolution, *de tout péché mortel*, et la *première condition* est celle *d'être à jeun*, c'est-à-dire de n'avoir absolument rien mangé ni bu depuis minuit.

N. B. Le jeûne eucharistique se distingue essentiellement des autres jeûnes prescrits par l'Église, en ce qu'il *est absolu*, et d'une pratique très-rigoureuse. Il n'y a d'exception à cette règle que pour les malades à qui l'on donne le *saint viatique*, c'est-à-dire la communion qui doit les disposer à paraître devant Dieu, et les fortifier dans le grand passage du temps à l'éternité. *Les autres dispositions intérieures* pour communier dignement sont : la *foi*, l'*humilité*, le *respect*, la *confiance*, l'*amour* s'épanchant devant Dieu en saints et fervents *désirs* de s'unir à lui comme à notre souverain Dieu. Ces dispositions de l'âme doivent se traduire par la *modestie*, le *recueillement* et l'*attitude religieuse du corps tout entier*.

Après la communion : *reconnaissance, amour, action de grâce, demandes, supplications, promesses* ou *résolutions* : tels sont les sentiments qui doivent occuper l'âme pendant les moments, précieux entre tous, qui suivent la communion (durant un quart d'heure au moins).

Sur la communion tiède.

RESSOUVENEZ-VOUS DE CECI : Ceux-là ne retirent pas tous les fruits du sacrement, qui ne s'y préparent que peu ou point, y participent sans ferveur, sans efforts généreux, et restent tièdes et lâches dans le service de Dieu.

La communion tiède peut conduire, comme par une pente insensible, mais réelle, à la communion sacrilége, comme le péché véniel achemine au péché mortel.

L'apôtre *saint Paul* marque cette gradation dans le texte suivant. Après avoir dit que ceux-là ne discernent pas le corps du Seigneur qui en mangent indignement, il ajoute : « *C'est pour cela qu'il y a parmi vous beaucoup d'infirmes et de languissants, et que beaucoup s'endorment* (c'est-à-dire finissent par mourir à la grâce). » (1 Cor., XI, 30.)

« Que l'homme donc s'éprouve lui-même (1), et qu'il mange ainsi de ce pain et boive de ce vin. » (Ibid., 28.)

Sur la communion sacrilège.

RESSOUVENEZ-VOUS DE CECI : *Ceux-là profanent le corps et le sang du Sauveur*, qui le reçoivent avec des *dispositions mauvaises*, c'est-à-dire dans une *âme souillée* par le péché mortel : c'est la communion sacrilége ou la profanation de la chose sacrée par excellence.

« Quiconque mangera ce pain ou boira ce calice du

____

(1) C'est-à-dire *s'examine, se purifie, prépare son âme* et *approche* d'une manière digne du Dieu eucharistie.

Seigneur indignement sera coupable du corps et du sang
du Sauveur. Car quiconque en boit et en mange indigné-
ment mange et boit son jugement (c'est-à-dire sa condamnation), ne discernant point le corps du Seigneur. »
(I Cor., xi, 27, 29.)

« Celui qui viole la loi de Moïse meurt sans aucune
miséricorde, sur la déposition de deux ou trois témoins.
Combien donc pensez-vous que mérite de plus affreux
supplices celui qui aura foulé aux pieds le Fils de Dieu,
tenu pour profane le sang de l'alliance par lequel il aura
été sanctifié, et fait outrage à l'esprit de la grâce? Car
nous savons qu'il a dit : A moi est la vengeance, et c'est
moi qui ferai la rétribution. Il est terrible de tomber
entre les mains du Dieu vivant. » (Hebr., x, 28-31.)

On répare une mauvaise communion en l'accusant au
saint tribunal de la pénitence, et en en recevant l'absolution dans toutes les conditions requises.

Sur la communion pascale.

« *Ton Créateur tu recevras, au moins à Pâques humble-
ment.* »

Ressouvenez-vous de ceci : *La communion pascale,*
par cela même qu'elle est l'anniversaire de l'institution
de la sainte eucharistie; qu'elle est le gage de notre
union, non seulement avec notre divin Sauveur, mais
encore avec nos frères, chrétiens comme nous, et
qu'elle est enfin, pour tous, *de nécessité de salut,* a été
distinguée des autres communions (même pour les personnes qui communient tous les jours) par des prescriptions spéciales. *L'Église en a assigné et l'époque et le lieu.*
L'époque comprend, le plus ordinairement, les huit jours
qui précèdent la solennité de Pâques et les huit jours
qui la suivent. Dans certains diocèses (celui de Paris par

exemple), ce temps est prolongé jusqu'au dimanche du Bon Pasteur, ou deuxième dimanche après Pâques. Le lieu est la *paroisse* respective de chaque chrétien, qui reçoit alors ce gage d'union et de vie de la main des prêtres chargés de lui donner les soins spirituels.

Pour faire ailleurs cette communion pascale, il faut en recevoir une permission spéciale de son curé.

N. B. Si, par suite d'empêchement sérieux, on n'avait pu faire la communion pascale dans le laps de temps voulu, il faudrait s'acquitter le plus tôt possible de ce devoir, devenu d'autant plus urgent que l'époque fixée est passée.

Sur ceux qui ne communient pas.

Ressouvenez-vous de ceci : *Ceux-là qui se tiennent éloignés de la vraie vie n'auront pas la vie en eux dans le temps, et n'auront pas la vie éternelle :* ils imitent les Juifs et beaucoup des disciples du Sauveur qui, ne comprenant pas les paroles du divin Maître leur annonçant ce prodige de son amour pour les hommes, s'éloignèrent de lui à l'heure même. « Les Juifs donc disputaient entre eux, disant : Comment celui-ci peut-il nous donner sa chair à manger? Et Jésus leur dit : *En vérité, en vérité, je vous le dis* (1) : Si vous ne mangez la chair du Fils de l'homme, et ne buvez son sang, vous n'aurez point la vie en vous, etc. Mais beaucoup de ses disciples l'ayant entendu, dirent : Ces paroles sont dures, et qui peut les écouter? Or, Jésus sachant en lui-même (comme Dieu) que ses disciples en murmuraient, leur dit : Cela vous scanda-

(1) Cette double affirmation, tant de fois reproduite par les évangélistes, était, dans la bouche du Sauveur, une *formule d'affirmation par serment.*

lise? Or, *les paroles que je vous ai dites sont esprit et vie* (1).

« Mais il en est quelques-uns parmi vous qui ne croient point.... Dès lors, beaucoup de ses disciples se retirèrent, et ils n'allèrent plus avec lui (2).

« *Jésus donc dit aux douze* (apôtres) : *Et vous, voulez-vous aussi vous en aller? Mais Simon Pierre lui répondit : Seigneur, à qui irions-nous? Vous avez les paroles de la vie éternelle!* Pour nous, nous avons cru, et nous avons connu que vous êtes le Christ, le Fils de Dieu. » (Jean, VI, 53, 54, 61, 70.)

Répétez donc, vous aussi, enfants chrétiennes, catholiques, de toute votre foi et de tout votre cœur : SEIGNEUR, A QUI IRIONS-NOUS? VOUS AVEZ LES PAROLES DE LA VIE ÉTERNELLE. » Ainsi-soit-il !

Sur la confession des péchés.

« *Tous tes péchés confesseras, à tout le moins une fois l'an.* »

RESSOUVENEZ-VOUS DE CECI : *L'absolution des péchés par la confession, la contrition et la satisfaction, est de nécessité de salut,* dès lors que le Sauveur a institué ce signe sensible de sa miséricorde infinie envers l'homme faible, peccable et pécheur; *qu'il a déclaré que rien de souillé n'entrera dans le royaume des cieux,* et qu'il a investi ses

---

(1) Esprit et vie, puisqu'elles contiennent la promesse d'un sacrement dans lequel on peut recevoir, avec la chair et le sang du Sauveur, l'esprit, la grâce et la vie dans sa source même.

(2) Le Sauveur, en les laissant partir, montre clairement qu'il n'y avait, dans ses affirmations, *ni figure, ni ambiguité;* c'est bien sa chair et son sang que reçoit le communiant au pain et au vin eucharistiques.

*apôtres, et tous leurs successeurs, du pouvoir de remettre
les péchés en son nom.*

L'*Église* a donc rappelé ce précepte du Seigneur,
comme elle a rappelé celui de la communion, en formulant *l'obligation absolue*, pour tout chrétien, de confesser
ses péchés au moins une fois l'an, c'est-à-dire de telle
sorte que l'âme soit purifiée de toutes ses souillures, pour
accomplir le devoir de la communion pascale. Mais *la
règle la plus sûre* pour nous, mortels, pouvant à tous les
points de la durée de notre vie être surpris par la mort,
c'est la voix de notre conscience et la mesure de notre
culpabilité devant Dieu. *La simple prudence chrétienne*
nous fait donc une loi de ne pas demeurer dans l'état où
nous ne voudrions pas paraître devant le juge suprême,
pour être jugés et rétribués selon nos œuvres. N'oublions donc jamais qu'un seul péché mortel suffit pour
encourir la condamnation éternelle.

Un examen méthodique, attentif et sérieux de sa conscience, sous l'œil de Dieu et sous l'action du Saint-Esprit (1), *l'aveu humble, sincère, complet* de tous ses péchés;
le *regret profond, vrai* de les avoir commis; la *résolution
ferme* et *généreuse* de les éviter à l'avenir; enfin, la *vigilance chrétienne* sur soi-même, pour en fuir les occasions, telles sont *les conditions d'une bonne confession.*
« Mon fils, as-tu péché? Ne recommence pas de nouveau;
mais prie pour tes fautes passées, afin qu'elles te soient
remises. *Fuis le péché comme à l'aspect d'un serpent,* car si
tu en approches, il te saisira. Ce sont des dents de lion
que ses dents, tuant les âmes des hommes. » (Eccli., xxi,
1, 2, 3.)

L'action de grâces à Dieu, *l'accomplissement* prompt et
exact *de la pénitence sacramentelle,* la *satisfaction* à *Dieu,*
par la pénitence chrétienne et autres œuvres satisfac-

____

(1) Cet examen est à la fin de ce Mémorial.

toires, la *réparation au prochain* des torts faits à son bien
ou à sa réputation, sont autant de *devoirs* qui restent à la
charge de la conscience après *l'absolution des péchés* (1).

La confession imparfaite, c'est-à-dire faite à la légère,
sans examen sérieux, sans contrition, sans ferme propos, etc., conduit peu à peu à la profanation du sacrement, c'est-à-dire au sacrilége, comme la communion
tiède achemine l'âme à la profanation du corps et du sang
de J.-C.

Sur la confession sacrilége.

RESSOUVENEZ-VOUS DE CECI : *Il y a sacrilége* quand, sous
l'empire d'une fausse honte, on retient sciemment et volontairement l'aveu d'une faute grave, ou qu'on croit
telle, quand même elle ne le serait pas, par là même
qu'on la retient comme telle. L'absolution est alors nulle
pour les fautes accusées, et l'âme se retire du saint tribunal plus coupable qu'elle n'y était entrée : elle est
coupable du sang de N.-S. J.-C. dont la vertu purifie
l'âme bien disposée dans ce sacrement de miséricorde.

On répare une confession sacrilége en l'accusant, en accusant aussi la faute qu'on avait retenue, et en recevant
l'absolution de l'une et de l'autre, avec toutes les dispositions requises.

Sur ceux qui ne se confessent pas.

RESSOUVENEZ-VOUS DE CECI : *Ceux qui ne se conforment
pas à ce précepte divin sont évidemment en dehors de la voie
du salut :*

(1) Revoir tout ce qui a été écrit sur la pénitence, 1re partie,
p. 113 et suiv.

« Ne dis pas : J'ai péché, et que m'est-il arrivé de triste? Car le Très-Haut, quoique patient, rend à chacun selon ses mérites. Et ne dis pas : La miséricorde du Seigneur est grande; il aura pitié de la multitude de mes péchés; car la miséricorde et la colère qui viennent de lui s'approchent rapidement; subitement viendra sa colère et, au temps de la vengeance, il te perdra entièrement. » (Eccli., v, 4, 6, 7, 9.)

« Mon fils, *ne tarde pas à revenir au Seigneur, et ne diffère pas de jour en jour.* » (Ibid., 8.)

(Il est toujours temps de revenir au Seigneur par la confession et la communion.) « Convertis-toi au Seigneur, et quitte tes péchés. Combien grande est la miséricorde du Seigneur et sa propitiation pour ceux qui se convertissent à lui! » (Eccli., xvii, 28.)

« Rejetez loin de vous toutes les prévarications, et faites-vous un cœur nouveau et un esprit nouveau. *Revenez et vivez.* » (Ézech., xviii, 31, 32.)

« En vérité, je vous le dis : de même il y aura plus de joie dans le ciel pour un pécheur faisant pénitence que pour quatre-vingt-dix justes qui n'ont pas besoin de pénitence. » (N.-S. en S. Luc, xv, 7.)

Sur la pénitence chrétienne.

RESSOUVENEZ-VOUS DE CECI : *La pénitence chrétienne se lie étroitement, et tout à la fois : au culte que nous devons à Dieu* qu'elle honore et qu'elle apaise; *à ce que nous devons à nous-mêmes,* puisque ses effets sont de nous purifier, de nous rapprocher de Dieu, de nous sanctifier; *à ce que nous devons au prochain,* puisque l'aumône, associée à la prière et au jeûne, est toute-puissante sur le cœur de Dieu.

Au précepte de la pénitence, imposé par *Dieu* et répété

par le *Sauveur*, l'*Église* a ajouté *le mode* ou la manière d'accomplir la loi :

« *Quatre temps, vigiles, jeûneras, et le carême entièrement.*

« *Vendredi, chair ne mangeras, ni le samedi mêmement.* »

Sous l'ancienne loi, l'abstinence de la chair de certains animaux réputés impurs, les *pleurs* et les *gémissements, sous la cendre et le cilice*, etc., étaient prescrits comme autant de *signes extérieurs* du précepte de la pénitence, rappelé sur tous les tons par les écrivains sacrés, et particulièrement par les prophètes.

L'Église, elle aussi, devait se préoccuper de l'accomplissement de cette grande *loi* devenue, depuis la chute originelle, *de nécessité de salut;* elle l'a fait en formulant les deux commandements qui ne sont qu'une application pratique et déterminée de la loi divine.

La pénitence doit atteindre l'homme vicié et pécheur dans ses deux éléments constitutifs : son *corps* et son *âme;* elle revêt, par conséquent, *deux formes distinctes :* elle est *corporelle* et *spirituelle,* et elle est aussi *extérieure et intérieure.*

Le mot pénitence, dans son sens étymologique (peine), emporte avec lui l'idée de privation, de peine, de châtiment, etc.

L'une des parties de la pénitence consiste donc dans la *modération,* dans la *mortification de la chair* et de ses appétits, si souvent déréglés : le corps est donc atteint par le *jeûne, l'abstinence* et les *autres austérités corporelles,* familières aux saints et aux chrétiens fervents. Une partie de cette pénitence corporelle est laissée à la conscience et à la dévotion de chacun : l'Église n'a, ici encore, prescrit que ce qui est rigoureusement exigé, en laissant à chacun l'initiative et la responsabilité du reste. *L'autre partie consiste* dans la *modération* et la *mortifica-*

tion de l'âme, de ses *désirs,* de ses *passions,* de ses *défauts,* de ses *inclinations mauvaises* ou imparfaites, des *sens intérieurs,* etc.

Cette pénitence intérieure a été laissée aussi, en grande partie, par l'Église, à la conscience de chacun.

Le premier de ses commandements sur la pénitence *pèse sur la quantité des aliments,* à certaines époques de l'année, et *le second pèse sur la qualité* ou la nature de ces mêmes aliments, à ces mêmes époques et à certains jours de la semaine.

Sur le jeûne.

RESSOUVENEZ-VOUS DE CECI : Se condamner, dans un esprit de pénitence expiatoire, à demeurer sans nourriture, est une *tradition très-ancienne du genre humain tout entier.*

Le jeûne a été en usage sous le paganisme, et, aujourd'hui encore, certaines sectes orientales, y compris celle de Mahomet, le pratiquent avec une rigueur excessive. Cette forme de la pénitence a joué un grand rôle dans l'histoire des Juifs : l'*Ancien testament est rempli d'exemples de jeûnes publics et privés.*

« La prière est bonne accompagnée du jeûne. » (Tob., XII, 8.)

« *Les hommes de Ninive* crurent en Dieu (à la parole de Jonas), et ils publièrent un jeûne, et se revêtirent de cilices, depuis le plus grand jusqu'au plus petit. Et *le roi* se leva de son trône et quitta son vêtement, et se revêtit d'un sac et s'assit sur la cendre..... *Et Dieu vit leurs œuvres..... Et Dieu eut pitié d'eux.* » (Jon., III, 5, 6, 10.)

« Et moi, pendant qu'ils me tourmentaient, j'étais revêtu d'un cilice; j'humiliais mon âme par le jeûne, etc. » (Ps. XXXIV, 13.)

Le Sauveur s'est soumis lui-même à la loi du jeûne, et, dans son sermon sur la montagne il a voulu prémunir la foule, qui l'écoutait, contre l'ostentation hypocrite de plusieurs : il veut que le jeûne privé ait Dieu seul pour témoin, et il le dégage ici des accessoires extérieurs qui accompagnaient, le plus ordinairement, chez les Juifs, les jeûnes publics ou même privés.

« *Lorsque vous jeûnez, ne vous montrez pas tristes,* comme les hypocrites; car ils exténuent leur visage pour que leurs jeûnes paraissent devant les hommes. En vérité, je vous le dis, ils ont reçu leur récompense.

« *Pour toi* (individu), *quand tu jeûneras,* parfume-toi la tête, et lave ton visage, afin que tu n'apparaisses pas, aux hommes, jeûnant, mais à ton Père céleste qui est présent à ce qui est secret, et ton Père, qui voit dans le secret, te le rendra (1). » (N.-S. en S. Matth., vi, 16, 17.)

Sur la discipline actuelle de l'Église, touchant le précepte du jeûne.

Ressouvenez-vous de ceci : *Dans les premiers siècles du christianisme, le jeûne consistait* à ne faire qu'*un seul repas, le soir,* après le coucher du soleil. Cette règle a été successivement modifiée en faveur des constitutions moins robustes, et l'heure du repas a été peu à peu avancée jusqu'au *milieu du jour* (midi). *L'Église* a alors autorisé, sur le soir, un léger repas, nommé *collation.*

Le repas principal n'est assujetti à aucune règle parti-

____

(1) C'est-à-dire te rendra, au dernier jour, selon ton œuvre : le mérite de ton jeûne, qui sera perdu pour l'hypocrite, à cause de son ostentation.

culière, ni comme qualité, ni comme quantité. *La colla-tion*, au contraire, ne doit être, comme quantité, qu'un repas *accessoire* très-léger ; comme qualité, chacun suit les règles locales déterminées dans chaque diocèse, et rappelées, chaque année, aux fidèles par l'Évêque, dans le mandement dit du carême.

Il est admis maintenant que la collation puisse se faire vers le milieu du jour (entre onze heures et midi), et le repas principal le soir. *Il est permis*, en outre, d'adoucir encore le jeûne du matin par l'usage de certaines boissons (tisane, café noir sans lait, thé sans lait, maïs, gruau léger, etc., accompagné de quelques bouchées de pain).

Les *temps* et les *jours* soumis à la loi du jeûne sont :

1o LE SAINT TEMPS DU CARÊME ou la sainte quarantaine, institué pour honorer, en l'imitant, le jeûne de N.-S. J.-C. au désert, et aussi comme préparation à la grande solennité pascale.

Il commence au mercredi des cendres, et finit le samedi saint inclusivement.

2o LES QUATRE TEMPS, dont le but est de consacrer, par la pénitence, chacune des saisons de l'année, de détourner les châtiments que méritent nos péchés ; d'obtenir de Dieu la conservation des fruits de la terre ; le remercier de ceux qu'il nous a donnés, et lui demander la grâce d'en faire un saint usage ; de prier Dieu de donner à son Église de bons et saints prêtres, dont *l'ordination* se fait en ces quatre temps. *Ces jeûnes sont fixés au mercredi, vendredi et samedi de la première semaine du carême* (ils sont donc compris dans le jeûne du carême) ; *de la semaine de la Pentecôte, de la troisième semaine de septembre, de la troisième semaine de l'Avent.*

3o LA VIGILE ou *veille de certaines fêtes solennelles*, comme préparation à les célébrer plus saintement.

Le nombre de ces vigiles, ainsi nommées parce que les premiers chrétiens passaient en prières, dans les églises,

la nuit qui précédait les fêtes, a été restreint aux *quatre
fêtes suivantes : Noël,* la *Pentecôte,* l'*Assomption,* la *Toussaint* (1).

*Le précepte du jeûne n'atteint les chrétiens qu'à dater de
leur vingt et unième année ;* et encore faut-il qu'ils soient
dans toutes les conditions voulues, au point de vue
physique.

Aussi l'*Église,* par l'intermédiaire de ses ministres (à qui
il faut s'adresser), dispense-t-elle de la loi ceux de ses enfants qui, par la faiblesse de leur santé, la nature de leurs
travaux ou les privations de leur état de pauvreté, ne
pourraient pas s'y soumettre sans inconvénient : la *maladie*
ou l'*état maladif,* le *travail pénible et continu,* et *la pauvreté* portent, en eux-mêmes, l'accomplissement de la
grande loi de la pénitence, quand ces épreuves sont por-
tées en *esprit de foi,* de *piété* et de *soumission à Dieu* qui
les impose.

Sur l'abstinence.

RESSOUVENEZ-VOUS DE CECI : *La loi de l'abstinence de la
chair,* très-compliquée dans ses détails chez les Hébreux,
a été appliquée, par l'Église, à la *seule abstinence de la
chair des animaux* en général, excepté cependant des
animaux aquatiques (poissons de toutes sortes). *Les jours
fixés* pour cette abstinence sont : 1° *le vendredi* et *le samedi* (2) de chaque semaine ; les *mercredi, vendredi* et *sa-*

(1) A Rome, dans d'autres pays, et dans plusieurs diocèses de
France, la *vigile* de la *fête de Saint-Pierre* est soumise au
jeûne.

(2) Depuis plusieurs années déjà il a été permis, dans certains
diocèses (y compris celui de Paris), de manger gras le samedi.
Ce n'est encore qu'une concession faite aux temps et aux circonstances.

medi des quatre temps, les *vigiles* auxquelles est attaché le jeûne, la *sainte quarantaine*, pendant laquelle l'abstinence a été restreinte, de nos jours, aux *mercredi, vendredi* et *samedi* de chacune des semaines qui la composent.

N. B. L'abstinence est ordinairement restreinte par *dispenses épiscopales*, en vertu d'un indult émané du Saint-Siége : *les jours réservés* ne sont pas les mêmes partout.

L'abstinence du vendredi et du samedi a été instituée pour honorer, par la pénitence, la *mémoire de la passion* et de la *sépulture* du Sauveur, consacrer chaque semaine deux jours à la pénitence, et se préparer à la sanctification du dimanche.

La loi de l'abstinence atteint tous les chrétiens, quel que soit leur âge, et même les enfants au-dessus de sept ans.

On peut, pour l'abstinence comme pour le jeûne, obtenir des *dispenses* motivées par la santé, le travail et la pauvreté (1).

N. B. Toutes les dispenses des règles fixées par la sainte Église, comme moyens d'accomplir les préceptes divins, et modifiées par elle-même selon les temps et les circonstances, *n'atteignent que le mode de pénitence ; elles laissent subsister, dans toute son intégrité, le précepte* en lui-même, qui reste pour chacun *de nécessité de salut : « Si vous ne faites pénitence, vous périrez tous; »* or, comme à tout âge et en tout état on est pécheur, il faut nécessairement faire pénitence en ce monde ou en l'autre.

Sur le culte dû à la Sainte-Vierge, aux anges et aux saints.

RESSOUVENEZ-VOUS DE CECI : *« Un seul Dieu tu adoreras. »* Nous donc, chrétiens catholiques, *nous ne rendons qu'à*

(1) Ces différentes dispenses doivent être demandées soit au curé de sa paroisse, soit à son confesseur.

Dieu seul le culte de l'adoration et de l'amour, par dessus toute personne et toute chose créées. Mais *nous honorons :* Marie comme Mère du Sauveur, et la nôtre par adoption, par legs, par héritage ; *les anges,* comme les plus purs créatures de Dieu, créées pour sa gloire ; et en particulier les *anges gardiens,* députés par Dieu pour veiller sur nous, nous garder et nous protéger contre les tentations des anges déchus ; *les saints,* comme les amis de Dieu, nos protecteurs, nos intercesseurs auprès de lui, nos modèles dans les luttes de la vie, etc.

Nous demandons à Marie, aux anges et aux saints, non de nous accorder, mais *de solliciter, pour nous, auprès de Dieu, les grâces* dont nous avons besoin, de même que, chaque jour dans l'ordinaire de la vie du temps, on s'adresse aux amis, aux privilégiés des rois, des princes, des grands de la terre, comme ayant puissance sur celui dont on sollicite quelque faveur (1).

Sur la vraie piété.

Ressouvenez-vous de ceci : *La vitalité, dans l'âme, des divers sentiments produits par la foi, l'espérance et l'amour ; l'expansion au dehors, la manifestation publique* de ces sentiments intimes, *par l'accomplissement fidèle des devoirs du culte extérieur dû à Dieu,* et enfin ces sentiments *inspirant et vivifiant tous nos autres devoirs, constituent* LA PIÉTÉ *de l'âme,* LA PIÉTÉ PRATIQUE, *la vraie dévotion.* C'est dans ce sens complet du mot que *saint Paul* a pu écrire à son disciple Timothée : « *Exerce-toi à la piété..... La piété est utile à tout,* ayant les promesses de la vie présente et celles de la vie future. » (Tim., IV, 7, 8.)

(1) Revoir l'article : Communion des saints, 1ʳᵉ partie, p. 138 et suiv.

La piété qui n'a pas ces caractères n'est pas la vraie piété : c'est une *piété mal entendue,* une *fausse piété,* une *fausse direction.*

La piété a son contraire dans l'impiété, flétrie et maudite, dans l'*impie,* presque à chaque page des saintes Écritures : « Ils ont dit à Dieu : Retire-toi de nous : nous ne voulons pas connaître tes voies. Qui est le Tout-Puissant, pour que nous le servions? et que nous revient-il, si nous le prions? Ils passent leurs jours dans le bonheur.... et, en un moment, ils descendent dans les enfers. Combien de fois la lampe des impies s'éteindra! Un déluge de maux leur surviendra, et Dieu leur distribuera les douleurs de sa fureur. *Lorsque Dieu aura rendu à l'impie selon ses œuvres, alors il comprendra....* Ses yeux verront sa ruine... et il boira de la fureur du Tout-Puissant. » (Job., XXI, 13, 17.)

Sur les devoirs envers soi-même.

RESSOUVENEZ-VOUS DE CECI : *Nos devoirs envers nous-mêmes sont implicitement renfermés dans nos devoirs envers Dieu,* puisqu'ils consistent à régler nos mœurs et notre conduite conformément aux volontés de Dieu, qui toutes ont pour but notre salut éternel. Or, nous ne pouvons assurer notre salut que par le perfectionnement, ici-bas, de notre vie religieuse et de notre vie morale. *Ce travail de notre perfectionnement,* autrement dit *de notre sanctification, a deux objets principaux : le mal* qu'ils nous font extirper, et *la vertu* qu'ils nous font acquérir et pratiquer.

L'Église a groupé tous les vices sous sept chefs nommés PÉCHÉS CAPITAUX, parce qu'ils sont la source d'où naissent tous les autres : *à chacun d'eux correspond une vertu* que nous pouvons et que nous devons lui opposer.

Sur les péchés capitaux.

RESSOUVENEZ-VOUS DE CECI : L'ORGUEIL *a son contraire dans l'humilité chrétienne.*

« Mon fils, ne laisse jamais l'orgueil dominer dans ton esprit ou dans ta parole, car c'est par l'orgueil que toute perdition a pris commencement. » (Tob., IV, 14.)

« Dieu résiste aux superbes et donne sa grâce aux humbles. » (Jacq., VI, 6.)

N.-S., si doux, si plein de miséricorde pour les pécheurs humiliés et repentants, a trouvé des paroles foudroyantes et des malédictions contre les scribes et les pharisiens orgueilleux et hypocrites.

L'humilité, comme vertu, a ses racines dans l'Ancien testament, bien qu'elle ait reçu tout son lustre de celui qui a voulu guérir, par des prodiges d'abaissement, la grande plaie de l'orgueil dont a été frappé le genre humain : « Où est l'*humilité* là aussi est la sagesse. » (Prov., XI, 2.)

« Par le feu s'éprouve l'or et l'argent, mais les hommes doivent passer par le fourneau de l'*humiliation*. » (Eccli., II, 5.)

« Si quelqu'un veut être le premier, il sera le dernier de tous et le serviteur de tous. » (N.-S. en S. Marc, IX, 34.)

« *Apprenez de moi que je suis doux et humble de cœur*, et vous trouverez le repos de vos âmes. » (N.-S. en S. Matth., XI, 28, 29, 30.)

« Quiconque s'élève sera humilié ; quiconque s'humilie sera exalté. » (N.-S. en S. Luc, XIV, 11.)

« *Humiliez-vous* donc sous la puissante main de Dieu, pour qu'il vous exalte au temps de sa visite (de son jugement). » (1 Pierre, V, 6.)

L'avarice *a son contraire dans le* détachement *chrétien* des biens de la terre. « Celui qui amasse des trésors avec une langue de mensonge est vain et sans cœur, et il s'engagera dans les lacs de la mort. » (Prov., xxi, 6.)

« Ne lève pas tes yeux vers des richesses que tu ne peux avoir. » (Prov., xxiii, 5.)

« Veiller pour les richesses dessèche la chair, et y penser enlève le sommeil. Beaucoup ont fait des chutes à cause de l'or; et leur perte est venue de sa beauté. »

« C'est une pierre d'achoppement que l'or, pour ceux qui lui sacrifient. Malheur à ceux qui le recherchent avec ardeur! Tout insensé périra par lui. » (Eccli., xxxi, 8, 9, 10.)

« Vaut mieux peu avec la crainte de Seigneur, que des trésors grands et inépuisables. » (Prov., xv, 6.)

« Vaut mieux un pauvre qui marche dans sa simplicité, qu'un riche qui marche sur les chemins tortus. » (Prov., xxviii, 6.)

« En vérité, tout homme vivant est une vanité universelle. Il thésaurise, et il ignore pour qui il amasse des trésors. » (Ps. xxxviii, 5, 6.)

« Si les richesses vous affluent, gardez-vous d'y attacher votre cœur. » (Ps. lxi, 10.)

« Ne vous amassez point de trésors sur la terre, où la rouille et les vers rongent, et où les voleurs fouillent et dérobent. Mais *amassez-vous des trésors dans le ciel,* où ni la rouille ni les vers ne rongent, et où les voleurs ne fouillent ni ne dérobent; où en effet est ton trésor, là aussi est ton cœur. » (N.-S. en S. Matth., vi, 19, 20, 21.)

« Et *que sert à l'homme de gagner l'univers, s'il perd son âme?* ou que donnera l'homme en échange de son âme? » (N.-S. en S. Matth., xvi, 26.)

C'est afin de se mettre dans ces conditions du détachement chrétien des biens de ce monde que tant de riches et de grands ont renoncé, et renoncent encore chaque jour, aux richesses, aux honneurs, aux plaisirs de la terre, pour embrasser *la pauvreté volontaire, à l'exemple du Sauveur qui s'est fait humble, pauvre, ouvrier,* par amour pour nous, pour nous inspirer le mépris des trésors terrestres et l'amour des biens éternels du ciel.

N. B. Ce saint détachement du cœur peut se rencontrer et se rencontre souvent chez les riches, tandis que, souvent aussi, il ne se rencontre pas chez les pauvres : ni la pauvreté de fait, ni la richesse réelle ne sont donc pas, en elles-mêmes, des conditions de salut.

LA LUXURE, vice de l'impureté, *a son contraire dans la* CONTINENCE, *la* MODÉRATION, *la* CHASTETÉ, *la* PURETÉ chrétienne, vertus si souvent recommandées par les apôtres aux chrétiens de la primitive Église (1).

« *Ne vous abusez point :* ni les *fornicateurs,* ni les *impudiques,* ni les *adultères,* ni les *efféminés,* ni les *abominables, ne posséderont le royaume de Dieu.* » (I Cor., VI, 9, 10.)

« *Rendez vos âmes chastes,* étant nés de nouveau, non d'une semence corruptible, mais incorruptible, par la parole du Dieu vivant. » (I Pierre, I, 22, 23.)

« *Bienheureux ceux qui ont le cœur pur,* parce qu'ils verront Dieu. » (N.-S.)

L'ENVIE *a son contraire dans la* CHARITÉ CHRÉTIENNE, qui nous associe aux peines et aux joies de nos semblables comme si elles nous étaient personnelles.

L'une produit la *jalousie* et la *haine* qui, à leur tour, provoquent la *vengeance,* les *querelles,* les *injures,* les *coups,* le *meurtre,* trop souvent.

Ces effets de l'envie, ayant pour objet nos proches ou nos semblables, en général, *se relient au cinquième commandement de Dieu,* qui défend l'homicide (voir plus loin, pages 240 et suiv.).

---

(1) Voir ce qui a été dit de la chasteté, 1re partie, p. 135 et suiv.

La charité, ayant le prochain pour objet, *se relie à nos devoirs envers nos semblables*, qu'elle inspire et vivifie (voir ci-après, *sur la charité envers le prochain.*)

LA GOURMANDISE *a son contraire dans la* TEMPÉRANCE, ou SOBRIÉTÉ *chrétienne.* « A qui malheur? Au père de qui malheur? A qui les querelles? A qui les blessures sans motifs? A qui le trouble des yeux? N'est-ce pas à ceux qui s'arrêtent à boire le vin et qui prennent goût à vider les coupes pleines? » (Prov., XXIII, 29, 30.)

« A cause de l'*intempérance,* beaucoup sont morts, mais celui qui est *sobre* prolongera sa vie. » (Eccli., XXXVII, 34.)

« Use, comme un homme *tempérant,* de ce qui t'est servi, de peur qu'en mangeant beaucoup tu ne te rendes odieux.

« C'est la santé pour l'âme et pour le corps que de boire sobrement. » (Eccli., XXXI, 19, 37.)

LA COLÈRE *a son contraire dans la* DOUCEUR, *la* MANSUÉTUDE, *la* LONGANIMITÉ *et la* PATIENCE chrétienne.

« *L'homme colère* excite des querelles; *celui qui est patient* apaise celles qui étaient déjà surexcitées. » (Prov., XV, 18.)

« Lourde est la pierre, et pesant est le sable; mais la *colère* de l'insensé est plus pesante que l'une et l'autre.

« La *colère* n'a point de miséricorde, ni la *fureur* qui éclate; et le choc impétueux d'un emporté, qui pourra le soutenir? » (Prov., XXVII, 3, 4.)

« L'homme *colère* provoque des rixes, et celui qui est facile à s'indigner sera plus enclin à pécher. » (Prov., XXIX, 22.)

« Ne sois pas prompt à te mettre en colère, parce que la colère repose dans le sein de l'insensé. « (Ecclés., VII, 10.)

« Vaut mieux un homme patient qu'un homme fort; et celui qui domine son esprit vaut mieux que celui qui prend des villes d'assaut. » (Prov., XVI, 32.)

« Une réponse *douce* brise la colère; une parole *dure* excite la fureur. » (Prov., xv, 1.)

« *Bienheureux ceux qui sont doux.* » (N.-S., troisième béatitude.)

« Apprenez de moi que je suis doux et humble de cœur. » (N.-S.)

« Je vous conjure de marcher d'une manière digne de la vocation à laquelle vous avez été appelée (de chrétienne), avec toute humilité et toute *mansuétude*, avec toute *patience*. » (Éph., iv, 1, 2.)

« Il ne faut pas qu'un serviteur de Dieu *dispute*, mais qu'il soit *doux* envers tous,.... *patient*, etc. » (II Tim., ii, 24.)

« *Par la patience vous posséderez vos âmes.* »

La paresse *a son contraire dans le* travail, *la* vigilance chrétienne, l'énergie, l'activité, le courage, l'*exactitude* à remplir tous nos devoirs.

« Va à la fourmi, ô paresseux, et considère ses voies, et apprends la sagesse. Jusques à quand, paresseux, dormiras-tu? Quand sortiras-tu de ton sommeil? Tu dormiras un peu, tu sommeilleras un peu, tu mettras un peu les mains l'une dans l'autre afin de dormir. Et viendra à toi, comme un coureur de chemin, la *détresse* et la *pauvreté*, comme un homme armé. Mais si tu es actif, viendra la moisson, comme une source; et la détresse fuira loin de toi. » (Prov., vi, 6, 9-12.)

« Les âmes des *efféminés* auront faim. Celui qui est *mou* et *lâche* dans son ouvrage est frère de celui qui détruit les ouvrages. » (Prov., xviii, 8, 9.)

« La *paresse* envoie l'*assoupissement*, et l'âme *indolente* aura faim. » (Prov., xix, 15.)

« J'ai passé dans le champ du paresseux et par la vigne de l'insensé. Et voilà que tout était rempli d'orties, et que les épines en avaient couvert la surface, et que la muraille de pierre était détruite. » (Prov., xxiv, 30, 31.)

« *Soyez empressé au devoir, fervents d'esprit, servant le Seigneur.* » (Rom., XII, 11.)

« La vie d'un ouvrier qui se suffit à lui-même sera remplie de douceur. » (Ecclés., XL, 18.)

« Il est doux, le sommeil, à celui qui travaille. » (Ecclés., v, 11.)

« C'est une vie misérable d'aller, comme un hôte, de maison en maison. » (Eccli., XXIX, 31.)

« Mon fils, durant le temps de ta vie, *ne mendie point*..... L'homme qui porte son regard sur la table d'autrui n'emploie pas sa vie à songer à son existence, car il se nourrit des vivres d'autrui. » (Eccli., XL, 29, 30.)

LE TRAVAIL, *aussi bien que la douleur, est commun à tous les hommes :* « *Tu mangeras ton pain à la sueur de ton front.* » *La sentence divine atteint l'homme tout entier :* son *intelligence,* son *cœur* et son *corps.* Les travaux intellectuels et moraux sont souvent plus pénibles à la nature, et épuisent plus vite les forces physiques et morales que le travail matériel, qui ne met en jeu que les membres du corps.

« Venez à moi, vous tous qui travaillez et qui êtes chargés, et je vous soulagerai. » (N.-S.)

L'accomplissement de la plupart de ces différents devoirs envers nous-mêmes est commun à notre âme et à notre corps, puisqu'il exerce, sur notre être tout entier, son influence salutaire; mais *nous avons,* en outre, *à accomplir des devoirs plus spéciaux envers notre âme et envers notre corps.*

En résumé, NOS DEVOIRS ENVERS NOTRE AME consistent à *contenir* sa sensibilité, *régler* son imagination, *réprimer* et *gouverner* ses passions, *exercer* son intelligence, *cultiver* sa mémoire, *former* son jugement, *fortifier* sa volonté, *conserver* sa dignité et sa liberté morales, enfin *travailler,* sans relâche, au perfectionnement de sa vie.

NOUS DEVONS A NOTRE CORPS toutes les *précautions,* tous

les *soins* nécessaires pour entretenir sa vigueur et sa santé. Il faut, en ceci comme en toutes choses, *éviter les deux extrêmes*, qui consistent à faire trop ou à ne pas faire assez; l'un, à s'exagérer l'importance du corps et à le traiter comme s'il égalait l'âme en dignité; l'autre, à ne pas tenir compte assez de l'influence du corps sur l'esprit, et des liens qui unissent les deux substances.

Il est des cas où l'oubli des soins du corps, de sa conservation, même de sa vie, est non seulement permis, mais obligatoire : le *dévoûment à la patrie*, l'accomplissement d'un *devoir de charité où il y a danger* (épidémies, mal contagieux, etc...), enfin le devoir de *confesser sa foi*, même au péril de la vie du temps. C'est en ce sens qu'on dit : un *martyr du patriotisme, de la charité, de la foi, du devoir*.

LE SUICIDE, qui brise violemment et volontairement l'union des deux puissances associées entre elles par le Créateur, qui seul en doit opérer la séparation, est l'acte le plus manifestement opposé au devoir de l'homme. Cet acte choque tellement la nature qu'on peut difficilement concevoir qu'un homme, dans toute la plénitude de sa raison, ait le triste courage de s'en rendre coupable, et d'imprimer, au souvenir de son passage de ce monde à l'éternité, cette tache indélébile.

Sur les devoirs envers ses semblables.

RESSOUVENEZ-VOUS DE CECI : Tous les anneaux se touchent dans la chaîne des devoirs. Nos devoirs envers nous-mêmes se relient à la fois à nos devoirs envers Dieu et envers nos semblables; par voie de conséquence, le perfectionnement moral de notre vie, en nous rapprochant de Dieu par l'amour et la fidélité, nous rapproche aussi de nos semblables. Nos vertus trouvent leur objet, leur expression, leur exercice, dans nos rapports sociaux, et exercent une influence considérable sur notre vie et sur celle d'un nombre plus ou moins grand de personnes, selon l'étendue plus ou moins grande de nos relations, comme aussi, hélas! nos vices portent leurs tristes fruits en sens contraire : dans le sens du mal.

L'homme ne vit pas isolé sur la terre ; il *est membre de la famille* d'où il descend, *de la nation* à laquelle il appartient, *de l'humanité* dont il fait partie. Par le seul fait de son existence, il appartient à la fois à ces trois sociétés; il en reçoit de nombreux secours pour sa propre conservation; et, par une conséquence rigoureuse, il a des devoirs à remplir envers elles.

Les devoirs généraux de l'homme envers ses semblables sont compris dans ce double axiome : « NE FAIS PAS *à autrui ce que tu ne voudrais pas qui te fût fait à toi-même.* FAIS *à autrui ce que tu voudrais qui te fût fait à toi-même.* » En d'autres termes : « *Ne fais pas le mal. Fais le bien.* » Ou bien encore : « *Être utile à tous et ne nuire à personne* (1). »

La première de ces formules comprend les DEVOIRS DE JUSTICE, la seconde les DEVOIRS DE CHARITÉ.

Ainsi IL EST JUSTE de ne pas porter atteinte à la vie des autres, à leur liberté, à leur propriété, à leur réputation, aux liens d'affection qui unissent entre eux les parents, les époux, les proches, les amis, etc.

Il EST CHARITABLE de donner à ceux qui n'ont pas, de consoler ceux qui souffrent, d'encourager ceux qui sont faibles, d'éclairer ceux qui sont ignorants, en un mot d'offrir à chacun l'appui matériel ou moral dont il a besoin.

AU SEIN DE LA FAMILLE, les devoirs généraux de la justice

____

(1) Devise du Bienheureux Pierre Fourier, notre saint instituteur.

et de la charité acquièrent, en se resserrant, un nouveau degré d'importance et d'autorité. D'une part, *les parents* ont reçu du ciel une mission évidente que la voix du sentiment leur révèle, avec non moins de force que la raison : celle d'élever leurs enfants, de veiller sur eux, de les instruire, de les corriger de leurs défauts, de former leur esprit et leur cœur, de conserver, de développer les germes de foi et de grâce qu'ils ont reçus au saint baptême, enfin d'appuyer leurs bons conseils par de bons exemples.

D'autre part, les soins que prennent les parents, les sacrifices qu'ils s'imposent, le dévoûment qu'ils prodiguent rendent obligatoires, pour LES ENFANTS, la gratitude, qui suppose l'amour, le respect, l'obéissance, l'assistance, etc.....

Ainsi naissent les devoirs de la paternité et de la maternité, et ceux de la *piété filiale;* le mot piété, appliqué à l'accomplissement des devoirs des enfants envers leurs parents, indique assez que, après ses devoirs envers son Créateur, l'homme n'en a pas de plus sérieux, de plus faciles et de plus doux à accomplir que ceux qui lui sont prescrits à l'égard de ses parents.

AU SEIN DE LA SOCIÉTÉ, les devoirs généraux de justice et de charité prennent des caractères propres à la nature de nos relations sociales. L'homme a été créé pour vivre en société : ses besoins l'exigent, ses inclinations le réclament, ses facultés le supposent. A quoi lui servirait, en particulier, le don si précieux de la parole, s'il n'était pas sociable?

Or, *dans toute société, il y a eu, il y a, il y aura toujours nécessairement* un *chef* et des *membres;* des *administrateurs* et des *administrés;* des *supérieurs* et des *inférieurs;* des *maîtres* et des *serviteurs;* des *sujets* valides et *forts,* et d'autres *faibles* et *maladifs;* des *économes,* des *sobres,* des *tempérants,* des *dissipateurs* et des *prodigues* adonnés aux plaisirs grossiers du manger et du boiré ; des hommes de *génie* et des *idiots ;* des hommes *intelligents* et *opulents,* capables de concevoir et de réaliser de grandes entreprises, et des *ouvriers intelligents* aussi, mais *pauvres* et *laborieux,* capables d'exécuter les travaux, etc....

Nulle société ne peut exister sans ces inégalités de conditions sociales, qui ont leur SOURCE PREMIÈRE *dans l'inégalité des aptitudes, des qualités intellectuelles et morales, des forces physiques,* etc.... Ces inégalités se reproduisent souvent dans la famille, comme dans la société, bien que chacun des enfants, issus d'un même père, ait eu une part égale dans la division du patrimoine.

Tous les hommes sont nés égaux et frères, cela est vrai, mais seulement *en ce sens qu'ils descendent d'un premier père* commun ; qu'ils ont tous un corps et une âme ; qu'ils sont tous doués d'un nombre égal de facultés physiques et morales ; qu'ils ont tous enfin un *même principe* et une *même fin.* L'égalité et la fraternité des hommes se concilient donc logiquement avec toutes les inégalités de l'état social, lesquelles sont dans l'essence même de la nature humaine.

N. B. En y réfléchissant tant soit peu, on demeure frappé de l'inanité des mots : communauté, égalité, fraternité, etc..., qui exercent tant de prestige sur les masses ; ceux qui les lancent, avec tant de fracas, consentiraient-ils à mettre leur fortune en commun ? à voir leurs serviteurs marcher l'égal du maître ? à mettre leur vie, leurs habitudes au niveau de celles de leurs subordonnés ? ou à élever ceux-ci jusqu'à leur niveau ? Et pourtant, ce ne serait que conséquent, logique !...

TOUS NOS DEVOIRS ENVERS NOS SEMBLABLES : *parents, supérieurs, égaux, inférieurs, sont renfermés* inclusivement *dans les sept derniers commandements de Dieu.* Les devoirs envers les parents y tiennent le premier rang après les devoirs envers Dieu.

Sur les devoirs envers les parents.

RESSOUVENEZ-VOUS DE CECI : « HONOREZ VOTRE PÈRE ET VOTRE MÈRE, AFIN QUE VOUS VIVIEZ LONGTEMPS SUR LA TERRE. » *Tes pères et mères honoreras, afin de vivre longuement* (1).

Le mot *honneur* renferme en lui-même : l'*amour*, le *respect*, l'*obéissance*....

LEURS TITRES : 1º A NOTRE AMOUR : *Après Dieu*, qui a créé, en Adam et en Ève, le genre humain tout entier, et chacun des êtres qui naissent successivement à la vie du temps, *c'est à nos parents* que nous devons le jour, et à qui Dieu a confié le soin de tout ce qui nous regarde; c'est à eux que nous devons notre titre d'enfant de Dieu qu'ils nous ont procuré dans le saint baptême. C'est donc du même amour que nous aimons notre Père céleste que nous aimons nos parents.

2º A NOTRE RESPECT : Ils tiennent près de nous la place de Dieu lui-même; c'est donc Dieu que nous respectons en eux. Le respect nous commande les *égards*, le *support* de leurs défauts, de leurs infirmités, etc.

3º A NOTRE OBÉISSANCE : C'est au nom et en vertu de l'autorité divine qu'ils nous dirigent et nous imposent leurs volontés; c'est donc à Dieu que nous obéissons en leur obéissant.

4º A NOTRE ASSISTANCE : N'est-ce pas un devoir de justice, en même temps que de cœur, de leur rendre, dans la *maladie*, la *vieillesse*, la *pauvreté*, l'*isolement*, l'*abandon*, etc.... tous les *soins*, tous les *secours*, tout le *dévoûment* dont nous avons été l'objet de leur part pendant les années de notre enfance et de notre adolescence?

(1) Ce longtemps, ce longuement s'applique à la vie du temps, mais surtout à la longueur des jours de l'éternité.

Le devoir de l'assistance embrasse à la fois leurs néces-
sités spirituelles et temporelles.

L'enfant ingrat et dénaturé, qui outrage ses parents et les abandonne dans leurs besoins, est maudit de Dieu et en horreur aux hommes.

Les saintes Écritures sont remplies de textes et d'exemples de la bénédiction et de la malédiction divines contre les enfants ou dociles ou rebelles.

La loi mosaïque punissait le mauvais fils de la même mort que le blasphémateur et le violateur du sabbat.

Si *la loi d'amour ou de grâce* ne prescrit pas de châtiments temporels si sévères, elle n'a rien ôté de son importance au quatrième commandement, *et Dieu a encore de terribles malédictions,* même dans le temps, pour les enfants sans cœur, insoumis et rebelles. La malédiction d'un père ou d'une mère est toujours ratifiée par Dieu ; l'histoire des familles en offre un grand nombre d'exemples.

« Que celui qui frappe son père et sa mère meure de mort. Que celui qui maudit son père ou sa mère meure de mort. » (Exode, xxi, 15-17.)

« Que chacun craigne son père et sa mère. » (Lév., xix, 3.)

« Si un homme engendre un fils rebelle et insolent, qui n'écoute point le commandement de son père ou de sa mère et qui, ayant été repris, dédaigne d'obéir, ils le prendront et le conduiront aux anciens de la ville et à la porte du jugement. Et ils leur diront : Notre fils est insolent et rebelle ; il dédaigne d'écouter nos avertissements, etc.... Le peuple de la ville le lapidera, et il mourra, afin que vous ôtiez le mal d'au milieu de vous, et que tout Israël entendant, soit épouvanté. » (Deut., xxi, 18-21.)

« Maudit celui qui n'honore point son père et sa mère..... et tout le peuple dira : Amen ! » (Deut., xxvii, 16.)

« Fils, écoutez le jugement de votre père, et observez-le, de telle sorte que vous soyez sauvés. Car Dieu a honoré le père dans les fils, et cherchant avec soin le jugement de la mère, il l'a affermi sur ses fils.

« En *œuvres*, en *actions*, en *paroles* et *en toute patience, honore ton père*, afin que vienne de lui sur toi la bénédiction, et que sa bénédiction y demeure jusqu'au dernier jour. *La bénédiction du père affermit les maisons des fils, et la malédiction de la mère les renverse jusqu'aux fondements. Mon fils, soutiens la vieillesse de ton père, et ne le contriste pas* durant sa vie. Et si son esprit lui fait défaut, *supporte-le,* et ne le méprise pas dans ta force, car ta charité envers ton père ne sera pas en oubli. Car, pour avoir supporté les défauts *de ta mère,* il te sera donné une récompense. Quelle mauvaise réputation a celui qui abandonne son père ! et il est maudit de Dieu, celui qui exaspère *sa mère* » (Ecclés., III, 2-18.)

« En tout ton cœur honore ton père, et les gémissements de ta mère, ne les oublie pas. Souviens-toi que, sans eux, tu ne serais pas né, et fais pour eux comme ils ont fait eux-mêmes pour toi. » (Ecclés., VII, 29, 30.)

« Écoute, mon fils, la discipline de ton père, et ne rejette pas la loi de ta mère. » (Prov., I, 8.)

« Un fils sage réjouit son père, mais un fils insensé est la tristesse de sa mère. » (Prov., X, 1.)

« Le père du juste exulte ; celui qui a engendré le sage se réjouira en lui. Que ton père et ta mère se réjouissent, et qu'elle exulte, celle qui t'a enfanté ! » (Prov., XXIII, 24, 25.)

« *Celui qui soustrait quelque chose à son père et à sa mère,* et qui dit que ce n'est pas un péché, est participant au crime d'un homicide. » (Prov., XXVIII, 24.)

Le Sauveur a, plusieurs fois, rappelé aux hommes ce précepte : « *Honore ton père et ta mère.* » Et *lui-même, en*

tant qu'homme, l'a accompli dans toute sa perfection : « ET
IL LEUR ÉTAIT SOUMIS. » (Luc, II, 51.)

Les apôtres aussi ont souvent rappelé aux enfants leurs
devoirs envers leurs parents.

« *Enfants, obéissez à vos parents* dans le Seigneur, car
cela est juste. *Honore ton père et ta mère* (c'est le premier
commandement fait avec une promesse), *afin que bien
t'arrive* et que tu vives longtemps sur la terre. » (Éph., VI,
1, 2, 3.)

« Enfants, obéissez en tout à vos parents, car cela plaît
au Seigneur. » (Col., III., 20.)

Dans ce même quatrième commandement sont renfermés les devoirs des parents envers leurs enfants, ceux
des inférieurs envers leurs supérieurs, et réciproque-
ment.

Sur les devoirs des parents envers leurs enfants (1).

RSSOUVENEZ-VOUS DE CECI : *Les devoirs des parents envers leurs enfants ressortent tous* de *l'autorité* et de la
mission qu'ils tiennent de Dieu, de *l'amour* et du *dévoûment* innés de la paternité et de la maternité. « Le juste
qui marche dans la simplicité laissera après lui des enfants bienheureux. » (Prov., XX, 7.)

« Celui qui épargne la verge hait son fils ; mais celui
qui l'aime le *corrige* fortement. » (Prov., XIII, 24.)

« *Corrige ton fils ;* n'en désespère pas. » (Prov., XIX,
18.)

« Ne soustrais pas à l'enfant la discipline, car si tu le

(1) Ces devoirs seront, un jour, ceux des enfants à qui nous
avons destiné ce Mémorial de tous les devoirs : *présents et à
venir.*

frappes de la *verge*, il ne mourra pas. Tu le frapperas donc de la verge, et de l'enfer tu délivreras son âme. » (Prov., xxiii, 13, 14.)

« *Forme ton fils*, et il te consolera, et il fera les délices de ton âme. » (Prov., xxix, 17.)

« *As-tu des fils? Instruis-les*, et *plie-les à la soumission dès leur enfance.*

« *As-tu des filles? Conserve la pureté de leur corps.*

« Marie ta fille... et donne-la à un homme sensé. » (Eccli., vii, 25, 26, 27.)

« *Veille* avec un soin constant *sur la jeune fille*, de peur que l'occasion se trouvant, elle ne se perde elle-même. » (Eccli., xxvi, 13.)

« Celui qui aime son fils le châtie fréquemment, afin qu'il s'en réjouisse plus tard, et qu'il ne frappe pas à la porte de ses voisins. Celui qui instruit son fils sera loué à cause de lui, et, au milieu de ses proches, il se glorifiera en lui. Son père meurt, et il ne semble pas mort, car il a laissé après lui un semblable à lui-même.

« Un cheval indompté devient intraitable, et l'enfant abandonné à lui-même devient téméraire. Délicate ton fils, et il te remplira d'effroi ; joue avec lui, et il te contristera. Ne ris pas avec lui, de peur que tu n'en aies de la douleur.... Ne lui donne pas de pouvoir dans sa jeunesse, et ne néglige pas ses pensées. Courbe sa tête dans sa jeunesse, et frappe-le de verges tandis qu'il est enfant, de peur qu'il ne s'obscurcisse et qu'il ne croie pas en toi, et la douleur sera dans ton âme. Instruis ton fils, et agis sur lui, de peur que tu ne te heurtes contre sa turpitude. » (Eccli., xxx, 1-4-8-13.)

« A ton fils ne donne pas de pouvoir sur toi durant ta vie, car il vaut mieux que tes fils te prient que de regarder dans les mains de tes fils. » (Eccli., xxxii, 20, 23.)

« Vous, pères, ne provoquez point vos enfants à la colère, mais élevez-les dans la discipline et la correction du Seigneur (1). » (Éph., VI, 4.)

Sur les devoirs envers les supérieurs.

RESSOUVENEZ-VOUS DE CECI : *Les inférieurs* doivent aux supérieurs le *respect* et l'*obéissance* en tout ce qui n'est pas contraire à la loi de Dieu.

« Tu ne maudiras pas le prince de ton peuple. » (Exode, XXII, 28.)

« *Serviteurs, obéissez* en tout *à vos maîtres,* selon la chair, ne servant point à l'œil, comme pour plaire aux hommes, mais avec simplicité de cœur, en craignant Dieu. Tout ce que vous faites, *faites-le de bon cœur comme pour le Seigneur,* et non pour les hommes, sachant que vous recevrez du Seigneur l'héritage pour récompense; *c'est le Seigneur J.-C. que vous devez servir.* Car celui qui fait une injustice recevra selon ce qu'il a fait injustement, et il n'y a point acception de personnes devant Dieu. » (Col., III, 22-25.)

« Obéissez à vos maîtres.... comme au Christ même, faisant votre service de bon gré comme pour le Seigneur. » (Éph., VI, 5, 7.)

« Que tous les serviteurs, qui sont sous le joug, estiment leurs maîtres dignes de tout honneur. Que ceux qui ont des maîtres fidèles ne les méprisent point, parce qu'ils sont leurs frères (chrétiens); mais plutôt qu'ils les servent, parce qu'ils sont fidèles et chéris, participant du même bienfait. » (1 Tim., VI, 1, 2.)

« *Soyez soumis* à toutes les créatures humaines, à cause de Dieu : *soit au roi,* comme étant au-dessus des

____

(1) C'est-à-dire en les instruisant, les corrigeant, selon les règles que le Seigneur prescrit dans l'Évangile.

autres ; *soit aux gouverneurs*, comme envoyés par lui pour la punition de ceux qui font mal et la louange des bons; serviteurs, soyez soumis en toute crainte *à vos maîtres, non seulement bons et modérés, mais même fâcheux. Car c'est un mérite si, en vue de Dieu, quelqu'un supporte des peines, souffrant injustement.* » (I Pierre, II, 13-19.)

Sur les devoirs envers les inférieurs.

RESSOUVENEZ-VOUS DE CECI : *Les supérieurs* doivent traiter leurs inférieurs avec *charité, veiller* sur leur conduite et *leur faciliter* les moyens d'accomplir leurs devoirs de religion.

« *Ne maltraite pas le serviteur* qui travaille avec fidélité, ni le mercenaire qui donne son âme (1). Que le serviteur sensé te soit cher comme ton âme; ne le frustre pas de la liberté, et *ne le laisse pas privé de secours.* » (Eccli., VI, 22, 23.)

« *Vous, maîtres,* faites de même envers vos serviteurs, leur épargnant les menaces, sachant que le même Seigneur, le leur et le vôtre, est dans le ciel, et qu'il n'y a pas, chez lui, acception de personnes; sachant que chacun recevra du Seigneur la récompense de tout le bien qu'il aura fait, qu'il soit esclave ou libre. » (Éph., V, 8, 9.)

« *Maîtres,* rendez à vos serviteurs ce qui est équitable, sachant que, vous aussi, vous avez un Maître dans le ciel. » (Col., IV, 1.)

N. B. *Nos devoirs de respect, d'amour et d'obéissance envers nos supérieurs dans l'ordre spirituel (pape, évêque ou prêtre)* sont une conséquence de nos devoirs envers Dieu et envers N.-S. J.-C., et envers la sainte Église notre mère.

(1) Qui se donne corps et âme au travail.

Sur les devoirs envers tous : supérieurs, égaux, inférieurs.

Sur le cinquième commandement :

«TU NE TUERAS POINT. »

« *Homicide point ne seras, de fait, ni volontairement.* »

RESSOUVENEZ-VOUS DE CECI : *La défense* de *blesser*, de *frapper*, d'*injurier*, de se *venger* (tristes fruits de l'*envie*, de la *haine*, de la *jalousie*), est implicitement contenue dans le cinquième commandement, comme autant de degrés qui conduisent insensiblement au crime même de l'homicide, de fait ou de volonté.

Le SCANDALE donné au prochain par de mauvais conseils ou de mauvais exemples, étant une sorte d'*homicide spirituel* ou moral, *fait partie de ce même commandement. Tout ce mal à éviter a son contraire dans l'oubli des injures,* la *charité,* la *générosité,* l'*amour des ennemis,* etc.

Caïn a laissé à l'homme le premier exemple du meurtre accompli, et les *fils de Jacob* celui du meurtre de désir et de volonté : leurs noms sont également flétris comme fratricides (1).

« Que celui qui *frappe* et *tue* un homme meure de mort.

« Celui qui fera un *outrage* à quelqu'un de ses concitoyens, comme il aura fait, ainsi il lui sera fait : *il rendra fracture pour fracture, œil pour œil, dent pour dent.* Quelque outrage qu'il ait fait, il sera obligé de le souffrir. » (Lév., XXIV, 17, 19, 20.)

« Maudit l'homme qui frappe en secret son prochain.... Maudit qui reçoit des présents pour verser le sang

______

(1) L'homicide n'est permis que comme moyen de défendre sa propre vie contre un meurtrier qui y attente.

innocent! et tout le peuple dira : Amen! » (Deut., xxvii, 24, 25.)

« *Ne hais point ton prochain* en ton cœur, afin que tu n'aies point de péché à son sujet. Ne cherche pas la *vengeance*, et tu ne te souviendras pas de l'injure de tes concitoyens. » (Lév., xix, 17, 18.)

« Vous avez entendu qu'il a été dit aux anciens : Tu ne tueras point; car celui qui tuera sera soumis au jugement. *Mais moi, je vous dis* que quiconque se met en colère contre son frère sera soumis au jugement. Et celui qui dira à son frère : Raca (1), sera soumis au conseil. Mais celui qui lui dira : Fou, sera soumis à la géhenne du feu. *Si donc tu présentes ton offrande à l'autel*, et que là tu te souviennes que ton frère a quelque chose contre toi, *laisse là ton don* devant l'autel, et *va* d'abord *te réconcilier avec ton frère*, et alors, revenant, tu offriras ton don. » (N.-S. en S. Matth., v, 21-24.)

« *A moi est la vengeance, dit le Seigneur,* et c'est moi qui ferai la rétribution en son temps. » (Deut., xxxii, 35.)

« Ne dis pas : Comme il m'a fait, ainsi je lui ferai; (parce que moi, le Seigneur), je rendrai à chacun selon ses œuvres. » (Prov., xxiv, 29.)

« Vous avez entendu qu'il a été dit : Œil pour œil, et dent pour dent. *Et moi je vous dis* de ne pas résister aux mauvais traitements; mais si quelqu'un te frappe sur la joue droite, présente-lui encore l'autre. Vous avez entendu qu'il a été dit : Tu aimeras ton prochain, et tu haïras ton ennemi. *Mais moi je vous dis : Aimez vos ennemis; faites du bien à ceux qui vous haïssent, et priez pour ceux qui vous persécutent et vous calomnient,* afin que vous soyez les enfants de votre Père qui est dans les cieux, qui fait lever son soleil sur les bons et sur les méchants, et

______

(1) Raca, synonyme de vil, d'abject; fou, parole de mépris, d'injure, etc.

pleuvoir sur les justes et sur les injustes ; car si vous aimez ceux qui vous aiment, quelle récompense aurez-vous? Les publicains ne le font-ils pas ainsi? Et si vous saluez vos frères seulement, que faites-vous de surcroît? Les païens ne le font-ils pas aussi? Soyez donc parfaits comme votre Père céleste est parfait. » (N.-S. en S. Matth., v, 28, 39-43-48.)

« *Seigneur, combien de fois, mon frère péchant contre moi, lui pardonnerai-je ?* Jusqu'à sept fois ? *Jésus lui dit* (à Pierre) : Je ne te dis pas jusqu'à sept fois, mais *jusqu'à septante fois sept fois.* » (Matth., xviii, 21, 22.)

« Prenez garde que quelqu'un ne rende à un autre le mal pour le mal ; mais *cherchez toujours le bien* les uns des autres, et celui *de tous.* » (I Thess., v, 15.)

Le scandale : Celui qui scandalise un de ces petits (enfants) qui croient en moi, il vaudrait mieux pour lui que l'on suspendît une meule de moulin à son cou, et qu'on le précipitât dans la mer. Malheur au monde à cause de ses scandales!.... *Malheur par qui le scandale arrive!* Si donc ta main ou ton pied te scandalise, coupe-le et jette-le loin de toi ; il vaut mieux pour toi entrer dans la vie (éternelle), privé d'une main ou d'un pied, que d'être jeté, ayant deux mains et deux pieds, dans le feu éternel.

« Et si ton œil te scandalise, arrache-le et jette-le loin de toi (1). » (N.-S. en S. Matth., xviii, 6-10.)

« Ne soyez une occasion de scandale, ni pour les Juifs, ni pour les gentils, ni pour l'Église de Dieu. » (I Cor., x, 32.)

« Abstenez-vous de toute apparence du mal. » (I Thess., v, 22.)

(1) Ceci veut dire que nous devons sacrifier les personnes aussi chères que nous-mêmes, et nous séparer d'elles, quand elles nous sont un sujet de scandale, un piége pour notre vertu.

« Je vous prie, mes frères, d'observer ceux qui sèment des dissensions et des scandales contre la doctrine que vous avez apprise; et détournez-vous d'eux, car de tels hommes ne servent point le Christ... » (Rom., XVI, 17, 18.)

Le scandale a son contraire dans les BONS CONSEILS *et les* BONS EXEMPLES *donnés à tous, et en toute chose.*

Sur les sixième et neuvième commandements.

« VOUS NE COMMETTREZ POINT DE FORNICATION. VOUS NE DÉSIREREZ POINT LA FEMME DE VOTRE PROCHAIN. »

« *Luxurieux point ne seras, de corps, ni de consentement.* »

« *L'œuvre de chair ne désireras qu'en mariage seulement.* »

RESSOUVENEZ-VOUS DE CECI : Toute *pensée* volontaire, tout *regard*, toute *parole*, toute *action* honteuse, tout *désir* coupable, même impuissant, qui portent atteinte à la pureté de notre âme et à celle du corps, ou qui attentent à la pudeur du prochain, sont défendus par ces deux commandements. Ils défendent aussi, implicitement, tout ce qui conduit à l'impureté et au déshonneur : *mauvaises compagnies, oisiveté, tableaux, livres* malsains, *spectacles* déshonnêtes, *danses, attitudes, maintien* et *mises* immodestes, *intempérances* de toute nature, etc.

Les grands moyens de se préserver des maux corporels et spirituels, que le vice de l'impureté entraîne à sa suite, sont : *la fuite* de toutes les occasions de chute, la *réserve,* la *modestie,* la *vigilance* sur soi-même, les *bonnes lectures,* la *résistance* généreuse aux tentations de la chair, la *prière,* la fréquentation des *sacrements,* et enfin une *dévotion filiale et pratique à la très-sainte Vierge.*

« Mon fils, si des pécheurs veulent t'attirer, n'y acquiesce point. S'ils disent : Viens avec nous... ne marche pas avec eux; écarte ton pied de leurs sentiers, car leurs pieds courent au mal. » (Prov., I, 10-16.)

« *Ne savez-vous pas que vos corps sont les membres du Christ?* Ne savez-vous pas que vos membres sont *le temple de l'esprit saint* qui est en vous, que vous avez reçu de Dieu..... Glorifiez et portez Dieu dans votre corps. » (I Cor., VI, 15-20.)

« Que le péché donc ne règne point dans votre corps mortel.... et n'abandonnez point vos membres au péché, comme des instruments d'iniquité.... Mais offrez vos membres à Dieu comme des instruments de justice. Quels fruits avez-vous tirés alors des choses dont vous rougissez maintenant? Car leur fin, c'est la mort. » (Rom., VI, 12, 13, 21.)

« Marchez selon l'esprit, et vous n'accomplirez pas les désirs de la chair, car la chair convoite contre l'esprit, et l'esprit contre la chair. Or, ceux qui sont au Christ ont crucifié leur chair, avec ses vices et ses convoitises. » (Gal., V, 16, 17, 24.)

« *Que chacun de vous sache posséder son corps, saintement et honnêtement*, et non dans la passion de la convoitise, comme les gentils eux-mêmes, qui ignorent Dieu. Et que personne n'opprime et ne trompe en cela son frère, parce que le Seigneur est le vengeur de toutes ces choses..... Car *Dieu ne nous a point appelés à l'impureté, mais à la sanctification.* » (Thess., IV, 4, 7.)

« Purifions-nous de toute souillure de la chair et de l'esprit, et achevons notre sanctification dans la crainte de Dieu. » (II Cor., VII, 1.)

« Que personne ne vous séduise par de vains discours, car c'est pour cette chose que vient la colère de Dieu sur les fils de la défiance (1).

(1) Sur ceux dont il faut se défier : les impies, les corrupteurs, etc.

« N'ayez donc point de commerce avec eux.... Ne vous associez point aux œuvres infructueuses des ténèbres, mais plutôt réprouvez-les, car ce qu'ils font en secret est honteux même à dire. Ayez donc soin de marcher avec circonscription, non comme des insensés, mais comme des sages. » (Éph., v, 6, 7, 11-12.)

Sur les septième et dixième commandements.

« Vous ne déroberez point. »

« *Vous ne désirerez point la maison de votre prochain, ni son serviteur, ni sa servante, ni son bœuf, ni son âne, ni rien qui soit à lui.*

« *Le bien d'autrui tu ne prendras, ni retiendras à ton escient. Biens d'autrui tu ne convoiteras pour les avoir injustement.* »

Ressouvenez-vous de ceci : *Prendre* ou *retenir* le bien d'autrui, le *convoiter*, le *désirer*, se l'*approprier* par des moyens injustes, sont autant de fautes qui constituent *le vol* à ses différents degrés, et qui impriment la flétrissure des noms de *larrons*, de *voleurs*, d'*escrocs*, etc., à ceux qui s'en rendent coupables : tels sont les *voleurs de profession*, les *domestiques* infidèles, les *marchands* sans probité, les *usuriers*, les *plaideurs* de mauvaise foi, et généralement tous ceux qui font tort au prochain dans ses biens. Ceux qui participent à un larcin sont coupables du larcin. *La restitution* est nécessaire pour obtenir le pardon de ce genre de péché.

Les lois mosaïques, touchant le vol, contiennent tout le détail des circonstances qui le constituent, et celui des restitutions exigées.

« Si quelqu'un vole un bœuf ou une brebis, et qu'il les tue, il restituera cinq bœufs pour un bœuf, et quatre brebis pour une brebis. Si le voleur est trouvé forçant une maison ou la minant, et qu'il meure d'une blessure reçue, celui qui l'a frappé ne sera pas coupable de son sang. Si quelqu'un endommage un champ ou une vigne et qu'il laisse aller sa bête pour qu'elle paisse ce qui est à autrui, il rendra tout ce qu'il aura de meilleur dans son champ ou dans sa vigne, selon l'estimation du dommage. » (Exode, XXII, 1, 2, 5.)

« Prenez garde que ce chevreau n'ait été dérobé : rendez-le à ses maîtres, parce qu'il ne nous est pas permis de manger ce qui a été dérobé ou d'y toucher. » (Tobie, II, 21.)

N.-S. a, dans ses enseignements publics, rappelé plusieurs fois ce précepte divin : « *Tu ne déroberas pas.* » Et *saint Paul* a mis le voleur au nombre des criminels qui n'entreront pas dans le royaume des cieux (s'il ne fait pénitence).

Sur le huitième commandement.

» VOUS NE PORTEREZ POINT DE FAUX TÉMOIGNAGE CONTRE VOTRE PROCHAIN. »

« *Faux témoignage ne diras, ni mentiras aucunement.* »
RESSOUVENEZ-VOUS DE CECI : *Le faux témoignage* porté contre le prochain *comprend toutes les allégations fausses* par lesquelles on entreprend d'enlever la réputation méritée d'une personne quelconque. Mais lorsqu'une personne dont les fautes ne sont pas connues jouit d'une réputation meilleure qu'elle ne la mérite, est-il permis de la réduire, aux yeux d'autres personnes, à sa juste valeur, en divulguant ce qu'on en sait, puisque ces révélations sont conformes à la vérité? Non : encore ici, on léserait la personne en question dans sa réputation, fût-elle exagérée et même usurpée; la réputation étant un trésor d'un grand prix aux yeux des hommes, il n'est pas plus

permis d'attenter à la réputation du prochain qu'à ses biens temporels, soit par la calomnie (ou le mensonge), soit par des révélations indiscrètes, méchantes, autrement dit par la médisance (dire du mal). Là où chacun se croit en droit d'abattre les réputations justifiées ou usurpées, d'éclairer le public ou les particuliers sur les autres, quels inconvénients n'en résulte-t-il pas? Quels ferments de haine entre les hommes! Et combien se dissout facilement, par là, le lien de l'amitié ou de la bienveillance que Dieu lui-même s'est plu à former entre les hommes, et particulièrement entre les chrétiens nés de la loi de la charité par excellence!

Il est donc de précepte de respecter, en général, toute réputation établie, toute considération acquise.

Toute faute contraire appelle une réparation, une restitution, comme le vol ou le larcin : on répare une calomnie en désavouant le mal qu'on a dit contre la vérité. *On répare une médisance* en excusant les fautes révélées, et en faisant ressortir, c'est-à-dire en mettant en relief, les bonnes qualités et les divers mérites de la personne lésée.

LE JUGEMENT TÉMÉRAIRE, comme l'indique le mot, porte à faux, ou sur les apparences, sans preuves suffisantes ; *on répare cette témérité du jugement,* qui n'est pas sorti de la pensée, par la parole, en se présentant à soi-même tout ce qui, dans cette personne, mérite l'estime et la bienveillance.

Se prêter à la médisance ou à la calomnie, la solliciter ou la *provoquer,* c'est se faire complice de la faute et en charger sa conscience.

Les seuls cas où il est permis de dire mal du prochain sont les suivants :

Une personne est en voie d'abuser d'une réputation imméritée; qu'il s'agisse de l'intérêt public ou d'un intérêt privé, *on peut,* et souvent l'*on doit* parler et tout dire.

On est consulté sur la probité ou l'aptitude d'une personne à qui l'on pense à confier un emploi : *on doit* alors donner tous les renseignements nécessaires, par justice, et par charité pour celui qui est en danger de se tromper et d'être trompé par un homme malhabile ou malhonnête. En dehors de ces cas, parler de ce qui est connu déjà par un certain nombre de personnes; désapprouver et blâmer, au point de vue de la religion, de la morale, de la justice et de la charité, certains actes de la vie publique; chercher, dans le sein d'un ami discret, un soulagement ou un conseil, en lui révélant les torts secrets de la personne qui cause nos souffrances, sont autant de circonstances qui ne constituent ni une calomnie, ni une médisance, pourvu, dans ce dernier cas, qu'on n'ait pas le désir inavoué de nuire à la personne dont on parle, de satisfaire une secrète animosité, de se venger d'elle, etc.

LE MENSONGE, *sous toutes ses formes, est prohibé par le huitième commandement.* Or, il y a mensonge dans toute parole dite avec l'intention de tromper le prochain. Il faut faire une *distinction entre fausser la vérité et ne pas dire toute la vérité :* on ne doit pas toute vérité à toute personne, mais seulement à celles qui ont le droit et le devoir de la savoir tout entière.

Si une personne doit ou peut se servir de la vérité pour nuire à quelque autre, on peut soi-même, en toute conscience, lui dissimuler ce qu'elle n'a pas le droit de savoir, ou ce qu'elle ne pourrait pas savoir sans inconvénient : ce n'est ici que justice, prudence ou charité; mais lui dire le contraire de la vérité, ou lui donner le change, serait un mensonge.

Il est *certaines formules de convention sociale* qui ne blessent pas la verité, parce que l'usage leur a enlevé toute portée, et que d'ailleurs elles ne trompent personne: « Monsieur n'y est pas, » ce qui veut dire : « ne reçoit pas, n'y est pas pour les personnes du dehors. »

Les fautes contre ce commandement ont leur contraire dans la SINCÉRITÉ, la DROITURE, la LOYAUTÉ, la DISCRÉTION, etc.

« *Les lèvres menteuses* cachent la haine. » (Prov., x, 18.)

« Vous ne mentirez point, et nul ne trompera son prochain..... Tu ne calomnieras pas ton prochain. » (Lév., XIX, 11, 13.)

Parmi les choses que hait et que déteste le Seigneur figurent : *une langue menteuse, un témoin fallacieux* (faux), proférant des mensonges, et celui qui *sème des discordes* entre des frères. » (Prov., VI, 17, 19.)

« C'est une abomination pour le Seigneur que des lèvres menteuses; mais ceux-là lui plaisent, qui agissent sincèrement. » (Prov., XII, 22.)

« Ne sème point le mensonge contre ton frère, et ne le fais pas non plus contre ton ami. Garde-toi absolument de commettre aucun mensonge, car l'habitude de mentir n'est pas la bonne. » (Eccli., VII, 13, 14.)

« C'est un opprobre honteux dans un homme (1) que le mensonge; et, dans la bouche d'un homme sans discipline (2), il sera continuellement. *Un voleur est préférable à un homme menteur d'habitude.....*

« Les mœurs des hommes menteurs sont sans honneur, et leur confusion sera avec eux sans intermission. » (Eccli., XX, 26-28.)

« *Un faux témoin* ne sera point impuni, et celui qui dit des mensonges périra. » (Prov., XIX, 9.)

« *Vous avez le diable pour père, parce qu'il est menteur et père du mensonge.* » (N.-S. en S. Jean, VIII, 44.)

___

(1) L'homme est pris, dans tous ces textes de la sainte Écriture, pour l'*humanité* tout entière, qu'il personnifie.

(2) C'est-à-dire sans foi, sans frein, sans règle, sans la crainte de Dieu.

« Tu ne seras pas *accusateur*, ni *médisant* parmi le peuple. » (Lév., xix, 16.)

« Mettez, Seigneur, une garde à ma bouche et une porte autour de mes lèvres, » (Ps. cxl, 3.)

« Écarte de toi la *bouche perverse*, et que les *lèvres médisantes* soient loin de toi. » (Prov., iv, 24.)

« Mes frères, ne parlez pas mal les uns des autres; celui qui parle mal de son frère ou qui juge son frère parle mal de la loi, et juge la loi.

« Celui qui *marche frauduleusement* révèle les secrets; mais celui qui est fidèle d'esprit tient cachée la confidence de son ami. » (Prov., xi, 13.)

« Que ta bouche ne s'accoutume pas à un *langage indiscret*, car il y a en lui une parole de péché. » (Eccli., xxiii, 17.)

« *Ne jugez point*, afin que vous ne soyez point jugé, car, d'après le jugement selon lequel vous aurez jugé, et selon la mesure avec laquelle vous aurez mesuré, mesure vous sera faite. Pourquoi vois-tu la paille qui est dans l'œil de ton frère, et ne vois-tu la poutre qui est dans ton œil? Ou comment dis-tu à ton frère : Laisse-moi ôter la paille de ton œil, tandis qu'il y a une poutre dans le tien?

« Hypocrite! ôte d'abord la poutre de ton œil, et alors tu songeras à ôter la paille de l'œil de ton frère. » (N.-S. en S. Matth., vii, 1-5.)

« *Ne jugez pas sur l'apparence*, mais rendez un juste jugement. » (N.-S. en S. Jean, vii, 24.)

« *Ne jugez point, et vous ne serez point jugés ; ne condamnez point, et vous ne serez point condamnés ; remettez, et il vous sera remis ; donnez, et il vous sera donné,* etc. » (N.-S. en S. Luc, vi, 37, 38.)

« Toi donc, pourquoi juges-tu ton frère? ou pourquoi méprises-tu ton frère? Car nous comparaîtrons tous devant le tribunal du Christ, et chacun de nous rendra compte à Dieu pour soi. » (Rom., xiv, 10, 12.)

commandements est appuyée sur cette maxime de la sagesse humaine, sanctionnée par l'inspirateur divin des livres saints : « *Ce que tu serais fâché qu'un autre te fît, prends garde de ne pas le faire à un autre.* » (Tob., IV, 16.) C'EST LA JUSTICE.

Tout le bien opposé à tout ce mal défendu est implicitement renfermé dans LA CHARITÉ et s'appuie sur cette même maxime des sages, sanctionnée par le Verbe divin, fait homme :

« *Tout ce que vous voulez que les hommes vous fassent, faites-le-leur aussi*, car c'est la loi et les prophètes. » (N.-S. en S. Matth., VII, 12.)

Sur la charité envers le prochain.

RESSOUVENEZ-VOUS DE CECI : *La charité, dans son sens vrai,* c'est-à-dire comme vertu surnaturelle, *est d'origine chrétienne.* Elle a été apportée au monde par celui qui est venu, dans sa charité, racheter le monde. Aussi l'*amour de Dieu et l'amour du prochain,* comme ayant la même source divine, ont été confondus dans la même vertu théologale, et dans le même acte ou expression de cette vertu : « *Mon Dieu, je vous aime* de tout mon cœur, et par dessus toutes choses, parce que vous êtes infiniment bon, infiniment aimable... *Et j'aime mon prochain* comme moi-même, pour l'amour de vous. »

Or, *le Sauveur* nous a donné, dans la fidélité à observer les commandements divins, la marque à laquelle nous pouvons connaître que nous aimons Dieu, et, dans l'amour du prochain, celle à laquelle tous reconnaîtront que nous sommes ses disciples.

« *Maître, quel est le grand commandement de la loi? Jésus* lui dit : *Tu aimeras le Seigneur ton Dieu* de tout ton cœur, de toute ton âme et de tout ton esprit. *C'est là le premier* et le plus grand de tous les commandements. *Le second lui est semblable : Tu aimeras ton prochain* comme toi-même. A ces deux commandements se rattachent toute la loi et les prophètes. » (N.-S. en S. Matth., xxii, 36-40.)

« *Je vous donne un commandement nouveau : c'est que vous vous aimiez les uns les autres,* mais que vous vous aimiez les uns les autres *comme je vous ai aimés. C'est en cela que tous connaîtront que vous êtes mes disciples, si* vous avez de l'amour les uns pour les autres. » (N.-S. en S. Jean, xiii, 34, 35.)

« *Si donc quelqu'un dit : J'aime Dieu, et qu'il haïsse son frère,* c'est un menteur... Nous avons ce commandement de Dieu : Que celui qui aime Dieu aime aussi son frère. » (I Jean, iv, 20, 21.)

« Ne devez rien à personne, sinon de vous aimer mutuellement (1), car qui aime le prochain a accompli la loi. En effet, tu ne commettras point d'adultère, tu ne tueras point, tu ne déroberas point, tu ne convoiteras point, tu ne porteras point de faux témoignages ; et s'il est quelque autre commandement, tout se résume dans cette parole : Tu aimeras ton prochain comme toi-même.

« L'amour du prochain n'opère point le mal. L'amour est donc la plénitude de la loi. » (Rom., xiii, 8-10.)

« Quand je parlerais les langues des hommes et des anges, *si je n'ai pas la charité, je suis comme un airain sonnant ou une cymbale retentissante.*

« Et quand j'aurais le don de prophétie, que je connaîtrais les mystères et toute la science; quand j'aurais toute la foi, au point de transporter des montagnes, *si je n'ai point la charité, je ne suis rien.* Et quand je distribuerais tout mon bien pour la nourriture des pauvres, et que je livrerais mon corps pour être brûlé, *si je n'ai pas*

____

(1) La dette de la charité n'est jamais acquittée ; toujours on doit au prochain des marques de charité.

la charité, cela ne me sert de rien. LA CHARITÉ est *patiente,* elle est *douce,* elle n'est *point envieuse,* elle *n'agit point insolemment,* elle ne *s'enfle point,* elle n'est *point ambitieuse,* elle ne *cherche point son propre intérêt,* elle ne *s'irrite point,* elle *ne pense pas le mal.* Elle *ne se réjouit point de l'iniquité;* mais elle met sa joie dans la vérité; elle *souffre tout,* elle *croit* tout (1), elle *espère* tout, elle *endure* tout. *La charité ne finira jamais,* pas même lorsque les prophéties s'anéantiront (étant réalisées), que les langues cesseront et que la science sera détruite (avec les hommes et le temps).

« Maintenant demeurent toutes les trois la foi, l'espérance, la charité; mais la plus grande des trois est la charité (puisqu'elle doit survivre au ciel, à la foi et à l'espérance, qui n'auront plus alors de sujet d'être, car nous verrons ce que nous aurons cru, et nous posséderons ce que nous aurons espéré, et ce dans l'amour ou la charité sans fin). »

LA CHARITÉ CHRÉTIENNE ou évangélique *doit embrasser tous les hommes : parents, proches, étrangers, amis, ennemis* même : « Aimez vos ennemis; faites du bien à ceux qui vous haïssent. Bénissez ceux qui vous maudissent, et priez pour ceux qui vous calomnient, etc..... Si vous aimez ceux qui vous aiment, quel est votre mérite, puisque les pécheurs aiment aussi ceux qui les aiment? Et si vous faites du bien à ceux qui vous en font, quel est votre mérite, puisque les pécheurs même le font? Mais vous, aimez vos ennemis, faites du bien, et prêtez, sans en rien espérer. » (N.-S. en S. Luc, VI, 27-35.)

« *Ils le crucifièrent*..... Mais *Jésus disait : Mon Père, pardonnez-leur,* car ils ne savent ce qu'ils font! » (Luc, XXIII, 34.)

---

(1) Ceci n'exclut ni la prudence, ni l'examen, ni la défiance même dans l'occasion, mais sans mauvaises dispositions contre le prochain.

« *Et ils lapidaient Étienne,* S'étant mis à genoux, il cria d'une voix forte : *Seigneur, ne leur imputez pas ce péché !* » (Act., VII, 58, 59.)

Sur les œuvres de la charité évangélique.

RESSOUVENEZ-VOUS DE CECI : *La charité est essentiellement active et ingénieuse :* elle doit passer du cœur dans les actes. LES EFFETS en sont multiples; ils prennent toutes les formes, s'adaptent à tout besoin, à toute misère, à toute souffrance de l'ordre spirituel et de l'ordre temporel. On les appelle, dans le langage chrétien : œuvres de miséricorde. On les a groupées sous deux chefs principaux : 1° LES ŒUVRES DE MISÉRICORDE SPIRITUELLES, au nombre de sept : reprendre ceux qui font mal, instruire les ignorants, donner de bons conseils, prier pour les vivants et pour les morts, consoler les affligés, supporter patiemment les injures, pardonner de bon cœur les offenses.

2° LES ŒUVRES DE MISÉRICORDE TEMPORELLES, au nombre de sept : donner à manger à ceux qui ont faim, donner à boire à ceux qui ont soif, donner des vêtements à ceux qui en manquent, donner l'hospitalité aux étrangers, racheter les captifs, visiter les malades, ensevelir les morts.

Sur l'aumône proprement dite.

RESSOUVENEZ-VOUS DE CECI : *L'aumône est obligatoire pour tous,* dans la mesure où chacun peut la pratiquer. Tout petit trouve toujours plus petit que soi, et tout pauvre un plus pauvre que soi..... *Ce vêtement* que vous avez reçu d'un plus riche peut vêtir un plus pauvre, un enfant, quand il sera pour vous-même hors de service.

Ce frugal repas, fruit de votre travail du jour, peut être partagé avec un pauvre affamé sans travail, ce jour-là ; *ce malade* solitaire ou abandonné réclame de la charité de son voisin un secours, un aide et quelques soins urgents ; il ne faut ici souvent qu'un peu de cœur et un peu de temps à donner..... *Le sou* parti de la mansarde aura son pesant d'or au jour de la grande rétribution ; *un verre d'eau froide* comptera au nombre des bonnes œuvres, etc.

« Quiconque aura donné à l'un de ces plus petits seulement un verre d'eau froide à boire, parce qu'il est de mes disciples (1), en vérité, je vous le dis, il ne perdra point sa récompense. » (N.-S. en S. Matth., x, 42.)

« Que celui qui a deux tuniques en donne une à celui qui n'en a point, et que celui qui a de quoi manger fasse de même. » (S. J.-B. en S. Luc, iii, 11.)

« Or *Jésus* regardant, *vit des riches* qui mettaient leurs aumônes dans le tronc. *Il vit aussi, une pauvre veuve,* mettant deux petites pièces de monnaie. Et il dit : En vérité, je vous le dis, *cette pauvre veuve a mis plus que tous les autres ;* car tous ceux-là ont mis, pour offrande à Dieu, de *leur superflu,* mais elle a mis *de son indigence* même, *tout le vivre qu'elle avait.* » (N.-S. en S. Luc, xi, 1, 4.)

« Prenez garde à ne pas faire votre justice (les œuvres de miséricorde qui justifient et sanctifient) devant les hommes pour être vus d'eux ; autrement, vous n'aurez point de récompense de votre Père qui est dans les cieux. Lors donc que tu fais l'aumône, ne sonne pas la trompette devant toi, comme font les hypocrites, dans les synagogues et dans les rues, afin d'être honoré des hommes. En vérité, je vous le dis, ils ont reçu leur récompense. Pour toi, *quand tu fais l'aumône, que ta main gauche ne sache pas ce que fait la droite,* afin que ton aumône soit

_____

(1) Par un principe surnaturel, en vue de Notre-Seigneur lui-même, dans la personne du pauvre, du malade, etc.

17

dans le secret, et ton Père, qui voit dans le secret, te le rendra. » (N.-S. en S. Matth., vi, 1, 4.)

N. B. Saint Paul a résumé, ainsi qu'il suit, les devoirs de la vie chrétienne inspirés et vivifiés par la charité :

« *Comme nous avons des dons différents, selon la grâce qui nous a été donnée,* que celui qui est appelé au ministère s'y applique; que celui qui a le don d'enseigner enseigne; que celui qui a le don d'exhorter exhorte; que celui qui fait l'aumône la fasse avec simplicité; que celui qui préside soit attentif; que celui qui exerce les œuvres de *miséricorde* les exerce avec joie. Charité sans déguisement, ayant le mal en horreur, vous attachant au bien, vous aimant mutuellement d'un amour fraternel, vous honorant les uns les autres, avec prévenance, empressé au devoir, fervent d'esprit, servant le Seigneur, vous réjouissant par l'espérance, patient dans la tribulation, persévérant dans la prière; dans les besoins des saints (des chrétiens), partageant avec eux, aimant à donner l'hospitalité. Bénissez ceux qui vous persécutent; bénissez, et ne maudissez point. Réjouissez-vous avec ceux qui se réjouissent; pleurez avec ceux qui pleurent. Vous unissant tous dans les mêmes sentiments, n'aspirant point à ce qui est élevé, mais vous inclinant vers ce qu'il y a de plus humble. Ne soyez point sages à vos propres yeux. Ne rendant à personne le mal pour le mal; ayant soin de faire le bien, non seulement devant Dieu, mais devant tous les hommes (en donnant le bon exemple). S'il se peut, et autant qu'il est en vous, ayant la paix avec tous les hommes; ne vous défendant point vous-mêmes, mes bien-aimés; mais donnez lieu à la colère, car il est écrit : A moi est la vengeance; c'est moi qui ferai la rétribution, dit le Seigneur. Au contraire, si ton ennemi a faim, donne-lui à manger; s'il a soif, donne-lui à boire; car, faisant cela, tu amasseras des charbons de feu sur sa

tête (1). Ne te laisse pas vaincre par le mal; mais triomphe du mal par le bien. » (Rom., XII, 6-21.)

Sur les devoirs d'état.

RESSOUVENEZ-VOUS DE CECI : En dehors des devoirs généraux qu'impose la morale chrétienne, à chaque âge, à
chaque condition, à chaque position sociale sont attachés
des *devoirs propres*, nommés *devoirs d'état*. Or, ces devoirs
sont aussi sérieux, aussi obligatoires que les devoirs envers Dieu, envers nous-mêmes et envers nos semblables.
L'infidélité à ces devoirs engage la conscience, et constitue le péché dans toute la mesure de leur importance.

Sur les devoirs envers les puissances temporelles.

RESSOUVENEZ-VOUS DE CECI : *Le Sauveur* nous a donné
l'exemple en ce devoir, comme en tout autre devoir. Il a
payé le tribut; il s'est soumis aux puissances iniques qui
l'ont condamné à la mort des criminels; il *s'est conformé
aux lois, au gouvernement*, aux mœurs de son pays et de
son temps. *Mais* aussi *il a rappelé solennellement à Pilate
que* TOUTE PUISSANCE VIENT DE DIEU, etc.

« Maître, dites-nous ce qui vous en semble : est-il per-

___

(1) Tu amasseras des charbons, etc., *locution proverbiale*.
On la trouve daus les Proverbes, XXV, 21. Elle a donné lieu à
diverses interprétations. *Les Pères grecs* l'entendent de charbon
de colère. Si l'on fait du bien à ses ennemis, on est irrépro-
chable, et ils sont eux-mêmes la seule cause de leur châtiment.
Saint Jérôme, saint Augustin, etc., l'entendent de charbons
d'amour et de charité, qui font qu'un ennemi a honte de sa
propre malice, et qu'il cherche alors à se réconcilier.

mis de payer *le tribut à César,* ou non (1)? — Montrez-moi la monnaie du tribut. Et eux lui présentèrent un denier. Jésus leur demanda : De qui est cette image et cette inscription? Ils lui répondirent : De César! Alors il leur répliqua : RENDEZ A CÉSAR CE QUI EST A CÉSAR, ET A DIEU CE QUI EST A DIEU. » (Matth., XXII, 17-21.)

« Lorsqu'ils vinrent à Capharnaum, ceux qui recevaient le didrachme (2) s'approchèrent de Pierre et lui demandèrent : Est-ce que votre maître ne paie pas le didrachme? Il répondit : Il le paie (3). » (Matth., XVII, 23.)

« *Pilate* donc *lui dit : Ignores-tu que j'ai le pouvoir de te crucifier et le pouvoir de te délivrer ? Jésus répondit : Tu n'aurais sur moi aucun pouvoir, s'il ne t'avait été donné d'en haut.* » (Jean, XIX, 10, 11.)

Saint Paul a résumé, ainsi qu'il suit, ce qui est dû aux puissances : « Que toute âme soit soumise aux puissances supérieures, car il n'y a point de puissances qui ne viennent de Dieu, et celles qui sont ont été établies de Dieu. C'est pourquoi, qui résiste à la puissance résiste à l'ordre de Dieu (4). Or, ceux qui résistent attirent sur eux-mêmes la condamnation. Car les princes ne sont pas à craindre pour les œuvres bonnes, mais pour les mauvaises. Veux-tu donc ne pas craindre la puissance, fais le bien, et elle te louera, car *elle est le ministre de Dieu pour le bien.* Que si tu fais le mal, crains, car ce n'est pas sans motif qu'elle porte le glaive, puisqu'elle est le ministre de Dieu, dans sa colère contre celui qui fait le mal.

(1) Les Juifs étaient alors tributaires des Romains : le sceptre était sorti de la maison de Juda.

(2) Le didrachme valait environ 80 centimes de notre monnaie.

(3) Le Sauveur n'avait pas même cette faible somme. Pierre, envoyé par lui, trouve dans la bouche d'un poisson de quoi payer le tribut pour son maître et pour lui-même.

(4) C'est le cas de se rappeler ici que rien n'arrive, en ce monde, sans l'ordre ou la permission de Dieu.

Il est donc nécessaire de nous y soumettre, non seulement par crainte de la colère, mais encore par la conscience. C'est aussi pour cela que vous payez le tribut, car les princes sont les ministres de Dieu, le servant en cela même. *Rendez donc, à tous, ce qui leur est dû : à qui le tribut, le tribut; à qui l'impôt, l'impôt; à qui l'honneur, l'honneur.* » (Rom., XIII, 1-7.)

Sur la liberté humaine.

RESSOUVENEZ-VOUS DE CECI: *Toutes* CES VÉRITÉS *proposées à la foi du chrétien, et tous* CES DEVOIRS *prescrits à sa conscience, ne portent nulle atteinte à sa liberté.* Il peut vouloir ou ne vouloir pas y soumettre son esprit, vouloir ou ne vouloir pas y conformer sa vie. Mais aussi *l'abus du libre arbitre,* non plus que la rébellion de l'esprit ou la perversité du cœur de l'homme, *ne saurait porter atteinte aux droits de Dieu sur sa créature.* Dieu se réserve donc de le juger et de le traiter selon ses œuvres marquées, en vertu de sa liberté même, à l'empreinte du mérite ou du démérite, du vice ou de la vertu, de la mort ou de la vie, du châtiment ou de la récompense.

Moïse, après avoir rappelé au peuple les préceptes du Seigneur, et l'avoir exhorté à les observer fidèlement, ajoute : « *Voici que je mets, aujourd'hui, en votre présence, la bénédiction ou la malédiction :* la bénédiction, si vous obéissez aux commandements du Seigneur votre Dieu, que moi je vous prescris aujourd'hui (de la part de Dieu); la malédiction, si vous n'obéissez pas aux commandements du Seigneur, mais si vous vous écartez de la voie que je vous montre aujourd'hui. » (Deut., XI, 26, 27, 28.)

Notre-Seigneur a mis fin à son discours sur la montagne par ces paroles également révélatrices de la liberté humaine : « *Quiconque donc entend ces paroles que je dis, et les accomplit, sera comparé à un homme sage qui a bâti sa maison sur la pierre.* Et la pluie est descendue, et les fleuves se sont débordés, et les vents ont soufflé et sont venus fondre sur cette maison, et elle n'a pas été renversée, parce qu'elle était fondée sur la pierre.

« *Mais quiconque entend ces paroles que je dis, et ne les accomplit pas, sera semblable à un homme insensé qui a bâti sa maison sur le sable.* Et la pluie est descendue, et les fleuves se sont débordés, et les vents ont soufflé, et sont venus fondre sur cette maison ; elle s'est écroulée, et la ruine a été grande. » (Matth., vii, 22-27.)

Sur les obstacles du salut.

RESSOUVENEZ-VOUS DE CECI : Ces *pluies*, ces *débordements*, ces *tempêtes* qui viennent se briser contre l'édifice bâti sur des fondements solides, et qui, au contraire, ruinent de fond en comble celui qui est bâti sur le sable, *sont les obstacles* de toute nature qui se dressent, au dedans et au dehors, *contre la grande œuvre de notre salut.*

AU DEDANS : nos propres inclinations qui se résument dans la triple concupiscence, fruit du péché originel : la concupiscence des yeux, la concupiscence de la chair et l'orgueil de la vie : c'est-à-dire la faim et la soif des richesses, des plaisirs, des honneurs.

AU DEHORS : le monde, ses maximes, ses conseils, ses exemples, ses scandales, ses efforts pour arracher à l'Église ses enfants fidèles. Tous *ces assauts* livrés à notre âme, toutes ces tentatives contre notre vertu sont, pour nous, autant de *tentations* ou d'*épreuves*, qui appellent toute notre vigilance, toute l'énergie de notre volonté, toute l'application pratique des quatre vertus morales, chrétiennes, appelées cardinales (1).

LA PRUDENCE, qui nous fait discerner et choisir les moyens les plus propres pour rester fidèle aux commandements de Dieu, malgré tous les obstacles.

LA JUSTICE, qui nous porte, malgré ces mêmes obstacles, à rendre à chacun ce qui lui est dû (à Dieu, à soi-même, au prochain).

LA FORCE, en vertu de laquelle nous luttons, jusqu'à la mort, pour assurer notre salut.

LA TEMPÉRANCE, qui n'est autre que la modération de nos désirs, de nos passions, de nos ambitions, etc.

Le Sauveur a prémuni ses apôtres et ses disciples contre les instigateurs de l'erreur et du mal qui, pour tromper plus sûrement ceux qui sont fidèles, se présentent à eux sous des dehors empruntés : « *Gardez-vous des faux prophètes* (2) qui viennent à vous sous des vêtements de brebis, tandis qu'au dedans ce sont des loups ravissants! *Vous les connaîtrez à leurs fruits.* Cueille-t-on des raisins sur les épines, ou des figues sur les ronces? Aussi *tout arbre bon produit des fruits bons;* mais *tout arbre mauvais produit de mauvais fruits.* Un arbre bon ne peut produire de mauvais fruits, ni un arbre mauvais produire de bons fruits. Tout arbre qui ne produit point de bons fruits sera coupé et jeté au feu. Vous les reconnaîtrez donc à leurs fruits. » (Matth., VII, 15-20.)

N. B. Cette règle si simple du discernement des esprits et des cœurs peut être appliquée avec succès :

(1) Qui veut dire gonds, parce que les autres vertus sont appuyées sur elles comme une porte sur ses gonds.

(2) Sous ce nom étaient compris tous ceux qui se disaient inspirés ou se mêlaient d'interpréter les saintes Écritures et d'enseigner. Les Pères de l'Église ont compris ici tous les *faux docteurs*, juifs ou chrétiens.

1º Dans toutes les circonstances où il y a lutte ouverte entre deux parties adverses, sur le terrain religieux ou moral. Vous reconnaîtrez à leurs fruits : le bien et le mal, les bons et les méchants, les œuvres de la lumière et les œuvres des ténèbres, le ciel et l'enfer, le Christ et Satan, etc.;

2º Là où il y a des luttes intestines entre les influences et les sollicitations contraires qui se disputent notre âme, pour la perdre ou pour la sauver.

Contre tous ces obstacles : RESSOUVENEZ-VOUS DE VOS FINS DERNIÈRES, ET VOUS NE PÉCHEREZ POINT.

LE BIENHEUREUX PIERRE FOURIER

AUX ÉLÈVES DE LA CONGRÉGATION DE N.-D. (1)

1º CONSIDÉRATIONS

Très-chères vierges et prudentes écolières de la Mère de Dieu.

But de la vie. — PENSEZ A VOUS, ET CONSIDÉREZ BIEN que Dieu vous a créées, rachetées, conservées et nourries jusqu'à présent, pour l'honorer, l'aimer, le servir, lui obéir et gagner le paradis, et non pas pour attacher votre cœur aux choses de ce monde.

Présence de Dieu. — PENSEZ A VOUS, ET CONSIDÉREZ BIEN que Dieu vous est présent partout, et que, continuellement, il vous voit, vous regarde attentivement, vous écoute, remarque et retient tout ce que vous faites, tout ce que vous dites et tout ce que vous désirez.

Le péché. — PENSEZ A VOUS, ET CONSIDÉREZ BIEN la grande haine que Dieu porte au péché et les grièves punitions qu'il a préparées, en ce monde et en l'autre, pour ceux qui en commettent et ne veulent pas lui obéir en tout ce qu'il commande.

La vertu. — PENSEZ A VOUS, ET CONSIDÉREZ BIEN la grandeur et dignité des œuvres de la vertu, et le salaire inestimable qui leur est préparé de Dieu, en cette vie et dans l'éternité.

(1) Constitutions, 3e partie, chap. IX.

La paternité divine. — PENSEZ A VOUS, ET CONSIDÉREZ BIEN l'affection plus que paternelle que Dieu porte aux bonnes filles qui craignent de l'offenser et qui sont vertueuses et dévotes, et tâchent d'accomplir, en toutes choses, selon leur vocation, ce qu'il demande d'elles.

La Providence. — PENSEZ A VOUS, ET CONSIDÉREZ BIEN sa sainte providence, et le grand soin qu'il a de vous et de tout ce qui vous est nécessaire, pour l'âme et pour le corps.

Confiance en Dieu. — PENSEZ A VOUS, ET CONSIDÉREZ BIEN le devoir de vous remettre toujours entre les dignes mains de Dieu, de vous y tenir fermes et constantes, sans jamais les quitter.

Soumission à ses volontés. — PENSEZ A VOUS, ET CONSIDÉREZ BIEN la nécessité de conformer toujours, en toutes choses, vos volontés aux siennes, qui ne sont que très-saintes, très-justes et très-sages, et perpétuellement tendantes à son honneur et gloire, et à notre profit.

En tout événement. — PENSEZ A VOUS, ET CONSIDÉREZ BIEN qu'il est du devoir de toute âme chrétienne de prendre en gré tout ce qu'il fait et tout ce qu'il permet, et de l'en remercier, le louer et bénir en tout temps.

L'innocence et la pureté de l'âme. — PENSEZ A VOUS, ET CONSIDÉREZ BIEN que, parmi les trésors et les riches dévotions que renferme la doctrine chrétienne, se trouve premièrement le devoir d'apporter un grand et continuel soin à ce que la grâce et l'innocence que vous avez rapportées des saints fonts du baptême ne se perdent jamais; que vous devez les conserver chèrement, et les tenir de si près, que vous puissiez porter, quand il en sera temps, devant le tribunal de Notre-Seigneur et Sauveur Jésus-Christ, toute sainte et immaculée, la belle et précieuse robe blanche qui vous a été donnée par ses mérites au jour de votre baptême.

Moyens sûrs de se conserver pures.

PENSEZ A VOUS, ET CONSIDÉREZ BIEN que, pour vous aider à vous conserver pures, vous devez craindre sur toutes choses de déplaire à Dieu, tant peu que ce puisse être, et désirer de lui plaire toujours et montrer, en tous vos déportements (votre manière d'agir), que ce saint désir que vous avez ainsi de lui agréer est tout grand, tout ferme, tout constant et insatiable, vous souvenant que Dieu n'abandonne jamais ceux qui ont ce désir et cette crainte-là.

Fréquentation de la sainte communion.

PENSEZ A VOUS, ET CONSIDÉREZ BIEN que vous devez faire paraître ce véhément désir particulièrement en vous disposant, de bonne heure, à recevoir, le plus dignement que vous pourrez, le très-précieux corps et sang de Notre-Seigneur au très-saint sacrement, pour la première fois, et à persévérer toujours ainsi, par après, en ce précieux devoir, toutes les fois que vous vous en approcherez durant toute votre vie. Ce point est l'un des tous premiers et principaux des écolières de la Congrégation.

La confession. La sainte Messe.

PENSEZ A VOUS, ET CONSIDÉREZ BIEN que vous devez apporter le plus grand soin à vous instruire de la façon de bien communier, comme aussi de vous bien confesser, et de vous examiner, et d'entendre la sainte messe. Considérez souvent la grandeur et la dignité des trésors ineffables que contiennent ces divins sacrements pour ceux qui s'y présentent ainsi qu'il appartient.

Pour vous donner toujours plus de courage, chères enfants, de vous exercer volontiers et souvent aux dévotions susdites :

Pensez a vous, et considérez bien..... qu'il n'y a qu'une seule chose qui soit principalement à désirer et digne de louange, et à laquelle il nous faille tous travailler avec plus de soin et d'affection ; c'est à savoir : d'être toujours en la grâce de Dieu, et en honneur et bonne estime auprès de lui, et nous persuader qu'en comparaison de ce bien, toutes les choses qui ne sont que de ce monde, et passagères et de peu de durée, peuvent être estimées raisonnablement plus vaines que l'ombre et plus trompeuses que les songes.

Une seule chose désirable.

Pensez a vous, et considérez bien la nécessité d'imprimer, dans vos esprits, une grande dévotion à la glorieuse Vierge Marie, de la prendre pour votre patronne, pour avocate et médiatrice, en tout ce que vous aurez à demander à Dieu ; d'avoir recours à elle en toutes vos nécessités ; de lui montrer, par toutes sortes de bons effets et de devoir de filles à leur mère, que vous avez une grande espérance et confiance en sa bonté, en sa douceur, en sa miséricorde, et en son grand pouvoir de reine du ciel et de mère de Dieu.

Dévotion filiale envers la très-sainte Vierge.

Pensez a vous, et considérez bien..... que, pour vous maintenir dans le respect et l'affection que vous portez à la bienheureuse Vierge Marie, et vous y avancer toujours de plus en plus, et pour vous maintenir aussi dans l'accomplissement de tous vos devoirs, vous devez vous efforcer de bien comprendre et d'imprimer, au profond de vos cœurs, ce tout riche et tout divin sermon qui vous vient de sa bénite bouche, et vous le répéter souvent : *Quodcumque dixerit vobis facite* « Faites tout ce que mon Fils votre Dieu vous dira (1), » et, en prononçant

Leçon de Marie à ses enfants.

(1) La Mère de Dieu, aux noces de Cana, s'adressant aux serviteurs dont l'obéissance provoqua le premier miracle du Sauveur.

ces quatre dignes mots, ou en vous les remettant en mémoire, principalement devant quelque image des siennes, pensez qu'elle vous enseigne par là, comme mère et maîtresse, à faire, ponctuellement et comme il faut, tout ce que Notre-Seigneur vous dit en ses commandements, en ses inspirations, et par les ordonnances de ceux à qui vous êtes sujettes.

La victoire chrétienne. Marques auxquelles on reconnaît les vraies enfants de Marie.

PENSEZ A VOUS, ET CONSIDÉREZ BIEN que, pour vivre en véritables chrétiennes et vous montrer les vraies enfants de Marie, vous devez éviter de mettre vos affections trop avant, ni vos espérances, ni vos contentements en des choses de si peu de valeur, et si instables, si inconstantes et si mal assurées que les biens de la terre, les grandeurs et les délices; mais qu'au contraire vous devez, à l'exemple de votre Mère du ciel, chérir toujours et chercher, en quelque état qu'il plaise à Dieu de vous appeler, la vertu, la piété, la volonté de Dieu, sa sainte grâce et, par le moyen d'icelle, le royaume des cieux où sont les vrais biens certains, stables, infinis, assurés, éternels.

Enfin, pour vous aider à vous défendre et prémunir de bonne heure contre les occasions qui pourraient, avec le temps, vous détourner de ces considérations pieuses, et faire rompre vos saintes résolutions :

Les luttes, les tentations.

PENSEZ A VOUS, ET CONSIDÉREZ bien que vous devez vous préparer, dès maintenant, à vous tenir toujours prêtes à résister vaillamment, et à combattre contre les tentations qui viendront se présenter à vous, du côté de vos inclinations propres, ou du monde, ou de l'ennemi, et protester déjà, par prévision, de ne jamais vouloir consentir à leurs suggestions perverses.

2o EXHORTATIONS

Très-chères vierges et prudentes écolières de la Mère de Dieu.

Actes des vertus théologales.

Souvenez-vous de faire souvent, et selon les occurrences, des actes de foi, d'espérance et de charité.

Défiance de soi-même.

Ayez, très-spécialement, une parfaite confiance en la divine bonté, et une grande méfiance chacune de vous-même, vous persuadant bien que vous ne pouvez rien faire de bon sans une assistance particulière de Dieu.

Pieux entretiens.

Aimez volontiers, dans les occasions, à parler de Dieu et des choses de Dieu, et à en ouïr (entendre) parler, et ce avec un très-dévot ressentiment intérieur et grande modestie en votre extérieur.

Ferveur.

Tenez-vous toujours bien appareillées (prêtes) et promptes à faire, pour le service de Dieu, tout ce entièrement qu'il demandera de vous.

Souvenir des bienfaits de Dieu.

Souvenez-vous souvent des bénéfices inestimables (bienfaits) que vous avez reçus de sa sainte bonté, et que vous en recevez tous les jours continuellement, et que vous espérez en recevoir encore à l'avenir.

Respect des personnes et des choses saintes.

N'OUBLIEZ PAS qu'en votre qualité de chrétiennes, vous devez porter une très-intime et très-cordiale révérence (respect) aux choses sacrées : aux églises, aux autels, aux reliques des saints, à leurs images, à la parole de Dieu, aux personnes ecclésiastiques et religieuses, aux prières de l'Église, aux processions, aux fêtes, aux jeûnes, aux sacrements, aux saintes cérémonies, et à toutes autres choses semblables qui concernent le culte de Dieu.

La prière fréquente.

SOUVENEZ-VOUS que le grand moyen de vous fortifier toujours de plus en plus, et obtenir de nouvelles grâces de Dieu, et autres faveurs du ciel pour vous et pour les autres, pour le spirituel et pour le temporel, est la prière fréquente.

Qualités et objet de la prière.

Et, en priant Dieu, SOUVENEZ-VOUS de vous humilier tant que vous pouvez, et de le remercier de tous ses bénéfices, de lui crier merci (miséricorde), et demander dévotement pardon de toutes vos offenses passées, et de vos ingratitudes ordinaires envers sa sainte majesté, et de votre tépidité (tiédeur), paresse et négligence à le bien prier et bien remercier, et à vous employer en tout plein de bonnes œuvres, que vous pourriez bien faire.

Les principales vertus chrétiennes.

SOUVENEZ-VOUS de pratiquer la sainte humilité, l'obéissance prompte envers ceux à qui vous devez la rendre, la patience, la modestie, la douceur et bonté, et de montrer spécialement votre prudence à bien choisir et bien aimer ce qui se doit aimer, à savoir : Dieu sur toutes choses, et ceux qu'il nous commande d'aimer après lui, et pour l'amour de lui; et d'employer votre force, votre courage et votre tempérance à vous tenir toujours très-fermes sur ce bienheureux choix, sans jamais permettre que les difficultés ou répugnances ou contradictions, ou les plaisirs ou les allèchements mondains, vous fassent détourner, d'un seul point, de l'obéissance et de l'amour que vous devez à Dieu.

Amour, confiance en Marie.

Pour vous encourager et vous soutenir dans les luttes, les combats, les difficultés de la vie, N'OUBLIEZ JAMAIS que Marie, votre Mère, vous offre un exemplaire parfait de toutes les vertus, et que son cœur immaculé vous sera un refuge assuré contre tous les écueils que l'ennemi de votre âme sèmera sur vos pas.

Imitation de ses vertus.

AIMEZ-LA donc toute votre vie, ardemment, tendrement, respectueusement, comme filles leur Mère, Mère incomparablement aimable et aimant ses filles incomparablement.

HONOREZ-LA comme maîtresse et comme reine des anges, reine de tous les saints, reine du ciel entier.

AIMEZ TOUT ce que vous pouvez connaître qu'elle a le plus aimé : l'humilité, la pureté, la modestie, la charité, la patience, etc.

Pratique de la dévotion envers Marie.

HONOREZ son très-précieux NOM DE MARIE, en le prononçant, en le lisant, en l'entendant nommer, ainsi qu'en l'écrivant.

PRENEZ la douce et salutaire habitude de célébrer ses fêtes et de vous y préparer par quelques dévotions particulières :

RENDEZ-VOUS FAMILIERS, en les disant souvent : le chapelet ou le rosaire, l'antienne *Sub tuum præsidium*, l'hymne *Ave maris stella*, et principalement la strophe *Monstra te esse Matrem ;* le *Salve Regina*, le *Regina cœli lætare*, l'*Ave Regina cœlorum*, l'*Inviolata*, le *Magnificat*, les *Litanies*, le petit office de l'*Immaculée Conception*, et aussi les plus beaux cantiques composés en son honneur.

Dévotion à l'ange gardien, aux anges et aux saints.

HONOREZ, en outre, d'une dévotion spéciale : votre ange gardien, toutes les hiérarchies angéliques et tous les saints qui sont régnants au ciel; recourez souvent à leurs suffrages et à leur crédit, dans vos nécessités.

Dévotion plus particu- lière à quelques-uns.

Outre ce grand respect que vous porterez toujours à tous les anges et à tous les saints :

SOUVENEZ-VOUS de montrer, pour l'amour de Marie votre Mère, une dévotion spéciale à son père et à sa mère, *saint Joachim* et *sainte Anne*, à *saint Joseph* (proclamé de nos jours le patron de l'Église universelle), aussi à l'*archange Gabriel* qui la salua, lui apportant les nouvelles du ciel (1).

But des considérations et exhortations précédentes.

SOUVENEZ-VOUS, mes chères enfants, que le but de toutes ces instructions, considérations, exhortations, pratiques et répétitions d'icelles, et de divers autres semblables, est de former doucement, en vos esprits et dans vos cœurs, une grande haine et souveraine aversion des offenses de Dieu, pour petites qu'elles soient, et des mauvaises accoutumances (habitudes, coutumes), et la crainte et la fuite des occasions qui pourraient, de ce côté-là, vous préjudicier; et quant et quand (et aussi) le saint amour de Dieu, et des vertus solides, et de la piété; et un grand désir et devoir continuel, et doux, et agréable, de vous employer prudemment, en toutes sortes de dévotions et de bonnes œuvres, sortables de votre âge et à votre position.

(1) Voir la date de ces différentes fêtes, p. 289.

Pour vous y façonner de plus en plus, APPLIQUEZ-VOUS à trois points principalement :

1° A vous y rendre affectionnées ;

2° A apprendre la forme et le moyen de vous en bien acquitter ;

3° A vous y exercer doucement, discrètement et opportunément, selon les occasions et votre capacité, en sorte que vous y soyez rendues bonnes ouvrières autant qu'il se pourra, et comme habituées et naturalisées en vous y accoutumant.

Touchant le PREMIER *de ces trois points :* aux occasions particulières qui s'offriront à vous de pratiquer telle vertu ou telle dévotion, APPORTEZ toute l'application de votre esprit à comprendre l'excellence et grandeur et dignité d'icelle (et la nécessité, si elle est obligatoire), et combien elle est conforme à la raison et à la bienséance, et agréable à Dieu, et à la glorieuse Vierge Marie, et à votre ange gardien et vos bienheureux patrons, et le grand profit qu'elle vous apportera pour le spirituel : comme le pardon de vos péchés, et, en certaines dévotions, la quittance ou rabat de quelques peines qui vous pourraient être dues à payer, en ce monde ou en l'autre ; la grâce de Dieu (laquelle est si précieuse, et qui vaut infiniment plus que la possession perpétuelle d'un monde tout entier et de dix mille millions de mondes, si tant y en avait), et des nouveaux mérites, et l'entérinement de quelques requêtes et prières que vous auriez à présenter à Dieu, et même quelquefois de grands avantages ou profits en ce qui touche à la vie présente : Comme la conservation de vos père et mère, la délivrance de quelque maladie ou autre affliction. *En toutes circonstances, enfin,* N'OUBLIEZ JAMAIS que la piété vous sera toujours profitable pour toutes choses, ayant la promesse de Dieu, et pour la vie présente et pour la vie future.

2° Apprendre la forme et les moyens de s'en bien acquitter.

Pour le DEUXIÈME POINT : vous devez apprendre la façon de faire chaque bonne œuvre et chaque dévotion, bien et comme il faut. Que si cette bonne œuvre ou cette dévotion là, qui se présente à être pratiquée, se peut utilement faire en diverses manières, CHOISISSEZ la forme la plus douce, la plus aisée et la plus condescendante à votre infirmité (sens de faiblesse), sans néanmoins vous défendre ou vous fermer le chemin de la faire en quelque autre manière qui soit encore plus relevée, et plus méritoire, et plus agréable à Dieu.

3° S'y exercer selon les occasions.

Pour le TROISIÈME POINT : ATTACHEZ-VOUS à vous servir prudemment de toutes sortes d'occasions opportunes pour vous exercer, ou toutes ensemble, ou quelques-unes en particulier, à toutes les dévotions susdites, tantôt en l'une, tantôt en l'autre, selon les temps et les nécessités, les lieux et les personnes, mais toujours volontiers avec courage et ferveur.

SOUVENEZ-VOUS d'employer les trois points susdits, d'affection, d'instruction et de pratique, pour vous dresser de bonne heure à toutes sortes de dévotions et de vertus, et de saintes actions qui vous seront convenables.

Les œuvres de miséricorde : corporelles et spirituelles.

AYEZ SPÉCIALEMENT ÉGARD aux œuvres de miséricorde, et corporelles, et spirituelles, auxquelles vous devez vous exciter souvent, et vous y exercer du moins en vos fréquentes prières présentées à Dieu, pour les nécessiteux, en attendant que l'âge plus mûr et votre position vous rendent capables de consoler les affligés ou de les secourir en quelque autre manière, selon les occasions et votre commodité.

Enfin NE PERDEZ JAMAIS DE VUE que toutes ces instructions et exhortations ne vous sont pas données pour les apprendre seulement en votre bas âge, ou jeunesse, ou pendant que vous fréquentez les écoles; mais que c'est le désir de N.-S. et de la glorieuse Vierge Marie, et de vos bons anges et bienheureux patrons que vous continuiez à vous en servir ci-après, durant toute votre vie, en tout ce qui sera compatible à votre vocation.

Très-chères vierges et prudentes écolières de la Mère de Dieu, en gardant tout ceci, vous apprendrez bien à nos présentes écoles, et y serez les bénies de Dieu, et agréables au ciel et à la terre, et profitables à vos pères et mères, et, en persévérant dans ce pieux désir, vous serez bien heureuses, en ce monde et en l'autre. Ainsi soit-il.

Un grand moyen de persévérance finale.

Ressouvenez-vous, chaque jour, que vous avez, chaque jour :

Un *Dieu* à glorifier.
Qui vous a créé pour l'aimer.
Un *Jésus* à imiter.
Son *sang* à vous appliquer.
La *sainte Vierge* à implorer.
Les *anges* à honorer.
Une *âme* à sauver.
Un *corps* à mortifier.
Une *conscience* à examiner.
Des *péchés* à expier.
Des *vertus* à demander.
Un *ciel* à mériter.
Un *enfer* à éviter.
Une *éternité* à méditer.

Un *temps* à ménager.
Un *prochain* à édifier.
Un *monde* à mépriser (1).
Des *démons* à appréhender.
Des *passions* à dompter.
Une *mort* peut être à souffrir.
Et un *jugement* à subir,
D'un Dieu de vérité,
Pour une *éternité* :
Ou *bienheureuse* : ô bonheur!
Ou *malheureuse* : ô malheur!
Dévot chrétien,
Songez-y bien !

Ainsi soit-il.

(1) C'est-à-dire les maximes, les plaisirs, les écueils que présente le monde mauvais, celui qui tend des embûches à la vertu, etc.

EXAMEN DE CONSCIENCE.

PRÉLIMINAIRES.

Toute infraction à un devoir constitue une faute; mais comme il y a *divers degrés dans l'obligation*, il y a aussi *divers degrés dans la culpabilité*.

La gravité de la faute s'apprécie tout à la fois par l'importance de l'objet du commandement ou de la défense, et par le degré du vouloir ou du non vouloir, en face des prescriptions divines.

Ainsi, je suis ignorante du vrai sens de la loi : je crois, à tort, que telle action est défendue, et je la fais ; je suis coupable dans toute la mesure de la volonté avec laquelle j'ai accompli cet acte, même innocent, puisque j'ai voulu l'acte que je croyais être la transgression d'un commandement divin. Par contre, je fais, en le croyant permis, un acte défendu : mon ignorance de bonne foi m'excuse aux yeux de Dieu. Je crois être au jeudi, et je fais gras un vendredi : si je m'en aperçois à temps, je substitue immédiatement le maigre au gras; mais si mon erreur dure tout le jour, je suis coupable de mon irréflexion, mais non de la transgression volontaire d'un commandement. Dieu juge alors, non l'acte en lui-même, mais la disposition intérieure qui a présidé à l'acte.

Cependant, il est évident que nos erreurs, en ce genre, ne sont véritablement excusables que si elles ne proviennent ni de négligence, ni de mauvaise volonté, si, en un mot, elles sont un *incident* dans notre vie, et non

un défaut habituel de réflexion, d'attention, de conscience de nos actions et de nos devoirs de chaque jour.

Donc, pour fixer le caractère de ses fautes dans l'examen de sa conscience, il faut, tout d'abord, envisager leur
gravité intrinsèque : toutes ne sont pas également importantes; toutes ne constituent donc pas le péché mortel.
Ainsi, à un jour donné, je me laisse aller à la vanité ou à
l'indolence; dans mes repas, je recherche plutôt la satisfaction de mon goût que la réparation de mes forces, etc.;
ce sont là des effets très-atténués de l'orgueil, de la paresse, de la gourmandise; mais ce ne sont pas les effets
vicieux de ces péchés capitaux. *Un acte* grave d'orgueil,
de gourmandise, d'impureté, etc., isolé ou même répété,
à distance, peut constituer un vrai péché mortel, sans
constituer *le vice* proprement dit, c'est-à-dire *une habitude, un état.* Je puis faire, dans certains cas, acte de
gourmandise, sans être atteinte du vice de gourmandise;
ainsi des autres.

Le *vol* d'un objet de peu de valeur n'a pas évidemment
la gravité d'un vol considérable; la mesure du dommage
causé par un larcin, est encore une circonstance atté-
nuante ou aggravante pour celui qui a dérobé. J'ai dit
une *mauvaise parole,* dans un moment de complète inattention; sous une impression nerveuse, ma main a donné
un coup; ou bien encore, dans un premier mouvement
d'orgueil ou d'impatience, j'ai dit ou fait ce que,
certainement, je n'aurais ni dit ni fait dans le calme
et la réflexion : dans ces cas et dans beaucoup d'autres
analogues, j'étais entraînée; mon acte a été irréfléchi, et
pourtant je sens bien que ma volonté libre n'a pas réagi
contre cet entraînement, aussi nettement qu'elle aurait
du le faire : je suis donc coupable, dans une certaine
mesure. En thèse générale, le péché devient mortel au
moment où l'âme donne à ses déterminations une attention et un consentement suffisants pour qu'elles soient,

aux yeux de Dieu, véritablement libres et pleinement voulues.

Il ne faut donc *pas confondre la tentation avec le péché*. *Notre-Seigneur* en a établi nettement la différence dans les deux dernières demandes de l'oraison dominicale : LA TENTATION est une sollicitation au péché, une menace, un péril, une épreuve de notre vertu et de notre fidélité. L'âme chrétienne aux abois, aux prises avec l'ennemi, sait qu'elle a la liberté de pécher, sent qu'elle est faible, qu'elle peut succomber, et appelle la grâce à son secours : « Notre Père, qui êtes aux cieux!... *Ne me laissez pas succomber à la tentation.... Mais délivrez-moi du mal!...* »

LE PÉCHÉ, c'est la chute, le consentement, à divers degrés. Il y a donc, dans toute chute, une responsabilité pour la conscience, par là même que la volonté, aidée de la grâce, peut toujours se délivrer, s'affranchir du mal.

Péchés envers Dieu.

CONTRE LE PREMIER COMMANDEMENT. L'ADORATION *a ses contraires dans :* l'IDOLATRIE sous toutes les formes, et *la superstition* à tous ses degrés : pratiques occultes, magie, évocations, etc.

« Qu'il ne se trouve au milieu de vous personne qui interroge les devins, ni qui observe les augures, ni qui use de maléfices, ni qui soit enchanteur ou qui demande aux morts la vérité, car le Seigneur a toutes ces choses en abominations. » (Deut., XVIII, 10-12.)

LA FOI *a ses contraires dans* l'INCRÉDULITÉ systématique, le *doute* volontaire, l'*insoumission* de l'esprit ou du cœur, le *respect humain* (honte ou reniement de sa foi).

L'ESPÉRANCE *a ses contraires dans* la CRAINTE exagérée, le *découragement*, le *désespoir*.

L'AMOUR *a ses contraires dans* l'ATTACHEMENT *désor-donné* et *exclusif* aux personnes et aux choses créées, *l'indifférence* pour Dieu et pour les choses de Dieu, *l'insouciance* de son propre salut et de celui des autres.

La CONFIANCE, l'ABANDON à la Providence, la RÉSIGNATION et la PATIENCE dans les maux *ont leurs contraires* dans la DÉFIANCE, le *trouble*, les *inquiétudes* anxieuses, la *révolte*, les *murmures*, l'*abattement*, etc.

Le *devoir de* LA PRIÈRE *a ses contraires* dans l'OMISSION des prières du matin et du soir, la *tiédeur*, l'*inattention*, la *distraction* volontaire, la *négligence* du recours à Dieu dans les besoins, ou les périls de l'âme et du corps.

L'ACTION DE GRACE *a son contraire* dans l'INGRATITUDE après le bienfait reçu ou la faveur obtenue.

LE RESPECT dû à Dieu *a ses contraires dans* l'IRRÉLIGION, le *mépris* ou l'*indifférence*, la *profanation du mot sacré* et des *choses sacrées* (les temples, les *objets consacrés au culte*, etc.), l'*irrévérence* ou l'insulte à l'égard des personnes consacrées à Dieu. (Pape, évêques, prêtres, religieux ou religieuses).

CONTRE LE DEUXIÈME COMMANDEMENT. *Il défend les contraires de ce que prescrit le premier :* la *profanation du saint nom de Dieu;* le *blasphème* ou paroles injurieuses contre Dieu ou les saints; les *imprécations* ou malédictions contre soi, contre les autres ou contre les créatures; le *jurement* ou *serment*, pour affirmer des choses vaines et de peu d'importance, ou des choses fausses et qu'on sait être telles, ce qui constitue le *parjure;* l'*engagement, avec serment*, de faire une chose défendue, *et l'accomplissement* de ce serment sont une double faute; les VŒUX *téméraires* et la *violation* de ces vœux : *la violation des vœux* faits avec l'intention de s'obliger rigoureusement devant Dieu, constitue *un parjure*.

CONTRE LE TROISIÈME COMMANDEMENT DE DIEU ET LE SIXIÈME DE L'ÉGLISE (culte extérieur).

Leurs prescriptions ont leurs contraires dans la PROFANATION DES DIMANCHES *et des* FÊTES RÉSERVÉES : *la* MESSE omise, en tout ou en partie, entendue sans respect, sans dévotion, sans attention, sans recueillement; *les autres actes de piété* en usage ces jours-là (sermons, saluts, catéchismes, etc)., omis habituellement par indifférence, indévotion, négligence ou insouciance; *le travail* sans nécessité absolue ou avec nécessité, mais sans permission; *l'achat,* la *vente* par soi-même, ou imposée à d'autres.

La COMMUNION négligée ou faîte sans préparation suffisante, sans ferveur, sans action de grâce, sans résolutions pratiques; la communion PASCALE omise ou faite dans d'autres circonstances que celles qui sont prescrites.

La CONFESSION négligée ou faite sans examen sérieux, sans sincérité, sans contrition, sans ferme propos pratique; la *pénitence sacramentelle* omise ou mal faite.

La PÉNITENCE SATISFACTOIRE négligée habituellement, le JEUNE omis sans nécessité ou accompli dans des conditions qui l'ont annulé, ou omis avec nécessité, mais sans permission (1).

L'ABSTINENCE des *vendredis,* des *quatre temps,* des *vigiles,* du *carême,* omise sans nécessité ou avec nécessité, mais sans permission.

Péchés envers le prochain.

CONTRE LE QUATRIÈME COMMANDEMENT DE DIEU. *Les devoirs* que ce commandement prescrit *ont leurs contraires :* ENVERS LES PARENTS : dans la *désobéissance,* l'*insoumission,* l'*irrévérence,* l'*ingratitude,* l'*abandonnement,* le *mépris* des droits et de l'autorité paternels et maternels; l'*abstention*

(1) Le jeûne n'oblige qu'à partir des vingt-un ans accomplis.

du respect, des égards, du support, des soins, de l'assistance dans leurs besoins et leurs infirmités du corps, de l'esprit et de l'âme.

Envers les enfants : dans la *faiblesse*, la *négligence* à les élever chrétiennement, à les corriger de leurs défauts, à pourvoir à tous leurs besoins matériels, intellectuels et moraux; à veiller sur leur conduite; à maintenir fermes les droits et l'autorité paternels et maternels; dans l'*abstention* des réprimandes, des conseils et des exemples.

Envers les maîtres, maîtresses, supérieurs, *à divers titres* : dans l'*abstention* du respect, de l'obéissance, de la reconnaissance, de l'honneur qui leur est dû.

Envers les inférieurs : dans l'*indifférence*, la *négligence* à veiller sur eux, à leur faciliter leurs devoirs de religion, à rétribuer leur service; dans les *paroles* et les *procédés contraires* à la *justice*, à la *charité*, à la *bonté*, à la *patience*.

Contre le cinquième commandement. *Il défend, à* tous *et à l'*égard de tous : de *donner la mort*, en fait, ou en désir et volonté, ou à soi, ou à autrui; le *duel*, les *coups*, les *blessures*, les *querelles*, les *outrages*, les *injures*, fruits de la haine, de la rancune, du désir de la vengeance; le *scandale* (suicide spirituel), par mauvais conseils ou mauvais exemples :

Contre le sixième et le neuvième commandement. *Ils défendent, à* tous *et à l'*égard de tous : pensées, désirs, regards, paroles, entretiens, curiosités, actions contraires à la pureté de l'âme et du corps; tout ce qui peut porter atteinte à l'honnêteté, à la pudeur, à l'honneur de la vie, quant à soi-même ou à l'égard du prochain; fréquentations dangereuses, spectacles déshonnêtes, danses, attitude, maintien et mise immodestes, etc. (1).

(1) Toute jeune fille chrétienne, et toute femme honnête, sauront instinctivement discerner la nature et la mesure des fautes proscrites par ces deux commandements.

Contre le septième et le dixième commandement. *Ils défendent, à* tous *et à* l'égard de tous : le *vol,* le *larcin,* le *désir,* la *convoitise, et prescrivent la restitution; prendre et retenir* le bien d'autrui : en volant (déclarer la somme ou la valeur de l'objet dérobé), en ne payant pas ses dettes, en retenant le salaire de l'ouvrier, des serviteurs et autres personnes ; en s'appropriant un dépôt confié, une chose trouvée, sans s'informer à qui elle appartient ; désirer, convoiter le bien d'autrui, chercher par quels moyens illicites on pourrait se l'approprier (procès injustes, voies détournées, machinations frauduleuses, etc.).

Contre le huitième commandement. *Il défend à* tous, *et à* l'égard de tous : le *faux témoignage,* le *mensonge* sous toutes ses formes (ruse, dissimulation, hypocrisie); la *calomnie,* la *médisance,* le *jugement téméraire,* les *soupçons injurieux;* les *révélations indiscrètes* ou *méchantes :* les *rapports,* la *délation,* les *pensées,* les *paroles,* les *insinuations,* les *procédés,* les *actions,* ou *abstentions* contraires à la charité, à l'égard des proches, des amis, des étrangers, même des ennemis; tout ce qui peut troubler la paix des familles, désunir des amis, exciter des dissensions, des discordes, etc.

Péchés envers soi-même.

Ils se résument dans les sept péchés capitaux : orgueil, *d'où dérivent :* la *présomption, l'ostentation, l'égoïsme,* la *susceptibilité, l'amour-propre,* la *mauvaise humeur,* la *bouderie,* le *mauvais caractère,* le *désir de primer, de s'élever* au-dessus des autres.

Avarice, *d'où dérivent :* l'*indifférence,* la *dureté* pour les malheureux, la *parcimonie, l'abstention* du devoir de l'aumône, la *convoitise des richesses* et de tous les avantages qu'elles procurent.

LUXURE, vice d'où dérivent : toute *immodestie*, toute *im-pureté*, toute *souillure* de l'âme et du corps, toutes les pensées et les actions honteuses, défendues par le sixième et le neuvième commandement de Dieu,

L'ENVIE, d'où dérivent : la *jalousie* et les autres péchés qui entraînent vers l'homicide, en réalité ou en désir, défendu par le cinquième commandement.

La GOURMANDISE, dont l'un des hideux excès est l'*ivrognerie*.

La COLÈRE, d'où dérivent : l'*emportement*, l'*irritation*, l'*impatience*, les *coups*, etc.

La PARESSE, d'où dérivent : la *lâcheté*, l'*inconstance*, la *mollesse*, l'*oisiveté*, la *nonchalance*, l'*insouciance*, la *perte du temps*, ou les occupations vaines et frivoles, l'*omission des devoirs*, quels qu'ils soient.

SUR LES DEVOIRS D'ÉTAT : *négligence* habituelle ou accidentelle à les remplir; *défaut de ponctualité*, *d'abnégation de soi-même*, de *dévoûment*.

En général, ne pas travailler ou ne travailler que faiblement, et sans suite, à la correction de ses défauts et à l'acquisition des vertus chrétiennes, est une faute contre soi-même.

N. B. Dans l'accusation des péchés, particulièrement des péchés *graves*, il est nécessaire d'en dire le *nombre* et les *circonstances*, aggravantes ou atténuantes. Quant au nombre, s'il est considérable, on peut y suppléer par les mots : *habituellement*, ou *souvent*, ou *quelquefois*, ou le petit nombre de fois (une, deux, trois fois).

Fêtes en l'honneur de la sainte Vierge.

FÊTES PRINCIPALES.

8 *décembre :* l'Immaculée Conception de la bienheureuse Vierge Marie *(avec octave)*.

8 *septembre :* sa bienheureuse Nativité *(avec octave)*.

21 *novembre :* sa Présentation au temple *(dès son bas âge)*.

25 *mars :* l'Annonciation de sa maternité divine.

2 *juillet :* sa Visitation à sainte Élisabeth.

2 *février :* sa Purification légale, et la présentation du Sauveur au temple.

15 *août :* sa glorieuse Assomption *(avec octave)*.

FÊTES SECONDAIRES.

Le dimanche dans l'octave de sa Nativité : le saint Nom de Marie.

Le dimanche avant la Septuagésime (à Paris) : le très-saint Cœur de Marie.

Le vendredi après le dimanche de la Passion : Notre-Dame des Sept-Douleurs.

Le premier dimanche tombant en octobre : le saint Rosaire.

Le deuxième dimanche tombant en octobre : la Maternité de la bienheureuse Vierge Marie.

Le troisième dimanche tombant en octobre : la Pureté immaculée de Marie.

Le quatrième dimanche tombant en octobre : le Patronage de la bienheureuse Vierge Marie.

Fêtes en l'honneur des anges.

18 *mars* : l'archange saint Gabriel.
29 *septembre* : l'archange saint Michel.
2 *octobre* : les saints Anges gardiens.
24 *octobre* : l'archange saint Raphaël.

Fêtes spéciales de quelques saints.

19 *mars* : saint Joseph, patron de l'Église catholique.
24 *juin* : saint Jean-Baptiste.
29 *juin* : les apôtres saint Pierre et saint Paul (*solennités dans les Églises au dimanche qui suit*).
26 *juillet* : sainte Anne, mère de la bienheureuse Vierge Marie.
Le dimanche dans l'octave de l'Assomption : saint Joachim, père de la bienheureuse Vierge Marie.

Quatre fêtes d'obligation dans la semaine.

1er *novembre* : la Toussaint.
25 *décembre* : Noël.
Quarante jours après Pâques, jeudi : l'Ascension de N.-S. J.-C.
15 *août* : l'Assomption de la glorieuse Vierge Marie.
N. B. Pour les jeûnes et abstinences, voir à l'article *Jeûne*, etc.

FIN.

TABLE DES MATIÈRES.

PREMIÈRE PARTIE. — LA FOI.

RÉSUMÉ DE TOUT CE QU'UN CHRÉTIEN DOIT CROIRE POUR ÊTRE SAUVÉ.

DEUXIÈME PARTIE. — La morale chrétienne, ou résumé de tout ce qu'un chrétien doit pratiquer pour être sauvé.